やまだようこ 著作集 第3巻

ものがたりの発生

私のめばえ

新曜社

目　次

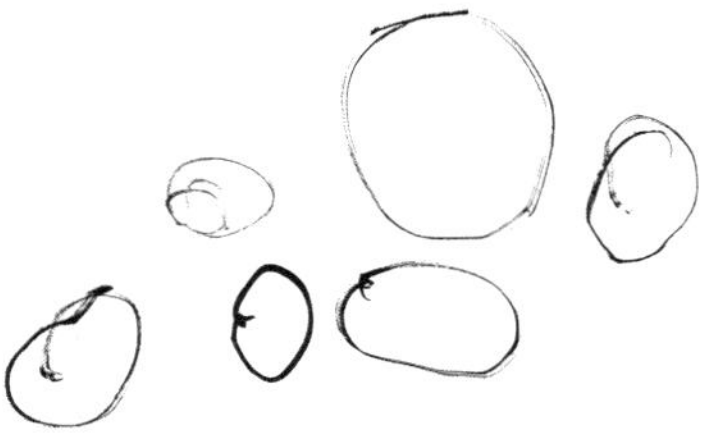

第2部　社会的ネットワークのなかの私

Ⅱ

ものがたりの発生
——ことばが生まれるすじみち4

第3部　経験とことばをむすぶ

第4部 ことばで経験をつくる

カバー写真＝林　恵子／装幀＝虎尾　隆

はじめに

■ことばが生まれるすじみち

この本は、子どもの0歳から3歳までの日常生活における行動観察をもとに、子どもの心理世界で本質的に何が起こっているのかを探りながら、「ことばが生まれるすじみち」にいくつかの理論的道標をつくることをめざす3巻シリーズの最終巻である。

このシリーズは、母親が日誌に記したひとりの子どもの日常観察をもとに、子どものことばが生まれる生《なま》の現場から、「ことばとは何か」を問いかけるものである。ひとりの子ども「ゆう」のことばが生まれる発生過程を、彼が生活している文脈《コンテクスト》を大切にして詳細に追いかけながら、「ことばとは何か」を根源的に思索し、新たな人間観を照射してみたいと考えている。

「ことばが生まれるすじみち」3巻シリーズは、世界がことばや記号によって意味化されるとはどういうことなのかという問いを発生的に追求する「発生的記号論」の試みである。それは、人と人が文脈のなかでどのようにコミュニケーションし、どのように語るようになるのかと問う「発生的ものがたり論」の試みでもある。ことばとは何かという問いは、自己が社会的ネットワークのなかで、どのように他者とかかわっているかという関係論とむすびつけられる。この本は社会的ネットワークの関係性のなかから生まれる「発生的自己論」の試みといってもよいだろう。

第1巻『ことばの前のことば ── うたうコミュニケーション』では0歳代の発達について、第2巻では、1歳前半の『ことばのはじまり ── 意味と表象』について考えてきた。この第3巻では、1歳代から2歳前半に焦点をあてて『ものがたりの発生 ── 私のめばえ』について考えてみたい。

■私のめばえ

「私」とは何だろうか。誰にとっても私というものがある。私とほかの人たちは身体の境界で区切られるのだろうか。身体をもつものは、ミミズでもネズミでも、みな私というものをもっているのだろうか。そうともいえないだろう。

「私」は、何か行動するときの動作主であり、行為の主体であり、意志をもっている。でも、私がやりたいことが何なのか、自分でよくわからずに行動することも多い。なりゆきまかせに動いて、後で冷や汗をかくこともある。私は、本当に「意志」と「目的」をもって、それに向かって行動しているのだろうか。

私は自分で「これが私」と鏡で見るように認識できる。「私（自我）」は認識の主体であり、鏡に映った自分は客体としての「私（自己）」である。しかし、私にはすべてが見えるわけでもないし、鏡がなくても、私は私と感じる。

「私」は、感情の基盤でもある。私が感じる喜びも痛みも、特別である。自分の顔にできたものは小さなニキビでも、気にかかる。私にとって、私は何よりも気にかかる大きな関心事であり、無視されるとたまらなく悲しくなる。

「私」とは何だろうか。本当に不思議である。私というものは、いつから出現するのか、という問いは簡単に答えられない。「私とは何か」という定義と切り離すことができないからである。今まで述べてきたように単純に考えただけでも、「私のめばえ」を探究することの難しさがわかる。まして、「自己とは何か」という問いは、古今東西の哲学者が頭をしぼって考えてきた大問題である。とても太刀打ちなどできない。ささやかな私の書棚でさえ、関連書は山をなして積み重なっている。それらを横目でちらりと眺めただけで、すぐに挫折してしまう。

そんなふうにして、30年のあいだ挫折を重ねて、この書物は書きすすめることができなかった。しかし、自分の人生の先が見えてきた今になって、恥をかなぐり捨てて、子どもの観察データだけでも生かせないかと思うようになったのである。

「ことば」と「私」の発生は、子どもの発達において切り離すことができず、両者は両行して発達するように思われる。どちらも問題が大きすぎる。無謀にもヒマラヤに挑もうとする小さなアリからは山々の全体を俯瞰することはできない。地道に地を這うアリから見える世界も、たとえ偏っていても価値があるのではないかと信じて、いくつかのすじみちをスケッチしてみたいと思う。

■「欲しい」と「いや」——要求ｰ拒否行動と、「私のつもり」

乳児は０歳の初めでも違う味のミルクが口に入ると舌で押し出す。生後９か月にもなれば、子ども自身の「欲しい」「いや」「好き」「嫌い」が明確になる。たとえば、乳児は興味をもって手を出して取ろうとしていたおもちゃがなくなっても、すぐに気がまぎれ、別のものを代わりに出せばよかったが、そうではなくなる。それを手に入れるまで捜そうとするし、いやなものは手で振り払って拒否する。

また、乳児はいつもなじんでいる好きな人には愛着を示して、にっこり抱かれに行くのに、そうでない人が抱こうとすると人見知りして激しく泣いて拒否する。

このように0歳の後半には、乳児の「意図」が明確になり、意思表示がはっきりしてくる。「欲しい」という欲求が満たされないと、乳児は拒否したり抗議したりする。それがただ望んだ結果が得られなかったから欲求不満で不快になったというだけならば、特に「私」というものを仮定しなくても説明できる。

だが、欲求が満たされなかったから不愉快になったのではなく、結果はどうであれ、自分の気持ちが無視されたことに腹が立った、自分の意図が理解されなかったことが悔しかったなどという場合はどうだろうか。もし、子どもの内に、自分の気持ちが傷つけられたという感じが生まれているならば、そこにはかけがえのない「私」というものがあるだろう。

ゆうが1歳3か月のとき、キャラメルコーンの袋をつかんだので、母がとりあげて袋から1つ取って渡すと、「ニャイニャイ（イヤ、イヤ）」と言って泣き、玄関へ行って、全部捨ててしまったことがあった。結局、食べられなくなったので、要求実現という意味では損をしたのだが、「袋ごと」という自分の「つもり」が無視されたことに怒ったのである。

このように、子どもの「つもり」は、単に「＊＊が欲しい」という要求実現行動とは違って、メンツをとるか実利をとるかというように両者が矛盾する場合には、明確になる。現実の利益を捨ててまで守らなければならない大切なもの、どうしてもゆずれないもの、それが無視されるとたまらなく不快なもの、それこそ自分というものである。

■共同世界からの出発――「私のつもり」をわかってくれない他者

「私のつもり」とは、第一に自分の内に設定した内的目標である。だから外的目標だけではなく、自分の基準に達したかどうかで評価が分かれる。さらにその評価には他者の存在がかかわっていると考えられる。

ゆうの場合、自分の「つもり」がはずれたとき、たとえば想ったとおりにブロックがはめられないとか、積み木が積めないというときにも泣くことがあった。しかし、激しいかんしゃくや拒否は、母や姉がからんでいるときに圧倒的に多く現われた。「自分がこうしたい」というだけではなく、「あの人はこうしてくれる」「あの人はこうするはずだ」というつもりがはずれると怒りをぶつけたのである。自分でものを取ろうとして転んでもそれほど泣かないのに、姉がちょっとでも関与すると、ひどく泣くのである。

子どもは大人の助けがなくては生きていくことはできない。子どもから見れば、他者が自分の要求実現やコミュニケーションを共同でやってくれるのはあたりまえかもしれない。ゆうは自分ができない玉入れゲームを母にやらせて、自分がイメージしたとおりのやり方で母がやらないで途中を省いたりすると、「ナイナイ」と言って拒否した。また、母が「ダンダ（風呂）入ろうね」と言った後で、他の用事をしていてなかなか風呂場に行かなかったときなど、ひどく怒った。

子どもは、欲しいものが手に入らなかったという現実の欲求実現の結果に対して怒るよりも、子どもが思い描いた「つもり」と母の行動とのささいなくい違いに「ちがう！」と抗議するようになったのである。本人の「つもり」は、内面的なものであるから、いつも他者にわかるとは限らない。激しい拒否に出会って、はじめてわかることもある。子どもにとっては、わかって当然と思うのに「わかってくれない」ことが不快になる。他の人とは違うという自分独自の世界ができてきたからこそ、「わかってくれない」という心理もできてきたのであろう。

従来は、子どもは「個人（individual）」として孤独に生まれて、だんだん社会化されて、他者と通じあえる「ことば」などのコミュニケーション手段を獲得していくのだと考えられてきた。しかし、子どもの気持ちを中心に考えれば、順序は逆であろう。

子どもは人間として、文字通りに「人と人のあいだ」に生まれる。乳児は生まれたときから社会的存在で、はじめから他者と「うたう」共鳴的、共感的なコミュニケーションができる共同世界に生きている。もともと母など身近な人びととの共同世界から出発するのであるから、子どもにとっては自己と他者の区別はなく、自分の思ったことが身近な他者に通じてあたりまえなのである。

ここにないものを表象し、自分のイメージを想い描くようになる1歳すぎころから、子どもは「通じない」ことに気づきはじめる。自分がイメージしたとおりに、母が動かないのである。「わかってくれない」「やってくれない」と感じるのは、子どもの内に表象世界、ここにないものをイメージする力と自分の「つもり」ができはじめたからである。子どもといえども、誰に対してもかんしゃくを起こすのではない。自分にとってもっとも親しい母や姉、わかってくれるはずの人が「わかってくれない」ことに、もっとも激しい怒りをぶつけるのである。

発達とは、子どもが母と未分化であった状態から、だんだん分化して独立した個人になっていくプロセスだと考えられてきた。しかし、子どもから見れば、自分が独立するのではなく、「私たち」の世界に共にいた母が、他者となって自分と通じない人になり、自分から離れていくように見えるのかもしれない。

「私」がめばえるプロセスは、共感的で融合的であった共同世界からだんだん他者が離れていく過程である。コミュニケーション（共同世界をつくるやりとり）が良すぎた関係から、だんだん通じなくなっていく過程だともいえる。独立した個人と個人が集まって「私たち」ができるのではなく、逆かもしれない。子どもは、生まれたときから「私たち」が融合した心理的場所《トポス》から出発する。そこから、だんだん他者が離れていき、残った中心部が「私」という意味のまとまりになって自覚されるようになるのではないかと考えられる。「自分」とは、まさに「自ずから分けられたもの」なのであろう。

■しっとの発生 ―― 社会的ネットワークのなかの「きょうだい」

「私」を覚知するはじまりは、人間関係の意味体系、社会的ネットワークのなかで自分の立場や役割を自覚するプロセスと表裏をなすと考えられる。他者をわかる（分かる、解る）ことなしに、自分をわけることはできない。

乳児は、早くから大人と子どもでは異なる行動をする。大人には人見知りするが、子どもには人見知りしないし、親近感を示す。ルイスによれば大人の基準が母など養育者とすれば、子どもの基準は自分なので、乳児は早くから「お母さんみたい」と「自分みたい」という2種類の認知枠組をもつのではないかという。

子どもが「自分みたい」と認知しているかどうかは別として、子どもは子どもどうしを「仲間」とみなす感覚を早くからもっている。仲間とは、ほぼ同等の似たものどうしである。そこで重要なのは、自分と似ている他者という認知だけではなく、日本語の「なかま」ということばが端的に示しているように、自分がそのなかに入っている、同じ心理的場所《トポス》の「ま（間）」にいると感じられるかどうかである。「仲間はずれ」が辛いのは、他者と自分が似ているかどうかではなく、「同じ心理的場所《トポス》」からはずれるからである。

子どもと仲間のネットワークという観点で特に興味深いのは、「きょうだい」との関係である。ゆうには3歳7か月違いの姉がおり、0歳でも姉に対する関心は特に高く、姉に相手になってもらえさえすれば、喜んでいた。1歳2か月ころからは、質的な変化が見られ、何でも姉を「子ども仲間」とみなすような行動が多くなった。

ゆうが一番おおよろこびしたのは、姉と2人で母がいやがるような「悪ふざけ」をするときであった。姉が母をたたくと、ゆうもすぐにまねして母をたたきにきて、二人して楽しくてたまらないという表情で逃げ出し、大笑いするような遊びである。まるで子どもどうしが「仲間」となって結託して、大人に対抗しているかのようであった。

もう一方で、ゆうは姉を「子ども仲間」のなかのライバルとみなすような行動もはじめた。姉が母のひざにのっているのを見ると、すぐにやってきて押しのけて自分が座ろうとした。また、母が姉と2人だけで風呂に入ると大騒ぎになり、風呂場の戸をたたいて激しく泣きわめくようになった。母が姉と2人で会話していると、必ず割り込んできて、じゃまをするようにもなった。

母と姉とゆうの三者関係か、母とゆうの二者関係ならばよいが、母と姉の二者関係ができると、自分がそこからはずれていると感じて、怒るようになったのである。

このように、ゆうは姉に特別な愛着をもち姉の手下のように動いて姉を特別に好きになるとともに、母と姉の関係に「しっと」して仲を裂こうとする行動や姉を「ライバル」と見る行動もはじまった。これは姉を「子どもどうし」「仲間」として見はじめたからこそ起こる現象であろう。

自分と桁外れに違っているものは、比較の対象にならないので、「しっと」も起きない。しかし、同じ「子どもどうし」と認知するからこそ、母の注目が姉に向かっていて自分にないことに気づくと「しっと」が起こる。親の愛情と関心をお互いどうしで競い比較しあうきょうだいでは、しっととも無縁でいられないのかもしれない。

このような感情のあり方は、大人の三角関係で見られるものとは違うが、共通するところもある。そして、必ずしも卑しい感情とはいえない。自尊心と同様に、特別に大切な自分、無視されると傷つく自分というものがなければ起こりえない高度な感情だからである。

「私」とは、認知と情動が一体となった複合体である。「私」には、他者を社会的ネットワークに位置づけて理解し、自己を省察する認知がかかわっている。それだけではなく、「私」には、誇らしかったり、恥ずかしかったり、悔しかったり、腹立たしかったなど、複雑な情動もからみあっている。「私」とは、自分がいる心理的場所《トポス》の中心にめばえ、世界を見たり感じたりするときの意味・情動体系の核心として感知されるものかもしれない。

■ものがたりの発生――２つ以上のできごとを有機的にむすびつける

ものがたり（ナラティヴ）とは、経験を有機的に組織化していく編集行為であり、意味づける行為である。日常の光景は、さまざまなものが見えたり消えたりして、流れるように次ぎつぎに動いていく。自分が体験する世界も同じように、次ぎつぎとさまざまなものごとと出会い、さまざまな感情を呼び起こしながら流れて消えていく。自分が刻々と体験している世界は、すべてが認識されたり、記憶されるわけでもなく、大部分は消えていく。そのようなバラバラに出滅する体験を一連のできごとの「経験」として組織し、意味あるものに変換する作業は、広義のことばによる「ものがたり」行為によってなされる。

ものがたりの定義もいろいろあるが、私は「２つ以上のできごとを有機的にむすびつける」ことと定義している。

たった1つしかないものは、組織化することができない。子どもの初期のことばは、どの世界の子どもでも一語発話である。「マンマ」（食べ物）」という一語発話でも、そこに含まれている意味は、「わたしにマンマちょうだい」「このマンマおいしいね」「ここにマンマあるね」など多様なので、一語文といわれることもある。しかし、一語発話の意味は、大人が理解して推測した文にすぎず、子どもが自発的に文を構成して意味をつくりだしたものではない。そこで、ものがたりの発生には、少なくとも二語発話以上のことばで、２つ以上の意味内容をむすびつけられなければならない。

ゆうが自称（ユー）を使えるようになってから、はじめて二語発話になったのは、「ユー　ノ」という自分の所有を示す意味のことばであった。これは「チー（姉）ノ」とセットになって使われることが多かった。これは、姉とものの取り合いや、かけひきをするときに、重要なことばであった。

姉は大人に向かって話すときと、ゆうに話しかけるときとでは、宛先によって自然に語り方を変えていた。ゆうに対しては、ゆうのことばに合わせた赤ちゃんことばを使っていた。それで、姉もゆうに対しては、ゆうの土俵に立って「ユー　ノ」「チー　ノ」と言い合って、ケンカした。ふつうは、ケンカすればゆうが負けるので、ゆうは、興味あるおもちゃは自分が先に確保して自分がいらないものを「チー　ノ」と言って渡しに行ったり、自分でつまずいて転んだのに祖母のところに泣きながら行って「チー　ガ　ヤッタ」と言いつけに行ったり、姉が何か別のことで泣いていて姉が弱みを見せたときに、すかさず姉をたたきに行くなど、不利な自分が勝つためにさまざまな高等戦術のかけひきをした。それで、最初はまったく2人にいざこざはなかったのに、最後はお互いに「ユー　ノ」「チー　ノ」の言い合いになって、2人とも泣きだすことも珍しくなかった。

ゆうが姉の大事にしている髪飾りなどを取りに行って、ゆうが「チー　ナイナイ　ユーノ（チーのものでない、ゆうのもの）」と言うので、姉が「ユー　ナイナイ　チー　ノ（ゆうのものでない、チーのもの）」と言い返す。ゆうは自分のものではなく姉のものと知っていても「チー　ナイナイ　ユーノ（チーのものでない、ゆうのもの）」と言いはるので、このやりとりも、最後は「ユー　ノ」「チー　ノ」の言い合いになった。

ケーキなどを切ろうとすると、ゆうがまず「ユー　オオキイ　ノ　イイ、チー　チイチャイ　ノ（ゆうは大きいのがいい、チーは小さいの）」と言う。母がわざと少し小さいものを、「ハイ、ゆうくんは、大きいのね」と言って渡すと、うれしそうにするので、母と姉とで大笑いすることもあった。

やがて2歳すぎには、自分と他者との関係を明確にことばで表現するようになった。「オトウチャン、チンキチ（父の名） ト ダンダ アイル（お父さん、しんきちと風呂に入る）」「オカアチャン ト ジャージャ ノンデ ネンネ（お母さんと牛乳飲んで寝る）」などである。また、姉のことを「チー チュキ ダケド チュコチ イジワル チュル（チーは好きだけど少しイジワルする）」と評するようにもなった。

■自尊心の発生 —— 自分を支える自己ものがたり

ほかのものとは取り替えることができないかけがえのない私、無視されたり軽んじられたりするとがまんできない何よりも大切な私、そのような私に気づき表現できるようになると、さらに高次な自尊心や誇りや自意識へと発達するように思われる。それは、自分にとって重要な他者からどのように見られているかという他者のまなざしと無関係には形成されないだろう。しかし、最初は他者からきたものであっても、やがて内化されて、自分で自分に言い聞かせる「自己ものがたり」になって、自分を支えるものになると考えられる。

ゆうは、２歳ころから自分と身近な他者との関係をことばで語るようになったが、２歳３か月ころからは、他者から見た「自分」について、ものがたりをつくるようになった。

たとえば、母の実家に行ったとき、いとこたちは外出していたので母と祖母と姉と公園に遊びに行ったことがあった。公園で、ゆうは、自分の留守にいとこたちが外出先から家に帰っているかもしれないと想像して、次のように語った。

「イタル クン ト ナオチャン、オウチデ ケンカ チテル カモ チレン。ユークン イナイナイッテ（いとこのいたるくんとなおちゃんが、お家で自分がいないので、ケンカしているかもしれない）。」

他者から見た「不在の自分」をイメージして、自分がいないので、いとこたちが悲しがっているかもしれないという仮想のものがたりをつくったのである。ゆうは、一番年少で、いとこたちから守られる存在であったが、まるで自分がいとこたちの中心にいて、自分がいないとみんなが困るかのような語りである。

また、別の例では、電車が駅に止まっているのを見て「キチャ、ユー　チュキ　ダカラ　マチマチ　チテテクレル　ノ？（汽車はゆうが好きだから待っていてくれるの？）」とも語った。他者の行為の原因を推測し、それを「自分への好意」とむすびつけて語っている。これらの例は、ここにないもの、見えないものを「自己」とむすびつけてイメージして、お話をつくっている自己ものがたりである。

自己ものがたりは、自分を支える自尊心とむすびつく。ゆうは、2歳半になるまで、大人がいくら言い聞かせても、哺乳びんを手放すことができなかった。姉の保育園のゆうぎ会へ姉の友達と一緒に見に行ったときに、自分より少し年上の子から「ゆうくん、赤ちゃんだねえ、まだ哺乳びんで飲んでるの？」と言われた。そのときは、「ユー　アカチャン　ト　チガウ」と言っただけであったが、その夜、「ユー　オチメ　チュル　ノ　イヤ」と言うので、母が「おしめしないのなら、ジャージャ（牛乳）もなしよ」と言うと、「ユー　ジャージャ　ノマズニ　ネンネ　チュル」と自分から言って、本当に飲まずに母の手をつかんで寝た。翌朝、「ユー　モウ　アカチャン　ジャナイ」と言う。さらに翌日、「ユー　モウ　アカチャン　ジャナイ」「チー（姉）ト　オンナジネ（ゆう、もう赤ちゃんじゃない、チーと同じね）」と言った。

ゆうは、大人から批評されても平気だったが、子ども仲間から「赤ちゃん」と言われたことが、よほど応えたと思われる。自分では赤ちゃんをとうに卒業して、姉と同じと想っていたので、プライドが許さなかったのだろう。自分で自分を「赤ちゃんじゃない」と語ることによって、本気で「お姉ちゃんと同じ」になろうとして、その夜からおむつも哺乳びんもきっぱりやめたのである。

人間のすばらしさは、「私はこのようになりたい」という自己ものがたりをつくり、自分で自分を律したり、変えたりできることである。人は自己ものがたりに合わせて、背伸びして自分に期待された役割をこなそうとしたり、望ましい自分になろうとしたり努力する。自尊心や自信というものは、人から評価されてできるだけではなく、自分でつくりあげる「私はこういう人間」「私はできるはずだ」「こんな私ではない」というようなものがたりによってつくられていくと考えられる。「私」という自己ものがたりは、それから長い人生を共に生きる伴侶となり、悲喜こもごもの経験から、何度も語り直され、編み直されていくのであろう。

I

私のめばえ

ことばが生まれるすじみち３

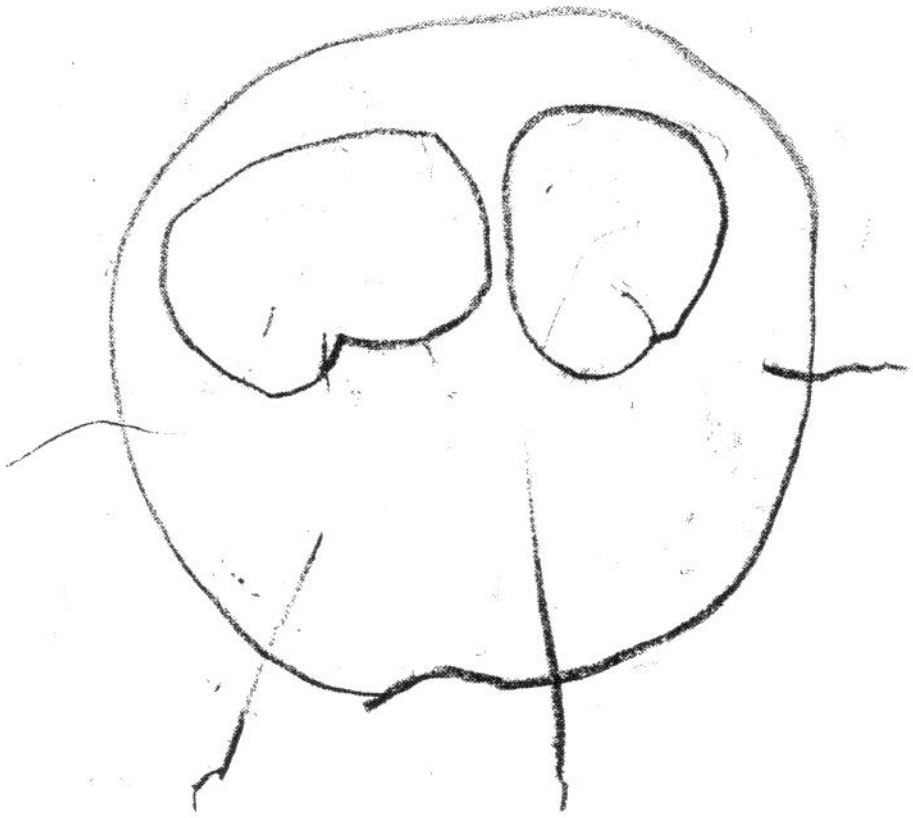

第1部

私の意志のはじまり

ゆうくん
（ゆう 3歳6か月）

ぼくは　ミルクは好きでない
ママの　なまぐさいお乳が好き
たまごの黄身ならたべるけど
カステラやビスケットの粉なんか
むづかしい顔をして　舌のさきではじき出す

ぼくにはちゃんと　シコウがあるんだ

（Jに　吉原幸子）

1章 「欲しい」「いや」の身振りとことば

1 自分をとらえる視点

■私というもの

私たちは、私という自覚や意識をもって生きている。私とは何かと正面きって聞かれても、あまりうまく説明できないが、それでもはっきりあることはわかる。それは日本語の「自分」ということばが示すように「自《おのず》から分けられるもの」かもしれない。

客観的に見れば多くの人間のなかのひとりにすぎないとはいえ、私自身は誰にとっても別格の位置をしめる特別の存在である。私の目に入ったゴミは、たとえほんの小さなものでも痛い。我が身がじかに体験するできごとは、他人のものとは比較にならない重みをもっている。

私というものは、自分自身の身体と切り離すことができない。我が身が「私」というものを形成する母体になることは確かであろう。しかし、ミミズにも身体があるが、ミミズに「私」はあるだろうか。移動主体であることや身体感覚だけで私ができあがっているわけではないだろう。あらゆる動物は、目的に向かって行動する身体感覚をもっているが、それだけでは私があるとはいえない。私は、自分として認識され、自覚されなければ、私と呼べない。

私というものは、行為の主体であるだけではなく、認識活動と大きくむすびついている。人は世の中や他者を眺めるときにも、自分を基準にしている。テニスをはじめたばかりの人には、ラケットを持った人が目につく。妊娠すればお腹の大きな女性に注意が向くし、子どもを産めば子ども連れに目がいく。ケガをすると松葉杖の人や車いすの人に気づくようになる。そして自分と似た年齢層の人のことは細かくわかる。私が30歳になったばかりのころは、29歳と30歳の1歳の違いにもこだわった。しかし、そのころは、60歳と90歳のあいだに30年の開きがあっても、みな同じように見えて、まとめて「老人」「おばあさん」と呼ぶことに何のためらいもなかった。

ルイス（1985）はいろいろな年齢層の人の写真を見せて、大人が「小さい子」の基準を13歳ころにおいているのに、3歳から5歳の幼児は「小さい子」の基準を6歳ころにおいていることを見いだした。幼児は「子ども」と「おとな（親）」の境界を13歳ころ、「おとな（親）」と「おじいさん・おばあさん」の境界を40歳ころと認知していた。

このように人は、自分を基準にして他の人びとを認識していると考えられる。もう一方で人は社会的ネットワークのなかで、他の人びとと関係づけながら自分を認識している。ほかの人びととの関係ぬきで、自分というものは存在しえない。だから自分が他の人びとから向けられるまなざしにも敏感である。自分が他者からどのように見られているのか、相手の表情や言動や評価をいつも気にしている。

他者から見られる私は、もうひとりの私になる。主体としての私が客体としての私をイメージするときには、「私」というものが二重に分裂して、省察的《リフレクティヴ》な視線を生みだす。この視線は自己の自覚や誇りの発生と関連するだろう。成長すれば、他者の目以上に、私が私を見つめるまなざしを耐え難いと感じるようになる。他者は私の外側だけにいるのではない。私のなかにも他者が潜んでいるようである。たとえ1人でいるときでも、私は他の人びととむすびついている。私という認識は、社会的ネットワークから切り離すことができないのである。

さらに私という認識は、単に知覚や認知によって区別される対象というだけではなく、そこに感情や情動が伴うことが、もっとも重要だと思われる。私というものは、身体をもち行為の主体であるだけではなく、情動の源泉でもある。

私のことを他者が語るところを聞けば、冷静ではいられない。他者を好きか嫌いかという私の感情も、私を好きか嫌いかという他者の感情も、自意識に大きく響きあう。私という認識は、特別の感情を呼び起こす。それは世の中で何よりも大切で特別なものとしての私という意識、自尊心にむすびついている。「私」とは、本当に不思議なものである。

■この本の成り立ちと方法論

この「ことばが生まれるすじみち」シリーズの第3巻では、1歳後半から2歳前半に生まれる「私のめばえ」と「ものがたりの発生」に焦点をあてて考えていくことにしたい。

方法論的には、この本は、もともと外からとらえにくいテーマを扱い、そのうえさらに、外からとらえにくい年齢の子どもの心理にアプローチするという二重のハンディを負っている。

この本では第1巻『ことばの前のことば』で述べたように「モデル構成的現場《フィールド》心理学」の方法論をとっ

ている。それは、生活の文脈と体験を丸ごと共にし、共感的に接している母親兼研究者が身近なひとりの子ども（私の長男、通称ゆう　1977年7月6日生まれ）の行動を詳しく参加観察して日誌記録をつけ、フィールドを観察した日誌記録からボトムアップで理論化していくという方法である（第1巻参照）。なお、日誌記録など現場から得た質的データをどのように学問にしていくかという方法論については、第4巻に収録する「モデル構成的現場《フィールド》心理学の方法論」（やまだ 1986）『現場《フィールド》心理学の発想』（やまだ編 1997）などを参照していただきたい。

ゆうは、父、母、祖父、祖母、姉（通称ちい、ゆうとは3歳7か月違い）の6人家族の中で名古屋市で育った。父母ともに大学の研究者であり、母が仕事に出かけるときは、同居する祖父母がゆうを世話した。祖父は自宅で醬油の醸造業を営んでいた。

ゆうは1歳8か月から2歳2か月までの半年間は、父の仕事の都合で、父、母、姉と4人でカナダのサスカツーンに移住した。1歳10か月から2歳2か月まではカナダの保育園に通園した。父はカナダに1年間滞在したので、母、姉、ゆうの3人で先に帰国し、元どおりに祖父母と暮らした。

ゆうの生活は標準的でも典型的でもないが、「ことばが生まれるすじみち」という大きなテーマにかかわって、母であり心理学者である著者が観察したことをできる限り記録したものが本書である。

■私への問い

乳児はいつごろから、「私」というものをもちはじめるのだろうか。この問いに簡単に答えることはできない。「私」をどのように定義するかによって、答えは違ってくるからである。

ものを見たり聞いたり、手をばたばた振ったり、何かする私、つまり感覚したり行為する動作主としての私ならば、生まれたときからある。生まれたばかりの乳児でも、いやなものを口に入れると舌で押し出す。手をのばしてガラガラを取るようになれば、行為する主体や意図する主体としての私はもっと明確になる。しかし、そのときに乳児が私というものを自覚しているかどうかはわからない。

一般に心理学では、主体としての私（I）を自我、客体としての私（self）を自己と呼んで区別してきた。ここでは、「主体」「客体」という二元分割の考えそのものに疑問をもっているので、その区別には立ち入らず、両方をあわせて「私」と呼びたいと思う。

自我と自己の区別は、主体と客体（対象）を分離して、常にどちらに属するかを明確にする二元分割の方法で世界を言語化する欧米の思考様式からきている。欧米の思考様式を基準にすると、たとえば、「私が私を見る」という日本語の文は、英語構文では"I look at me"になり、アイ（主体）かミー（客体）かは、本質的な区別である。それに対して日本語では、主体か客体かという区別はたいして重要ではなく、どちらも「私」で通用する。

たとえば、「私はウナギだ」という日本語は、「私」イコール「ウナギ」と言っているのではなく、私はウナギが食べたいという意味である。〔ここ〕という場所の状況や文脈を共有しているときには、主語を省いて単に「ウナギだ」あるいは「ウナギ」と言っても意味が通じる。たとえば食堂でメニューのなかからウナギを注文するとき、「私はウナギが食べたい」とは言わず、「ウナギがいい」あるいは「ウナギ」で十分であろう。

子どもがことばを発するときも同じである。子どもは一語発話であれば「ウナギ」と言う。二語発話の文法では「ユー　ウナギ（ゆうは、ウナギだ）」あるいは「ウナギ　イイ（ウナギがいい）」となる。前者のように自称詞や主語が入っていれば主体としての私という意識が明確にあり、後者は主体が省かれ客体としての対象だけが表現されているから自己が不明確だとは必ずしもいえないだろう。文脈が明確なときには、日常的にも私たちはそのような言い方をしているからである。発話のなかに主体が明示されることと、乳児が主体的に自分の意志を表現できることは同じではない。

日本語では、三語発話になれば「ユー　ウナギ　イイ（ゆうは、ウナギがいい）」になる。西欧語では語順によって主体か客体かが変わるが、日本語では三語になったとき、「ウナギ　イイ　ユー（ウナギがいい、ゆうは）」と語順が変わっても意味が通じる。

子どもの「私の発生」を理論化していくうえで、「主体」か「客体」かは、それほど重要だろうか。主体か客体かの区別に常に気を配って、それを基盤に考える言語体系が、ものを考えていくのにいつも優れているとは限らない。

ここでは、「私の発生」を次の2つの観点にしぼって観察事例をもとに考えてみたい。まず第1部では、私の意志の発生をとりあげる。特に「私は欲しい」「私はこうしたい」「私はこれが好き」という要求行動と、「私はいやだ」「私はこうしたくない」「私は嫌い」という拒否（否定）行動をとりあげて、私の意志が明確に身振りやことばで表わされていく発達プロセスを追いかける。

「私」の発達のためには、要求よりも拒否行動が重要である。拒否されてはじめて、周囲の人びとは、乳児の意志や感情が大人の思いとは異なることに気づくからである。ここでは、特に首振りなどの拒否の身振りと、「イヤ（ニャイニャイ）」という拒否のことばとがどのような関係で出現するかに焦点をあてる。

拒否行動は、ことばで「イヤ」と言えるようになるまでに、日常生活の文脈では、泣きなどの情動的表出、手で振り払うなどの実際行動、そして首や手を横に振る「身のことば」というべき身振りなど多彩な行動が併用され、それぞれ重要な役割をもっている。ことばで表わされる拒否行動だけではなく、ことばにならないことばに注意を向けたいと思う。

要求－拒否行動は、「これが欲しい」「これはイヤ」など目の前にあるものに関与する実践的な行為なので、必ずしも「ここにないもの」をイメージしなくてもよい。ここにないものを現わす表象と関連した要求－拒否行動としては、現前しないものを思い描く「私のつもり」の発生が、とても重要だと思われる。

第2部では、社会的ネットワークのなかでの私の発生に焦点をあてる。おもに祖父母、父母、姉など家族の人びととの関係性と自己の発達との関係をとりあげる。特に子ども仲間である「きょうだい（姉）」をゆうがどのように見ているかという関係認知と「しっと」のめばえをとりあげて、感情と認知の複合体としての「私」に迫ってみたい。

なお、Ⅰ「私のめばえ」でとりあげるのは、おもに1歳代前半の自己発達プロセスである。年齢的には、第2巻『ことばのはじまり』でとりあげた時期と重なる。ことばによって意味や表象世界ができることと「私のめばえ」は別々のことがらではない。ことばと自己の発生は深く関係しているのである。

「私」は、その後「自己ものがたり」とむすびついて、さらに重要な発達をたどる。ことばが語れるようになる1歳代後半から2歳前半には、他者との関係に言及しながら「私」について語る行為が見られる。それらは、Ⅱ「ものがたりの発生」において記述する。要求－拒否行動のその後の発達は、5章3「要求と拒否の二語発話」と5章4「ことばによる交渉」に引き継がれる。また、姉との関係を含む「社会的ネットワークのなかの私」のその後の発達については、5章2「『私』と他者をむすぶ」を参照いただきたい。

2 「欲しい」「いや」――要求－拒否行動の発達

■要求と拒否行動の発達

子どもが自分の要求を他者に伝える行動（要求行動）と、自分がおかれた状況や他者の要求を拒否する行動（拒否行動）の発達プロセスをとりあげてみたい。

要求－拒否行動の発達は、意志の主体となる「私」の発生と大きく関連している。人間の乳児は生まれたときには自分だけでは食事も移動もできず、養育者の世話をうけなければ生きていけない。そこで要求－拒否行動は、単純な生理的欲求を満足させる手段としてだけではなく、他者とのコミュニケーションのためにも早くから必要とされる。他者には自分の要求を的確に伝え、逆に他者の要求を拒否することで、自分の意志がそこにないことを伝えなければならない。

自分の要求や意志が明確になるにつれて、その表現も多様になりさまざまにスキルが磨かれていく。そこで、第一には要求－拒否の行動様式がどのように変化したかを概観してみたい。なお、心理学では「要求」を、生理的欠乏状態を表わすニード（need）の訳語として用いることがあるが、ここでは日常語に近い用法で、欲求行動（wanting）と請求行動（asking）を総称した語として用いる。

要求と拒否は表裏一体ともいうべき密接な関連をもつ。何かを要求することは、転じて現状では不満であること、つまり現状の拒否や否定を表わすことになるからである。したがって要求と拒否の区別は、特に初期においては明確ではない。また子どもの内側に起こっている内的状態そのものは外から観察できないので、

表1－1　要求−拒否表現に用いられたおもな行動（食物に関する場面、初発月例のみを示す）（山田 1982）

月齢	0—1—4—6—7—8—9—10—1:0	1:1	1:2	1:3	1:9	1:11	2:2
要求行動	●泣き ●身を のりだす ●イライラ した声 ●取りに行く（寝返り、歩行器、這行、1人歩き） ●口を 動かす ●口の 開閉 ●リーチング ●指さし ●提示 ●手渡し ●母の手を ひっぱる ●「マンマ」	●手を さし出す ●食堂の イスを たたく	●特定語で 指示 「ブッブッ」 （ブドウが 欲しい） 「パァー」 （冷蔵庫を 開けて）など	●身振り （ねころぶ —哺乳びん が欲しい、 吹くしぐさ、 —さまして 欲しい） など	●2語文 「パン ニュリ ニュリ」 （パンにバター をつけて） 「ビンビ イイ」 （ビスケット 欲しい）など	●3、4語文 「ユー （自分の名前） ビンビ イイ」 「パン ナイナイ ビンビ イイ」 （パンイヤ ビスケット欲しい） 「ディー ビンイイ」 （ジュースを 哺乳びんで のみたい）など	●「チョーダイ」「～シタイ」を用いた文 「ユー フタアツ（2つ） チョーダイ、 チー（姉）ナチヨ （なしよ） ユウダケ フタアツ」 「ママト イッチョニ （一緒に） ゴパン（ごはん） タベタイ ナア」など
拒否（否定）行動	●泣き ●不快表情 ●舌で 押し出す ●つかもうと しない ●口を つむる ●手で 払う ●放る ●顔を そむける	●首の横振り ●「ニャイ ニャイ」 ●母の口へ 押し込む ●隠す	●「ヤッー」 （イヤ） ●母の手に 渡す		●2語文 「ジャージャー ナイナイ」 （牛乳いらない） ●「ニャイ」 「イヤン」 「ナン」 などの 応答詞	●否定詞が中間に 入る、3、4語文 「ジャージャー ナイナイ ママ」 （牛乳いらない ママといる） 「アンブッコ ナイナイ ユーノ」 （半分にするの イヤ、ユーのもの） 「ブクブク イヤ マズイ」 （脱脂粉乳はイヤ まずい）など	●「ナイ」の助動詞 形容詞の否定表現 「ユー バナナ イラナイ」 「ジンゴ（リンゴ） ナイネエ」など ●「ダメ」「チガウ」 などの否定表現 「ママ チュプーン （スプーン） チョーダイ チガウ チガウ チュプーン チガウ フタアツ タクチャン、 ママ ミタイノ……」 「おはしのこと？」 「ン。オアチ（はし） チョーダイ」

ここで言及できるのは外から観察可能な行動形式のみである。

表1－1は、食物に関する場面で要求－拒否行動がどのように変化したかをまとめたものである。0歳初期から2歳すぎまで、比較的似た状況を一貫してとりあげるために、食物に関係する場面を選んだ。

表1－1に示したのは初発月例であるが、その出現順序のみを問題にすると、「泣き」にはじまり、口や手を用いた「実際行動」、指さしや首振りなどの「身振り」、それから「言語」の順で出現した。しかし、後で述べる「泣き」のように、ほとんどの行動様式は途中で消失することなく、後の月齢でもひき続いて観察された。発達に伴って、前の行動が単純に後の行動に置き換わっていくのではなく、多種の行動が併用されて表現が豊かになっていくのだといえる。

■拒否行動の多様化

要求－拒否行動は、さまざまに多様化し併用された。1歳1か月1日の時点において、どのような行動様式が用いられたか、特に拒否行動に焦点をあててみると、次のように多様な行動が同じ時期に併用されたり、場面に応じて使い分けられたりしていた。

【泣き】

- 朝、父母が出かけるとき、「ブー」と言いながら玄関で待っている。連れて行ってもらえないと泣く（一緒に行きたい）。
- 母がゆうを抱いていて、下へ降ろそうとすると泣く（もっと抱かれていたい）。
- 母がゆうを部屋へおいて出て行こうとすると、出て行く前に泣く。

・欲しいもの（母の化粧品など）を持っているとき、とりあげられると泣く。
・姉の持っているものが欲しいとき、母の顔を見て泣く（あれが欲しい）。自分が持っているものを姉にとられたときも母の顔を見て泣く。
・父に抱かれていて、母に抱かれたいとき、母の顔を見て泣く。
・父と遊んでいて、母が見あたらないとき、「マンマ　マンマ」と言って泣く。
・食卓で食べるのがいやになると泣く。
・眠いとき、「ネンネ　ネンネ」と言って泣く。

【手で払う（手を大きく横にさっと出す）】
・嫌いなものを食べさせようとすると、食器やスプーンを払う。
・欲しいおもちゃでないものを替わりに出すと、出されたものを払う。
・ジュースを入れた食器を母がこぼれないように支えようとすると母の手を払う（自分ひとりで持って飲みたい）。

【放る、投げる、捨てる】
・持っていたおもちゃがいやになると、下へ放る。
・差しだしたおもちゃが気に入らないと、それをつかんで力を入れて放る（投げる）。
・食べ物が気に入らないと、食器をさかさまにして食卓から下に落とす。
・食べ物がいやになると、皿の中のものをつかんで全部下へ放る。
・エルビーなどを飲んでいて、いらなくなると容器を逆さにして、中身をこぼそうとする。

【バイバイの手振り】

- ここにいたくないというとき、母に抱いてくれと両手を差しだしてバイバイする（ほかのところへ連れて行って欲しい）。
- 乳母車に乗っていて、知らない人から話しかけられると、その人に向かってバイバイする。

【首の横振り】（大きく二、三度首を横に振る。ふつうは、嫌そうな歪んだ顔の表情を伴う。）

- 「ゆうくん、ダンダ（風呂）入りましょう」「ゆうくん、お2階行きましょう」などと言うと、嫌なときは首を横に振る。
- ゆうが外へ行きたいと玄関を指しているのに、反対に家の中へ行こうとすると泣き声をあげて首を振る。
- 食卓の上に、いくつかの食べ物があり、欲しいものを指さしているのに違うものを差しだすと、首を振る。
- 機嫌の悪いときに「ゲンコツ山のたぬきさん」などのお遊戯をして気をまぎらわせようとすると、よけいに怒って「ギャー」という声をあげて首を振る。
- 食卓で父母が食事をしているとき、プリンの容器や泡たて器などを差しだしてしばらく気をまぎらわせようとすると、見ただけで首を振って目をつぶって「ギャー」と大声を出す。

【ニャイニャイ（いや）】（拒否や抗議の意味をもつことば）

- 「ニャイニャイ」は、1歳0か月29日ころから拒否の意味のことばとして明確化してきた。

- 非常に欲しい物（姉の保育園のバッチ、姉のネックレスなど）を持っているとき、とりあげようとすると「ニャイニャイ」と言って、取り返そうとする。
- 食卓で飽きてきたとき、母がなべのふたなどを見せて気をまぎらせようとすると嫌そうな顔で「ニャイニャイ」と言う。
- 外で抱いて行きたい方向と違う方向へ行こうとすると、「ニャイニャイ」と言う。

（その他のことばも、要求を表現しつつ、転じて拒否にも使われる。「ブー」（車に乗って行きたい、置いていかれるのはイヤ）。「マンマ」（食べ物が欲しい。おもちゃはイヤ）。「ネンネ」（眠たい。遊ぶのはイヤ）。眠いときにおもちゃを差しだすと泣き顔で「ネンネ」「ネンネ」と言うなど。）

■要求行動の多様化

要求行動においても、以前ならば泣いていたところを、母の手を取りに来て「アーアー」と言ったり、指さして「ン」「ン」と言うなど多種の表現を駆使して要求を伝えるようになった。

553（1：2：04） 遊んでいるときに、手に砂がついたり、花の花粉がついたり、水がついたりすると、母のところへ来て、母にその手を差しだして「ン」「ン」と言う（ふいて欲しい）。手をふいてやると、もとのところへ帰って遊びをつづける。食事のときなど、食べ物で手がベタベタになったりしたときも、同様に「ン」「ン」と言って手を差しだす（ふいて欲しい）。

554（1：2：27） 夜19時半ころ、しきりにぐずり声をあげながら、台所を指さして「エッー」とか「マンマ」

とか言う。そのたびに何か食べたいのかと思い、あられやお菓子を少しずつ与える。しかし、それを食べてしまうと、また台所を指さしてぐずりながら「マンマ」と言う。「ゆうくん、もうお腹いっぱいでしょ」と母が言っていると、ゆうは泣き声をあげてから、自分でふとんに寝転がって見せて、台所を指して泣き声をあげる（この一連のしぐさを見て、眠いので牛乳を飲んで寝たいのだということがようやく母にも理解できた）。台所で牛乳をあたためて哺乳びんに入れて持ってきて抱いてやると、落ち着いておとなしく飲みはじめた。

■「これではない、あれが欲しい」拒否と要求の連結

要求と拒否行動は、裏表の関係にある。「あれが欲しい」と要求するときには、暗黙のうちに目の前にある「これはイヤだ」という拒否を表わしていることが多い。やがて、子どもは、２つ以上の行動様式を連結して、「これではない、あれが欲しい」という拒否と要求の意味をむすびつけて表現できるようになる。これは、行為レベルで、英語の not but 構文を使って伝えているといえよう。

555（1：2：07）ゆうはブドウが大好きで、ブドウをちらりとでも見ると、「ブンブッブッ」とうるさく言う。かわりに牛乳を与えようとすると、首を振ってテーブルの上を指して「ブンブップ」と言いつづける。お皿の上にあるブドウを食べてしまうと、両手でお皿を持ってブドウの汁まで飲んでから、母に空の皿を差しだして「アーアー」と言う（なくなった。もっと欲しい）。ブドウのおかわりを食べて満足すると、さっさと台所から居間へ行ってしまう。

556（1：2：16）ゆうはブドウが大好きである。ブドウのことを「ブッブ」あるいは「ブー」とか言う。ブド

ウが欲しいときは、台所へ行って自分の高椅子をたたいてそこに座らせてくれと要求し、次に冷蔵庫を指さして「ブッブ　ブッブ」と言う。他のものを出しても首を振る（これではない。ブドウが欲しい）。ブドウが少しでも視野に入ればもちろん、見えなくても「ブッブ」と言ってもらえるまで要求する。ブドウを自分の手でつまんで、中身だけ口に入れて上手に皮のみ残して食べる。

557（1：2：28）朝、食卓でミートローフを皿に入れて出すと、それを手で払い（拒否）、冷蔵庫を指さして「ブー」「ブー」と言う（これではない。ブドウが欲しい）。ブドウを出さないで、リンゴをむいてうすく小さく切って皿の上に置くと、まな板の上にのっている大人用に大きく切ったリンゴを指さして「マンマ　マンマ」と言う（これではない。あれが欲しい）。それで母が大きく切ったリンゴを、同じ皿の上にのせた。ゆうは、小さいほうを1つずつ左手でつかみ、母に「ン」「ン」と言いながら差しだす。そして右手で大きいほうのリンゴを取って口に入れる（自分は大きいリンゴを取り、母に小さいのを渡して交換した）。

■「こうして、こうして、こうして欲しい」手順をふむ要求と拒否

子どもが自分で直接に行動して「ものを取りに行こうとする」「手で払う」などをする要求－拒否行動は、全体的に見れば、発達に伴って減少していった。直接的行動は、指さしや身振りで他者に伝えるなどの間接的表現へ、そしてやがてはことばで「欲しい」「いや」と表現する方向に変化した。しかし、その発達は直線的ではなく、一方向に進むのではなかった。何度ももとの行動様式に戻ったり、文脈によって多くの行動と併用されたり、さまざまな行動を用いて多様化する様子が観察された。

たとえば、1歳5か月ころには「こうして、こうして、こうして欲しい」と言うように、複雑なシークエ

ンスをもち、複雑な手順をふむ要求−拒否行動が現われた。これは、いくつもの行動と片言を組み合わせた「ものがたり（4章参照）」に匹敵するといってもよいだろう。状況に応じて多様な行動が効果的に組み合わされ、しかもそれを誰に向けて伝えようとしているか、伝える相手も明確になった。

558（1：5：24）二階にいて一階に行きたいとき、ゆうが「アッアッ」と言って階段を指さすが、母が応じないと母の手をひっぱりにくる。最近はまた手を取りに来て要求することが増えた。祖父の手をひっぱって「バアー」と言い、姉の宝物が入っている引き出しを開けさせようとする。

このように、誰に何を要求すると実現しやすいかをよく知っていて、その人に要求しに行く。また、テープレコーダーのスイッチを押す、コンセントにプラグをはめる、テレビのスイッチを押す、クリスマスツリーの玉飾りをさわるなど、さわってはいけないと禁止されているものは、自分でやろうとしないで、大人の手を取りに来てクレーンのように大人の手を使ってやらせようとする。
また、ゆうが居間へ母の手を取りに来て、母を居間から台所まで連れてきて、冷蔵庫の前まで行ってから冷蔵庫を指さして「バアー」と言うなど、要求行動がシークエンスをもち複雑になり、そのつど適切な行動が繰り出されるようになった。以前ならば、居間で台所を指さして発声するので、何をしたいのか母が文脈やゆうの意図を察して行動しないと何を求めているのかよくわからなかったが、今ではゆうが自分で順を追って表現するようになった。
（このように再び直接行動がよく用いられ、併用されるようになったのは、一見すると行動形式としては逆戻りのようだが、それだけ「こうして、それからこうして欲しい」というように、要求の内容も複雑になり、指さしや片言だけでは伝わりにくいからであろう）。

559（1：6：12）ゆうが母の手を取りにきて、手をひっぱり「マンマ　マンマ」と言いながら台所へ連れて行く。そして棚の上を指さす。

母には棚の上のお菓子を要求していることがわかったが、あえて要求には従わず、気をまぎらせようとして、同じ棚の上にあったヒヤシンスの水栽培の鉢をおろしてゆうに見せる。ゆうは、水栽培の鉢の水の部分を指して「ブンブ　ブンブ」と言う。芽の部分を指して「ン?」「ン?」と聞くので、母が「お花」と言ってやる。二、三回同じように繰り返してから、「ニャイニャイ」と言う（いらない）。

母がヒヤシンスの鉢を棚の上に片付けてから、そのまま何もしないでいると、食卓にあった丸椅子をたたいて、「ン」「ン」と言って、母にここに乗れと要求する。

（母の手をひっぱって、棚の上への指さしと「マンマ」ということばで、棚の上の菓子を要求したが、成功しなかった。それで、戦術を変えて、椅子をたたいて母に乗れというしぐさをして、「椅子に乗って棚の上のお菓子を取って欲しい」と要求した）。

■ことばだけで要求と拒否

先にあげた例のように、ことばが出はじめても、すぐにことば中心の生活に置き換わるのではなく、多種の行動を効果的に併用して使うのがふつうであった。このような多種の行動を併用したり、組み合わせて複雑な表現をとる行動の複合化は、1歳2か月ころから1歳8か月ころまでがピークであった。

その後、ゆうの場合には1歳9か月ころから音声言語が主になり、身振りは補助的に用いられるだけになった。これは、模倣による音声言語がさかんになり、自発語が急速に増加して（1歳8か月25日で派生語を入れず語彙数が約40語）、二語発話が出現した時期にあたる。

個人差は大きいと思われるが、一語発話のころは、まだことばが生活のなかで中心になったとはいえない。一語発話の時代はまだ片言で、ほかの行動を併用しながら意志を伝えていくころといえるだろう。そして、二語発話を話すころになると、ことばとことばは組織化され、ことばどうしがむすびつきをもって使われるようになり、ものがたりとなる。この時期になると、ようやくことばが主流になり、ことばだけで自立して使えるようになるのかもしれない。

たとえば、ゆうがタンスの上にあるぬいぐるみを母にとって欲しいと要求する類似場面で、行動形式がどのように変化したかを比較してみよう。次の例のように各種行動を併用して要求していたのが、ことばのみで要求するようになったことがわかる。

560（1：2：21）最近、タンスの上に置いてある大きいパンダや犬のぬいぐるみを指さして、「ン」「ン」と言って、降ろしてくれと要求する。そしてぬいぐるみの目や鼻をいじったり、それに乗って遊ぶ。大きいパンダをコンビラックの上にのせようとする。

561（1：3：18）タンスの上のパンダを指さし、「ン」「ン」と言う（あれを取って欲しい）。母がパンダを取ってやると微笑し、次にタンスの上の犬のぬいぐるみを指さして「ン」「ン」と言う（あれもとって欲しい）。パンダをコンビラックに寝かせ、犬を床において、両方を指さし、「ネンネ」と言う。ゆう自身もパンダに顔をくっつけて眠るかっこうをする（ぬいぐるみと共にネンネのまねをするごっこ遊び）。

しばらく遊んでから、パンダを片手につかんでタンスの上を指して「ン」「ン」と言う（タンスの上に戻して欲しい）。母が応じないと、パンダを抱きかかえて上へ少し持ち上げるしぐさをして（大きいので実際には持ち上が

らないし、本気で持ち上げるほど力を入れていない)、母の顔を見、タンスの上を指して「ン」「ン」と言う。

562（2：2：26） ゆう「ママ　クマチャン　ホチイ」母「クマちゃん　ここにあるでしょう?」ゆう「チガウ　オオキイノクマチャン」母「大きいの　どこにあるの?」ゆう「オオキイノ　タカイタカイ　チテ」母「ああ、あそこのパンダちゃんのこと?」ゆう「ン。パンダチャン　トッテ」

（指さしを全然用いないでことばだけで要求する。ゆうは「パンダ」ということばが出てこないので、「クマさん」と代理のことばを言って要求したが、手元にあるクマと間違われたので、「ちがう」と否定して、「大きいクマさん」「高い高いして」と自分が言えることばを有機的に組み合わせて要求を伝えた。）

この例のような有機的な語りの生成は、子ども個人だけで独自にできるわけではない。ことばが語られる生活の文脈を共有しており、部分的な表現でも意味がわかりあえる身近な他者との共同生成のやりとりから生まれると考えられる。しかし、もう一方では、すべてを共有しすぎてもいけない。子どものすべての要求を察し、先取りしてわかりすぎて要求をかなえてしまう他者であれば、子どもがことばを話す必要性は少なくなる。事例562では、母が次ぎつぎに問いを投げかけるかたちで答えを先に出さなかったので、その質問のしかたが、ゆうの語りの生成を促したといえよう。

3 「泣き」の変化

■「泣き」の機能的変化

乳児は、生まれたときは「泣き」で要求も拒否も表わすので、どちらの行動か分化していない。乳児が満腹にもかかわらずベッドで泣いているとき、「抱いて欲しい」のか「退屈がいや」なのか区別することは難しい。どちらにしても、乳児を抱けば泣きやむので、結果から意図を推測することも難しい。

乳児が成長すると、泣き以外の行動で要求や拒否を表わすとともに、意図も分化し明確になってくる。ただし、「泣き」がほかの行動に単純に置き換わっていくわけではない。泣き方や声の調子は変化するが、「泣き」は子どもの生活にとって一貫して重要な要求−拒否行動でありつづける。

図1−1は、ゆうの「泣き」行動の観察をもとに、「泣き」の機能的変化を図式化した半具象モデルである。泣きをⅠからⅥまで6つの段階に区別した。この段階区分は、泣きの機能発達を見るためのモデル（見本・範例）である。このモデルは、泣きの段階や種類を分類すること、つまり「分ける」ためのカテゴリーではない。したがって、たとえば特定の行動をとりあげて、この「泣き」はⅡかⅢか、どちらの段階に属するかと問われても、明確には分けられないことも多い。後の段階になっても前の段階の行動は消失しないし、あらゆる中間段階やヴァリエーションが存在するからである。しかし、Ⅱと区別する新しい行動が新たに出

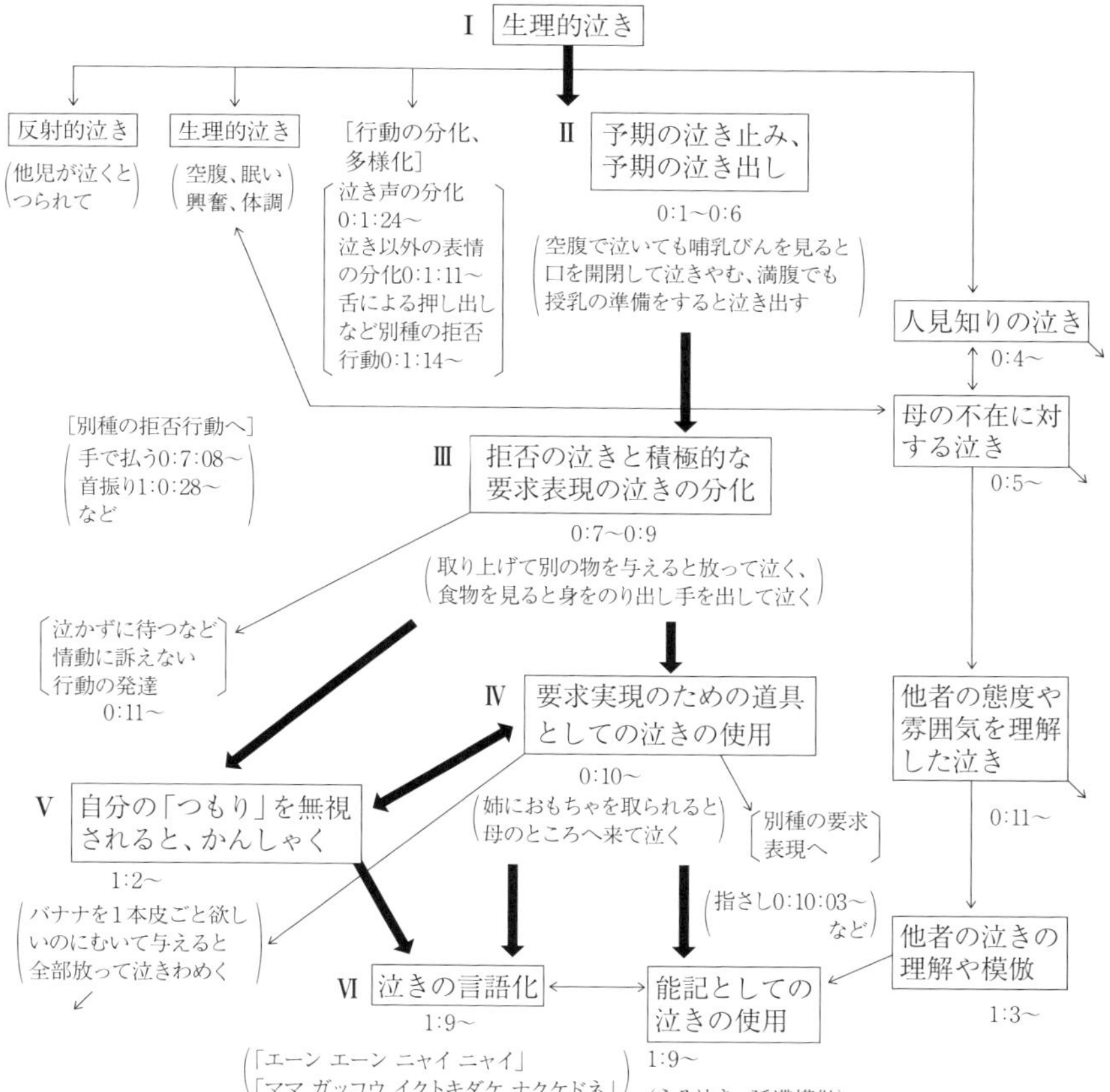

図１－１　泣きの機能的変化のモデル（山田 1982）

現したならば、それをⅢと名づけてその中心的な特徴を例示することは可能である。なお月齢は参考のために記しただけで、一般的標準ではない。

図1－1のように「泣き」というほぼ同じ行動にも、多様な機能的変化が見られた。

そのうち第一の方向は、情動から分離し距離化していく変化であった。それは、不快情動の直接的表出から、ほかの間接的表現に置き換わっていく変化でもあった。これは、「泣き」という情動から離れて、泣かないでほかの行動様式（指さす、手で払う、首を振る）を用いて要求－拒否を行ない、多様化させていく方向である。それは、泣かないで待つことができたり、言語を用いて自分の情動や行動を自律的に制御できるようになるプロセスとも関連するだろう。

第二の方向は、Ⅳ要求実現のためにわざと泣くなど「泣き」を道具的に使う方向であった。さらに発達するとⅥ「泣き」を言語化したり、ものがたり化して、自分の情動や行動を自律的に制御したり、泣きを能記として使用して「うそ泣き」する行動が見られた。「泣き」をいったん情動から分離して、自己や他者を意のままに動かしたり、コミュニケーションの道具として使う方向である。

第三の方向は、情動からの分離とは反対の方向で、Ⅴ自分の「つもり」を無視されるとかんしゃくを起こす行動が見られた。子どもが発達すると泣かなくなるだけではなく、以前とは異なる要求ができて、さらによく泣くようになる行動も見られた。要求も拒否も意志も強く複雑になるので、泣く状況も泣き方も変化した。この方向の発達では、泣きは、情動から離れたり制御されるどころか、強い自己主張のために強化して用いられ、感情の爆発は成長につれてさらに烈しくなった。

■「泣き」から多様な行動へ

泣きの機能的変化の第一の方向は、「泣き」という情動から離れて、泣かなくなる方向への発達であった。1歳ころから、要求は「アーアー」「ン、ン」など発声と身振りで表わし、拒否も泣くだけではなく身振りや「ニャイニャイ」の発声などで表わすようになった。要求と拒否の行動の分化も明瞭になってきた。また、表現のしかたも多様になり、多種の行動が柔軟に組み合わされるようになった。以前ならば泣いていたところを、泣かないで他の行動で表現できるようになったといえよう。

■意志の明確化

1歳2か月ころの要求－拒否行動では、用いられる行動の表現が多様化しただけではなく、「やりたい」「いやだ」という意志も明確に表現されるようになった。自分が何をしたいのかを多種の行動を使って示すようになった。また、断固として自分がやりたいことを実現したいという気持ちも強くなり、簡単には妥協しない「私のつもり」も出てきた。

563（1：2：03）夜、二階で母が「あっ、お父さんが帰ってきた」と言うと、ゆうはすぐ立ち上がって、階段の上へ行き「アーアー」と言う。父が階段をあがってくるまで待ちきれないで、「アーアー」と言いながら母に両手を出して抱いて下へ連れて行って欲しいというしぐさをする。父の顔を見ると非常に喜んで抱かれて、父のポケットのカギ束をつかみ、「ブーブー（自動車）」と言いながら、ゆうがカギ束を階段の本棚の所定の位置に置く。

564（1：2：10）二階に母といるとき、一階の玄関でブザーが鳴り、お米屋さんの声がしたら、すぐに母のところへ来て「アーアー」と言いながらドアの方を指さして、抱いてくれというしぐさをする。母が応じないでいると、だんだん声が強くなり、泣き声に近い声になって指さしながら、下へ連れて行ってくれというしぐさをする（声がしたので、誰が来たのか見に行きたい）。

このごろ同様の行動が多い。夜、二階にいるときに一階で祖母の声が聞こえるようなときも、階段の上までハイハイして、下を指さして「アーアー」と大声で言う。また、夜、父が帰ってきた車の音がすると、耳ざとく母よりも早く聞きつけて同様の行動をする。自分で音を聞いたり、母が「あっ、お父さんだ」と言うと、すぐに階段の上まで行き、下を指さして「アー」「アー」とうるさく言う（お父さんのところへ行きたい）。父が玄関から二階に来るまで待てないほどである。

565（1：2：11）朝からお弁当を持って森林公園へ行った。公園では芝生の上をうれしそうに裸足で走り回って上機嫌であった。車に乗って公園から自宅へ帰る。車を降りて自宅にある芝生の庭を通って居間のテラスから家の中へ入ろうとすると、「ニャイニャイ」と言いながら泣き声をあげて、いやがってどうしても家の中へ入ろうとしない。抱かれることもいやがり、父、母、姉みんなが家の中に入って1人になってしまっても、裸足で庭の芝生の上にいつづけようとした（公園の芝生で遊んだ後、家の庭にも芝生があることを「発見」したらしく、芝生で裸足になって遊びたいと要求した）。

■待つこと

1歳1か月ころ、多様な要求－拒否表現ができるのと同じころに、ことばで言い聞かせると少しのあいだ待つことができるようになった。待つことと、ことばによるものがたりを理解できることとは大きな関連があると考えられる。ものがたりの理解とは、ことばとことばがむすびついて、順序だてられることである。順序だてる働きによって、現在ここにない先のことを予測し、ここで待つことができるのだと考えられる。

566（1：0：20）朝、母にべったり甘えていて母が少しでも離れると泣く。しかし、二階へ連れて行くときに、「洗濯物、干し干しするから、待ち待ちしてらっしゃい。お母さん、洗濯物、干し干しするもの持ってくるからね。ゆうは待ち待ちね」と言って、ベランダのガラス戸に連れて行き、そこで窓は開けないで窓に向かって座らせる。そのまま母が一階に行き、洗濯物を持って戻ってくるまで待っていられる。母が戻ると、「ン」「ン」と言ってベランダを指す。

567（1：1：10）二階で寝る前に、母がゆうに「マンマ（ミルク）マンマ持ってくるからね、待ち待ちしていらっしゃい」と2回ほど言ってから階下へ行くと、ミルクの準備をして二階に戻ってくるまで10分ほど待っていられる（ミルクは眠る前にいつも哺乳びんで飲む習慣だが、以前は同じ状況のとき母がいなくなると泣いていた。母のことばによって、先の予測ができるようになった）。

568（1：1：20）いつも朝に父、母、姉が仕事や保育園に行くために車で出かけるとき、ゆうは車が大好きなのに連れて行ってもらえないので泣く。しかし、今日は姉が行く病院にゆうも一緒に行くので、「今日はブーに乗るのよ、ブーに乗って行くのよ」と早くから父母がゆうに向かって言っていた。そのためか、いつものようなイラだちがなく機嫌がよい。父が先にゆうを車に乗せ、運転席に座らせてハンドルをいじらせた。その直後に、母がおしめを替える必要に気づき、ゆうを抱いて車から降りていったん家へ戻った。いつもならば、このような状況のときには激しく泣いて怒るのだが、今日は全然泣かない。今日は早くからことばかけをしていたので、車からいったん降りても連れて行ってもらえることがわかっているらしい（泣かないで待てる）。

■わざと泣く――泣きの道具的使用

第二の泣きの機能的変化の方向は、Ⅳ要求実現のための道具としての泣きの使用から、Ⅵうそ泣きへと発達する方向であった。泣きは、ふつうは不快情動の表出であるが、道具として使う場合は、それほど泣く理由がなくても要求を実現するために泣きだしたり、状況を見て泣き方を強めて派手に泣いたり、相手によって泣き方を変えたり、泣きがコミュニケーションのかけひきの道具として使われた。

泣き方には次のような特徴があったので、道具的に使われていることがわかる。①目的を達すると即座に急に泣きやむ。②泣きを用いる相手が分化している。③相手の出方や状況で泣き方が変化する。

569（1：0：18）自分で転んで打ったときには少々のことでは泣かないのに、姉が軽く押すと激しく泣く。しかし、すぐそばにいる姉に向かって泣くのではなく、3メートルも離れたところにいる母の顔を見てから泣き声をあげはじめる。

570（1：2：18）　公園でゆうが転んだり、何かの拍子にぶつけたりすると、そこを押さえて、母のところへ泣き声をあげて訴えにくる。そして、転んだところやぶったところを指さす。たとえ、痛くなくてもおおげさに泣き声をあげて、やってくる。また、手に泥がついても、両手を広げて母に見せにくる。地面を指さして、「アー」と声を出す（ここで泥がついたよ）。

571（1：2：27）　台所のガス栓をさわろうとするので、母が「ダメ！！」と大声で言うと、一度手をひっこめて母の顔を見てニコッと笑う。そしてもう一度さわろうとするので、「メッ！」と言って、ゆうの手を軽くたたくと、自分で自分の手を母と同じようにたたき、「アー」「アー」と大声で言って泣き声をあげる（「お母さんが、こうやったよ」とわざと大声で泣いて訴える）。

572（1：2：27）　ゆうが針をさわりに行くので、母が「いたい　いたい　だからダメ！」と強く言ってゆうの手を軽くたたくと、すぐには泣かない。祖母のところへ行き、自分の手を母がしたのと同じようにたたいて見せて、祖母にその手を差しだしながら泣きだし、「アーアー」と言って母を指さす（「お母さんが、ここをこうしたよ」祖母に母がやったと泣いて訴えて同情を得ようとした）。

573（1：5：15）　最近、母にべったりとくっつき、母がいなくなると泣くことが多い。おとなしく牛乳を飲んでいても、そばに母がいるかどうかときどき横目をして、目のみで確認する。母が少しでも立ち上がりかけると、突然大声で泣きわめきはじめる。母がゆうのそばに座り直すとピタリと黙り、もとの位置に向き直って牛乳を飲みはじめる。目のみときどき横目にして、母が立ち上がりかけると、すぐに泣きだす。

次のような泣きも、要求のことばや拒否の身振りとも複合して巧妙に使われている。不快なことが起こったから結果として泣いたというよりも、悪い結果を避けるために先取りして泣いているので、要求を実現するための泣きといえよう。

574（1：1：13）姉の財布を取って母に差しだす（開けて欲しい）。母が財布を受けとって手に持ったまま何もしないでいると「ウマウマ」と言う（開けて）。まだ母が開けないでいると、「ニャイニャイ」と言って泣き声をあげる（本当には泣いていない）。

とうとう姉の財布を開いて10円硬貨を1つだけ手に持たせてもらった。ゆうは、お金に気づいた姉に取られそうになると、はじめは「ニャイニャイ」と言って体の後ろに隠そうとし、すぐにウアーンと大声で泣く（まだ、お金を取られたわけではないが、取られる前に予期的にわざと泣いた）。姉が気づいて手を出そうとしたら大声で泣きはじめたので、姉はひるんで手を出さなかった。すると、ゆうはすぐに泣きやんだ。

母が「ちょうだい」と言って、ゆうに向かって手を出すと、首を横に振って、玄関の方へ早足で歩いて行き、母の方を振り返って見て微笑する。母が追いかけて行って、10円玉をとりあげると、「ニャイニャイ」と言いながら泣き、「マンマ　マンマ」と言う。

575（1：2：27）夕方、台所で姉にオレンジジュースをコップについで渡していると、それを指さして「マンマ　マンマ」と言い、イライラしたような「アッ」「アッ」「アッ」という声をあげる。母がゆうのコップにジュースを少しついで渡すと、最初二、三口飲んでから、コップを支えている母の手を払いのける（自分で飲みたい）。母がコップから手を離すと、両手でコップを持って、ニコニコして台所から廊下の方へ行く。母が「ゆうくん、向こうへ持って行ってはだめ、ここで飲みなさい」と言うと、一度戻ってきて台所で一口飲むが、また廊下へ行ってしまう。今度は「そちらはだめ、ここで飲みなさい」と言っても、ニコニコして得意げな顔で行ってしまう。後ろから母が追いかけると、早足で歩いて行って、玄関まで行き、わざと玄関の土間にコップからジュースを全部あけてしまい、間髪をいれずに「ワァーン」と大声で泣きだす（それまでは楽しいイヤイヤゲームの乗りだったが、母が真剣になったので、しかられるよりも前におおげさに泣きだした）。

泣きの道具的な使用としては、2章に詳しく記すように、姉との関係のなかで、大声で泣いてアピールする行動がよく見られた。また、相手によって泣き方を変える行動もよく見られ、特に効果がある祖父母に向けてわざと泣くことが見られた。

4 「いや」――首振りの身振り

■返事の首振り

「いや」という拒否を表わす身振り「首振り」と、「ニャイニャイ」ということばは、ゆうの場合には、ほぼ同時に3日違いで1歳1か月前後に出現した。表1－2に、首振りとニャイニャイの使われ方をまとめた。同じころに出現して併用されたにもかかわらず、身体言語（身振り）と音声言語では、初期には使い分けられていた。「ニャイニャイ」は強い拒否を表わし泣きと共に使われることが多かったのに対して、首振りは不快情動とは切り離され、返事のように用いられた。

表1－2　拒否・否定を表わすおもな行動様式の発達的変化

（首振りと「ニャイニャイ」を中心に）（山田 1982）

		0：11	1：0	1：1	1：2	1：3	1：4	1：8以後の言語表現例
拒否	要求が満たされない時の強い情動を伴う強い拒否や抗議	泣き 払う	泣き 払う	泣き ＋ **「ニャイニャイ」**（1：1：02～）	泣き ＋ **「ニャイニャイ」**	**「ニャイニャイ」** 泣き	**「ニャイニャイ」** 泣き 他者をたたく	★「イヤダ ユーガヤル ママヤッテ ダメ ユーガヤルカラ」（2：04：00） ★「ダメモン　ママ　ダメモン ユータベタイ　ママ　トッテ　ダメモン」（2：04：19）
軽い意味の拒否	イヤイヤゲーム（拒否のあそび）	逃げる	逃げる	首振り（1：0：28～）	首振り ＋ 発声	**「ニャイニャイ」** ＋ 首振り	**「ニャイニャイ」**	
	拒否の返事	—	払う	首振り	首振り ＋ 発声	**「ニャイニャイ」** ＋ 首振り	**「ニャイニャイ」** ＋ 首振り	★「ジュースがいいの？」「ウン」「牛乳は？」「水は？」「ナン」（1：8：25） ★「ゆう君　びんもってらっしゃい」「イヤーン　ママガ」（2：00：09）
否定	打ち消し	払う	払う ＋ 指さし	払う ＋ 指さし	首振り＋指さし、指示語	**「ニャイニャイ」** 首振り＋指さし、指示語	**「ニャイニャイ」** ＋指さし、指示語	★「チガウ　アネ（羽）チガウ」（2：00：28） ★「ママ　モウ　ガッコウ　イケチェン（いかない）？」（2：06：03）
	存在の否定	—	—	—	—	—	**「ニャイニャイ」**	★「オカアチャン　イナイ　ナイッテチャガシテルネェ（捜してるね）オカアチャン　ドコイッタノ？」（2：03：24）

576（1：1：13）ゆうは姉が行く病院について行ったとき、薬をもらうために待合室にいた。ほかの子どもの母親がその子どもに「こっちいらっしゃい」と言うと、その母とその子の中間に立っていたゆうが（自分に言われたのだと思ったのか）、その母に向かって（返事のように）首を振る。

577（1：1：13）「ゆうくん　これ食べるの？」と母がミートローフを差しだすと、首を振る。しかし、本心からイヤというのではなく、首を振った後で食べる（ごく最近、首振りが非常に多くなった。自分に対して話しかけられたとき、イヤの意味で否定の返事のように首を振るようだ。しかし、本当にイヤなときばかりとは限らない。とうてい内容がわからない難しいことを言っても首を振るので、何かの返事の役目をしている。しかし、明らかに肯定のとき「ウマウマ食べましょう」「お外行きましょう」のときは、首を振らない）。

578（1：1：14）『いやだ　いやだ』の本を一緒に読んでいるとき、母が「いやだ　いやだ」とことばだけで言うと、ゆうが首を振る。本についているクマを指さして何度も「ン？　ン？」と名前を聞き、自分で本をめくって眺める（「いやだ」ということばと首振りは、一応むすびついている。しかも否定的な感情とはむすびついていない。本を読んだり話しかけられるのがイヤというのではなく、「いやだ」という意味を首振りで表わしているのである）。

579（1：2：02）首振りは必ずしも強い拒否を表わすわけではない。おもちゃを持っているときに「ゆうくんちょうだい」と言うと首を二、三度振る。そして微笑する。ゆうからは差しださないので、おもちゃを無理にとりあげるが、怒らない。

■首振りのイヤイヤゲーム

一般には、身振りは前言語的行動（preverbal behavior）あるいは非言語的行動（nonverbal behavior）と呼ばれて、音声言語よりも一段レベルが低い行動のように考えられている。しかし、拒否を表わす「首振り」と「ニャイニャイ」を比べると、初期では音声言語が不快情動や欲求の表出と深くむすびついていたのに対し、首振りのほうは早くから情動や身体的欲求とは切り離されて記号的に用いられ、音声言語よりも高度な使い方がなされていた。それは、先にあげた返事のような首振りとともに、次のような「イヤイヤゲーム」

と名づけた行動にもよく表われている。

「イヤイヤゲーム」とは、不快情動や欲求の直接表出ではなく、相手の働きかけをわざと拒否する遊びである。たとえば、母がおしめを替えようとするとハイハイで逃げ出して微笑し、母が知らん顔をしていると戻ってきて、母が「行ってはだめ」と言うと、また喜んで逃げるというような行動を繰り返すやりとりゲームがそれである（第1巻5章参照）。ゆうは「ハイハイで逃げる」（0：9：27〜）、「事物を放る」（0：11：05〜）など多様な行動を、このイヤイヤゲームに用いた。次のように首の横振りは、最初に現われてから6日目には、このゲームに用いられはじめた。

580（1：1：04）二階の廊下でうちわの上に足をのせてすべって転んで泣く。部屋へ連れて行っても泣きながら「マンマ」と言い、寝ころんで泣きつづける。母が雑誌『マミー』の付録の絵カードを見せて「ニャーニャー（ネコ）がついているよ」などと話しかけて1枚ずつ見せていくと、はじめは泣いたままで首を振っている。繰り返していると、そのうちに母がカードを見せて話をするたびに首を振って微笑する。絵の1つ1つを指さして、母の顔を見て「アッアッ」と言い、母に名前を言わせ、母が名前を言うたびに首を振って微笑する（後半では拒否の意味はうすれ、イヤイヤゲームになった。首振りがこのゲームに用いられたのははじめてである）。

581（1：1：25）拾ったビニールを口に入れようとするので、軽い調子で母が「ダメ、ダメ」と言うと笑う。リズムをつけて「ダメ、ダメ」と繰り返すと、また笑って口へ入れようとする。「ダメ、ダメ」を「コレ、コレ」「ゆうくん」などにことばを変えてもよい。母がいけないことを反復口調で制止すると、首を振ってよけいに繰り返す。

582（1：1：25）ベランダで、ゴミを拾っていじっているので、「ゆうくん　ちょうだい」と言うと首を振る。「ゆうくん　ちょうだい」と言うと、微笑して首を振る。何度言ってもこれを繰り返す。ゆうが手渡してくれないので、母がゴミをとりあげるが怒らない（本当にゴミをいじりたいというよりも、母とのゲームを楽しんでいるのだろう）。

583（1：2：13）朝起きて、一階に下りて座敷でおしめを替えようとすると、いつものように逃げて行ってしまう。「ゆうくん、いらっしゃい　いらっしゃい」と言うと、ニコニコ笑って首を振って、テーブルの向こう側に入り込もうとしたり、縁側のミシンのすみに逃げる。母が「いらっしゃい」と言うだけで追いかけて行かないと、母のところへ走って戻ってきて、笑いながら母の手のなかへ飛び込んでくる（このごろ、母が「いらっしゃい」「ちょうだい」などの要求をすると、必ずといってよいほど応じないで、よけいにわざと逃げたり、首を振って拒否したりイヤイヤゲームにしてしまう）。

この例のような否定的情動とむすびつかない首振りは、情動から離れている。つまり拒否の意味（所記）とそれを表現する媒体（能記）が分化しているという意味で記号としての使用に近い。「ニャイニャイ」の語がイヤイヤゲームに用いられたのは、首振りよりも2か月以上遅れた。首振りには、やがて1歳2か月ころから、「ニャイナイ」などの発声を伴うようになり、「ニャイニャイ」と併用されることも多くなった。

5 「いや」のことば――「ニャイニャイ」

■「ニャイニャイ」と泣き

「ニャイニャイ」ということばは、母がものをとりあげるとき「ナイナイ（無い無い）」と言っていたのを、拒否の意味で使いはじめたのではないかと思われる。母は「ナイナイ」と言うときにはおもちゃ箱におもちゃをしまうなどの行為を伴うことが多かった。ゆうは、母が使う「ナイナイ」よりもはるかに広い意味内容をもつことばとして、自発的に使いはじめた。

「ニャイニャイ」は、相手を拒否しながら自己主張するための強力なことばであり、1歳代全体にわたって長いあいだ、多様な文脈でほかのことばや身振りとも多く組み合わされて使われた最重要語のひとつであった。

初期の「ニャイニャイ」は、首振りとは違って、次の例のように強い要求－拒否のときに用いられ「泣き」と併用されることも多かった。

584（1：1：12）夕方、近くの公園に姉と乳母車で散歩に行く。姉が鉄棒をやっているのを見て、乳母車のなかで「ニャイニャイ」と言って泣き顔になり、立ち上がって身を乗り出す（姉と同じように鉄棒のところへ行きたい。乳母車はいや。これはいや、あれがいい）。

585（1：1：13）母が水槽の金魚の水を替えるためにタライに水を入れて金魚を入れた。ゆうは金魚を興味深げにのぞき込み、そのタライをハンドルのように右や左に両手で回して、水をこぼしてしまう。姉がその動作を見て「運転手じゃないの！」とはやしたてると、うれしそうに微笑する。母が気づいて、タライをとりあげて、ゆうの手が届かないように二階の踊り場の方へ移動すると、「ニャイニャイ」「ニャイニャイ」と泣き声をあげる。

586（1：1：13）ゆうは姉と同じことをしたがり、できないと「ニャイニャイ」と言って泣く。朝、姉が二階から下へ階段を降りていくと「ニャイニャイ」と言って泣く（自分も行きたい）。車で姉を保育園に送っていくと、姉が車を降りて保育園に入って行くのを見て、「ニャイニャイ」と言って泣く（自分も行きたい）。

587（1：1：13）病院で母に抱かれて診察室内で待っているとき、棚の中に薬が置いてあるのを見て手をのばして「ニャイニャイ」と言って泣く（薬にさわりたい）。母がカーテンについている金具をかわりにさわらせようとすると、首を振ってますます泣く。しかし、看護師さんが「あれ　あれ　どうしたの？」と笑いながら話しかけ、母がほかの患者さんが注射しているところなどを見せると、泣きやんでその患者さんの方を興味深げに見ている。

588（1：1：15）朝、ゆうは二階でネコのカードを興味深そうに見ている。母にカードを差しだして微笑する。母は忙しくて遊んでいられないので、「下へ行くからポイしなさい」と言うと、カードを体の後ろへ隠す。母がカードを取ると「ニャイニャイ」と言って泣く。

589（1：1：18）朝、姉が保育園へ行く準備をしていると、ゆうは特に落ち着かなくなり「ブー（車）」「ブー」

と言う。父、母、姉がみんな出かける前に、ゆうが先に玄関で「ブー」「ブー」と言いながらうろうろしている。今日は連れて行ってもらえず、いよいよみんなが出かけて、自分が置いていかれることがわかると、「ニャイニャイ」「ニャイニャイ」と言って泣く。

■返事の「ニャイニャイ」

「ニャイニャイ」が不快情動とむすびつかないで「いや」という意味で首振りのように使われはじめたのは、1歳3か月ころからであった。首振りと併用されることも多かった。はじめは首振りに「イヤ」に近い「ヤー」ということばが付加されて、「ニャイニャイ」とは異なる文脈で異なる発声で使われていた。やがて首振りと「ニャイニャイ」が併用され、「ニャイニャイ」も軽い返事に使われるようになった。発音も微妙に変わり「ニャイ」と短く言うこともあった。

590（1：2：25）いやなときの首振りに「ヤッー」という声を伴う。「ニャイニャイ」とは異なる「イヤ」に近い発声である。姉が絵の具で絵を描いていると、じゃまをしに行く。絵の具のチューブを手でつかんでは放り投げてしまうので、母が「ゆう君だめよ、放ってだめ」と言うと、「ヤー」と言って首を横に振る。

591（1：2：25）夕方、母が洗濯物を取り込むためにベランダに出ていると、隣の部屋で遊んでいても、必ずといってよいほど母を捜しにベランダにやってくる。母が洗濯物を取り終わって「おうちに入りましょう」と言うと「ヤー」と言って首を振る。

592（1：3：11）欲しくない食べ物（チーズ、パン）を食卓に出されると、首を振って「ニャイ」と言う。「ゆうくん、おしめかえましょう」と母が言うと、首を振って「ニャイ」と言う。

593（1：3：12）一階にいて「ゆうくん、お二階へ行くよ」と言うと、「ニャイ」と言って首を振る（最近、首振りは以前のように頻発しなくなった。「ニャイ」の発声と連合していることが多い）。

594（1：3：23）母に抱かれていて、父が「ゆう君　お父さんのところへおいで」と言って手を差しだすと「ニャイニャイ」と言って首を振る。台所でお菓子の入っている棚を指さして「マンマ　マンマ」と言う。お菓子ではなくパンを差しだすと「ニャイニャイ」と言って首を振って食べない。さらに「アッ」「アッ」と言いながらお菓子の棚を指さす。マンナ（ビスケット）を手渡すと微笑して食べる（これではなく、あれが欲しい）。

■「ニャイニャイ」ゲーム

「ニャイニャイ」を相手を拒否するやりとりや、イヤイヤゲームの遊びとして用いる行動は、首振りよりも2か月以上遅れて1歳3か月ころからはじまった。「ニャイニャイ」と言って相手を拒否する行動はおもしろいらしく、食事などの日常場面でも長くつづいた。

595（1：3：25）母の手帳を机の上から取り、持って居間の方へ行く。母が「ちょうだい」と言って手を出すと、「ニャイニャイ」と言って逃げ、手帳を自分の体の後ろへ隠す。母が無視しておもちゃを片付けはじめると、母の近くへやってきて、母に手帳を差しだす。母が「ちょうだい」と言うと、ゆうが「ニャイニャイ」と言う。これを二、三回繰り返す。その後で手帳をそばに放り出して、おもちゃ箱にあったカール人形で遊びはじめた（手帳自体は、それほど欲しいわけではなかった。以前ならば首振りでやっていた母とのイヤイヤゲームが「ニャイニャイ」に置き換わっている）。

596（1：5：17）最近、何でも「ニャイニャイ」と言うことが多い。欲しいものでも少し差しだすタイミングが遅れると「ニャイニャイ」と言う。また、よほど欲しいものは別だが、ごはん、パンなど日常の食べ物を出すと、一度は必ず儀式のように「ニャイニャイ」と言って皿を母の方に押しやる。しばらくたつと食べはじめる。

姉が食べているものを「マンマ　マンマ」と言って指さして欲しがるので、姉が自分が食べているものを少し分けて差しだすと、素直に受けとらないで、一度「ニャイニャイ」と言う。姉がそれをひっこめると、「アッアッ」と言って欲しがり、食べはじめる。

牛乳など欲しがるのだが、渡してもすぐに飲みはじめるのはまれで、必ずのように1度以上「ニャイニャイ」と言って横を向いたり、それを押しやったりする。またあとで自分でそれを取ったり、取ってくれと要求して飲みだす。

■否定や非存在の「ナイナイ」

「ナイナイ」は、多様な文脈でほかのことばや身振りとも組み合わされて、拒否の意味で用いられることが多かった。1歳5か月ころからは、拒否の表現を「イヤ」と併用するようになった。また、もともと母は「ナイナイしよう」は「お片付けしよう」という意味で使っていたので、その意味でも頻繁に使われた。遊んでいておもちゃがいらなくなると「ニャイニャイ」、おもちゃをおもちゃ箱に放り入れて「ニャイニャイ」

と言うなどである。

やがて「ニャイニャイ」「ナイナイ」は、「いらない」「できない」という否定形の意味で用いられるようになった。そして「ここにない」「なくなった」という非存在も表わすようになった。

597（1：3：23）「ニャイニャイ」を「もういらない」の意味でも使う。バネで動くネコのおもちゃをいじっていて飽きてくると、「ニャイニャイ」と言って母に渡す。

母と一緒に乗り物の本を見ていて、「ン?」「ン?」と指さすので、母が「ブーブー」「バス」「おふね」などと言ってやる。数回同じことをやると、「ニャイニャイ」と言って本を閉じ、自分で本が積んである棚の上の一番上にのせて片付ける。

絵積み木についている絵を母と眺めていて、「テレビ」「めがね」などは「ン?」「ン?」と指さして母に「これはテレビよ」「めがねだね」など言ってもらう。ウサギの絵を見ると自分で両手を振る（母に「ウサギのダンス」の歌をうたってもらいたい）。アヒルは、指さして「ガァーガァー」と言う。絵積み木で長く遊んだ後で、じゅうたんの上の積み木を手で乱暴に払って遠くへばらまいて、「ニャイニャイ」「ニャイニャイ」と言う。

598（1：3：28）絵本についている靴下の絵（男の子が靴下をはいているところ）を指さすので、母が「タータ（「靴」の意味、我が家では、祖母に習って元来は「たび」から来たと思われる赤ちゃんことばを靴や靴下の意味で使っていた）」と答えてやると、ゆうは自分の裸足の足の部分を持ち上げて、足をさわって「ナイナイ」と言いながら母に見せる（靴下をはいていない）。

599（1：4：01）母がゆうと遊んでいるときに、母がテントウムシ、カエル、アヒルなどのおもちゃを順番に取り出して、それらを歌いながら動かしてゆうの身体に近づけていくと、それらを出すたびに「ナイナイ　ナイナイ」と言っておもちゃ箱を指さす（いらない）。そして自分でおもちゃ箱から新幹線を取り出して「ゴォー　ゴォー」と言いながら遊ぶ。おもちゃ箱にあった積み木やボールを次ぎつぎに投げて、それらが遠くに行ってしまうと「ナイナイ」と言う（なくなった）。

600（1：4：02）ゆうは白色の色鉛筆を持って、紙に描こうとするが色が出ない。すると母に白色の色鉛筆を差しだし、紙をたたいて、描けというしぐさをする。「ゆうくん、これ白色だから描けないよ」と母が言うと、ゆうは「ナイナイ」と言い、「アーン」と言いながら棚の上の鉛筆削りを指さす（母が「描けない」と言ったので、鉛筆削りでけずって欲しいという意味らしい）。

601（1：4：04）ウンコをすると自分の股のところを指して「アッ」「アッ」と教える。オシッコだけのときは、母が「ウンコしたの？　おしめ替えようか？」と言うと、「ナイナイ（ない）」と言う。ギターをいじっていて、いやになると母に差しだして「ナイナイ（ないないして）」と言う。牛乳を飲んだ後は、哺乳びんを祖母に渡しながら「ナイナイ（なくなった）」と言う。

602（1：4：08）夕方、ゆうがミカンを食べ終わると、残った皮を見て「ナイナイ（なくなった）」と言う。母がミカンの皮をゆうに差しだして、「ゆうくん、これをごみ箱にポイしてきて」と言うと、皮をごみ箱に入れに行く。ごみ箱のふちに落ちた皮も拾って入れて、ごみ箱をもとあった棚の下に押し込むところまでやる。そして、母の顔を見て（得意そうに）満面の笑顔でほほえむ（いいことをしたよ）。

603（1：5：22）夜、階段を下りながら、電気のスイッチを押し、電気を消して「ニャイニャイ」と言う。もう一度スイッチを人差し指で押して、電気を見上げ電気がつくのを待っていて、電気がつくと「バアー」と言って笑う。同じことを、繰り返して笑う（「イナイナイバァー」の変形遊びである。ミカンの皮を「バアー」と言って皮をむかせたがっていたが、それは最近なくなった）。

6　私の「つもり」の発生

■自分でやりたい

幼い子どもは他者に世話をしてもらい、他者に依存しなくては生きていけない。しかし、いつかは自分のことは自分でできるように自立していかねばならない。興味深いのは、この自立のプロセスである。「自分のことは自分でやりなさい」と教えなくても、ふつうは子どもが自らすすんでやりたがる。子どもは、自分ができる能力が身につく前から、できないにもかかわらず、他者の手助けを振り払って「自分でやりたい」と志すのである。

たとえば食事をするとき、スプーンをつかんでもうまく口にいれられない。それでも、子どもは自分でやりたがる。他者にやってもらったほうが、すばやく欲しいものが食べられる。空腹を満たすためであれば、大人に訴えて世話してもらったほうが、はるかに効率がいいだろう。

周囲の大人も介助して食べさせたほうが楽である。子どもが自分で食べようとしてうまくいかないと時間がかかるし、途中であきてあそびだしたりして、十分な量が食べられない。カップの中身を食卓にこぼして食卓が汚れて後片付けが大変になる。だから大人は、幼い子どもが自分でやることを奨励するとは限らない。なぜ、子どもは教えられなくても「自分でやりたい」と思うようになるのだろうか。かつて子どもは、孤独に生まれて、やがて社会化して社会の一員となっていくと考えられてきた。しかし、子どもは最初から社会のなかで、社会の一員として人びとのあいだに生まれてくる。子どもは、まだ動けないころから周囲の人びとがやっていることに目を輝かせて、好奇心いっぱいで眺めている。子どもは人びとが日常生活のなかでやっていることに強い関心をもって育ち、自分もまねをして同じようにやりたいと思うようになる。子どもは自ら、周囲の人びとのようになりたいと願い、「自分もおなじ」になることを志すのではないだろうか。

604（1：2：13）　祖母と風呂に入り、母が洗い場でゆうを洗う。風呂桶の中で湯桶を使ってお湯くみをしていて、洗い場へ出るのをいやがる。洗い場に出すと自分で足をあげて風呂桶の中に入ろうとする。祖母が湯桶に湯をくんで、洗い場で遊ばせようとすると泣き声をあげる（祖母に湯をくんでもらうのではなく、自分で湯桶を使って湯をくみたい）。

母が洗い場でゆうを洗おうとするが、ゆうは母が持っていた濡れたガーゼを取って、自分でお腹のあたりをこすりつける。母が「ちょうだい」と言っても出さない。母がガーゼをとりあげると怒る。母がガーゼをとりあげて水をしぼると、すぐに取り返しにくる。今度はゆうは腹をこするのではなく、「ウーン」「ウーン」と声をあげてガーゼをにぎりしめる（自分で水をしぼっているつもり。うまくしぼれないが、にぎる動作に母が言っていなかった擬音「ウーン」を独自に加えて、力を入れたつもり）。

ゆうがガーゼを手放さないので、母が別の乾いたタオルのハンカチを代わりに持たせると、それを持つとすぐに風呂場の外へ出る。母がバスタオルでゆうの身体をふこうとするといやがり、ハンカチを持って居間にいる祖父のところまで急いで行ってしまう。そして祖父に乾いたハンカチで自分の体を自分でふいているところを見せて、得意そうに笑う。

605（1：2：17）公園で砂場の少し高いコンクリートの縁を歩くので、母が落ちないようにゆうの体を支えて一緒に歩こうとすると、泣き声をあげて母の手を払おうとする（自分で歩くので、支えはいらない）。

606（1：2：18）父、母、姉と山へ出かける。お弁当を食べるとき、母がおにぎりを取ってやろうとして、母がおにぎりを差しだしても首を振って受けとらない。そして、自分で弁当箱に手をのばして取る（自分で弁当箱から取りたい）。

■自分のつもりが無視されるとかんしゃく

1歳2か月ころからの特記すべき大きな変化は、図1－1のV段階の出現である。Ⅳ段階は、現実的に要求を実現させるための泣きである。それに対し、V段階では次の例のように、要求実現は二の次で本当に欲しいものが与えられても、それを拒否してまでも泣き、ひどくなると完全に本末転倒になり、かんしゃくのためのかんしゃくになることが相違点である。この時期は、結果的に同じものが与えられても、自分の思ったとおりの手順をふんで与えられないと怒ることが非常に多くなった。この本人の「つもり」は、周りの人間にはささいなこととして見過ごされ、本人の激しい抵抗にあってはじめて「つもり」の存在が推測できることも多かった。

「私のつもり」が現実の要求実現よりも優先するこの現象こそ、私のめばえを考察するうえで、もっとも重要な現象のひとつと考えられる。現実生活のなかで目標物を手に入れるために目標指向的な行動をしたり、

妨害物を除いたり、他者の働きかけを拒否する行動のなかにも「私」が存在するかもしれない。しかし、それらの行動には、どうしても「私」というコンセプトが不可欠とまではいえない。V段階に至ってはじめて、現実の利益を捨ててまで守らねばならない大切なもの、現実の利害にかかわらずそれを無視されると限りなく不快になるもの、自分というものが子どもの内にめばえはじめたことが明確になると考えられる。

607（1：3：24）ゆうがキャラメルコーンを袋ごとつかんだので、母がとりあげて袋の中から1つだけ出して差しだすと「ニャイニャイ」と言って、大声で泣く。そりくり返って泣きわめきつづけるので、再び袋ごと渡すと、その袋をつかんで「ニャイニャイ」と言って首を振り、泣きながら玄関の土間まで行って、力いっぱい投げつけて放ってしまい、さらに泣きわめく（本当は食べたくてたまらなかったのに、袋ごと欲しいという最初の「つもり」が入れられなかったので全部捨ててしまった）。

608（1：5：11）いただきものの大きいゴーフルを、家族みんなと同じように1つずつもらって上機嫌で「マンマ　マンマ」と言いながら食べていた。食べている途中で母がゆうには大きすぎると思い、姉に「おねえちゃん、小さいのと取りかえて」と言って交換させようとすると、姉を指さしながらワーワーと大声で泣き、取りかえられた小さいほうのゴーフルを放り投げて泣きわめく。もとの大きいゴーフルと2つ差しだしても、「ニャイニャイ」と言って全部放り投げてしまう（最近、一度怒ると、それがおさまるまで、どんなに欲しいものでも放り投げてしまう。しばらくたつと、それをつかんで食べはじめることもある）。

ゆうが「ジャージャ」と言っているのに、すぐに牛乳をもらえないと怒って泣く。その後で牛乳を差しだしても、哺乳びんをつかんで放り投げて泣きわめく。二、三回放った後で、自分で哺乳びんを拾って飲みはじめる。

最近、このような行動が非常に多い。ゆうがバナナを「バアーバアー（バナナ　バナナ）」と要求するので、母がバナナの皮をむいて中身を割ってから差しだすと、首を振りながら「ニャイニャイ」と言って泣き、怒ってバナナを放り投げる。その後で1本丸ごと差しだしてもだめで、全部放り投げる（バナナを1本丸ごと欲しかった）。

母が茶碗むしの茶碗からゆう専用のプラスチックの容器に中身を少し移してさましてから差しだすと、「ニャイニャイ」と言いながら容器もスプーンも全部放り投げて泣く（茶碗から直接自分でスプーンで食べるつもりだった）。

609（1：2：21）　夜中に目覚めたときは、哺乳びんでミルクを飲むが、たとえ眠くてもミルクの味がうすぎると、母の方へ突っ返す。母が哺乳びんをそのまま、ゆうの口に入れようとすると、廊下の方を指さして泣く（寝室ではなく廊下でミルクをつくっていた。あちらへ行ってミルクをつくり直して欲しい）。母がいったん哺乳びんを持って廊下へ出て、同じミルクを持って帰ってきて、ゆうの口へ入れると飲む（味は同じでも、一度クレームをつけたものは、やり直しの手順をふまないと満足しない）。

610（1：3：10）　最近、夜中でも目が覚めたときに、母がなかなかミルクをつくりに行かないと、母の顔や体を払うように手で押す。飲んだ後でおかわりが欲しいときも、空の哺乳びんを母に差しだして同じようにする。そして泣く。さらに廊下の方を指さすこともある。母が立ち上がり、廊下へ出ると泣きやんで、ミルクをもらえるまでおとなしく待っている。

611（1：6：06）夜中に目覚めて「ジャージャ（牛乳）」と言いながら激しく泣く。母が牛乳を哺乳びんに入れて持って行っても、飲もうとしない。哺乳びんを手に取ってみるのだが、飲もうとしないで「ジャージャ」と言って哺乳びんを放り投げて泣く。そして母の手をつかみ、寝室の出口の方を指して「ジャージャ」「ジャージャ」と言って泣く。何度試みても泣きつづけるので、母に出て行けと言っているのかと思い、トイレに行ってから帰ってみるがやはりダメである。いろいろな試みをした後、ついには哺乳びんを持っていったん廊下へ出て、しばらく時間をおいて同じ哺乳びんを持って戻ると、すぐに泣きやんで飲みはじめる。

（母が哺乳びんを持って出口から出て行き、その後で母が持ってきた哺乳びんで牛乳をもらって飲むという一連のシークエンスの手順をふまねばいけなかった。最初は寝ぼけていたので、母が出て行くところを知らなかったらしい。）

「私のつもり」は、ひとつには、「大人と同じようになりたい」という欲求として理解できるだろう。自分用の容器に小分けしたり、食べやすくしたりするのではなく、大きい袋のままで欲しい、バナナを一本丸ごと欲しい、茶碗蒸しを茶碗から食べたいなどである。子どもは自分でできるようになるはるか前から「大人と同じになりたい」と望むのである。

「私のつもり」は、もうひとつには、自分が予測し、あらかじめ見積もっていた「手順」通りに大人にやって欲しいという欲求として理解できる。子どもは自分ではできないので、大人の手助けや支援を受けてやってもらうことがふつうである。しかし、大人にやってもらって望んだ結果になれば満足するわけではなく、「やり方」「手順」まで自分がイメージしたやり方でやってもらいたいと望むようになる。大人の行為が子ども自身の行為の世界に組み込まれていることは、子どもにとっては当たり前である。大人がなぜ、自分が思ったように動かないのかと子どもはイラだつ。子どもは「自分が想ったように大人に動いてほしい」と望むのである。

■私のつもり

2歳すぎると、「私のつもり」がことばで明確に表現されるようになった。要求－拒否のことばも鮮明になり、自分が思ったやり方や手順をふんでやって欲しいと訴えるようになった。

612（2：03：30）最近は、自分の思う「つもり」があって、そのとおりにしないと、怒り泣きわめく。母が玄関で電話をかけていると、「ママとやりたかったなあ、ママとやりたかったなあ」と言いながら、わあわあ泣きわめきはじめる。抱いて「どうしたの？」と言っても、同じことを繰り返して言い、ドアを指すだけなので、何のことかわからなかった。二階へ連れて行っても、今度は下を指して泣く。ほかのおもちゃを次ぎつぎに出してなだめようとしても、泣きやまない。下階へもう一度連れて行って、わかった。母が電話中に、ゆうは二階へ行って差し込みのコードを持ちだしてきており、それを玄関ドアの鍵穴に差し込んでカギをかける遊びがしたかったが、自分ひとりではうまくできなかった。それで母と一緒に、カギかけごっこをしたかったと言っているらしい。母が気づいて、ゆうが持ってきた差し込みコードでドアにカギをかけるしぐさをひととおりやると、ゆうがピタリと泣きやんだ。

613（2：03：30）服を着替えるとき、ゆう本人にその気がないのに、母が何も言わないでいきなり服を脱がせようとすると、ひどく怒る。また、ゆうがズボンからはくという「つもり」でいるときに、母が上着から着せようとすると怒って「ズボンからはきたい」と言う。

614（2：03：30）東山公園に行ったとき買ったカタカタという遊具（棒の部分を手で持って引いて歩くと車がカタカタと鳴る）を気に入っていて、階下から二階へ、二階から階下へと移動するたびに持ち歩きたいが、自分では遊具を持つと階段でうまく運べないので、母に「ママ、持ってって」と言う。母がカタカタを持つと、怒って「ちがう、ちがう」と言って、「こうやって」といいながら持ち方を実演して見せる。ゆうの「つもり」では、母が棒の部分の途中を横から持ったのがいけなくて、一番上の部分を持って棒を立てないといけないらしい（そうしないと、車がまっすぐ床に降りず、カタカタと鳴らない。ゆうは自分で試して正しい持ち方を工夫して学習していたのであろう。実際には階段で音を鳴らしながら移動するわけではないが、カタカタはこのように持つものだと、ゆうが考えた正式（？）の持ち方を母に伝授して、そのやり方で持ち運びを母にさせようとする）。

615（2：04：00）母の実家で買ってもらった水鉄砲がお気に入りで、どこへ行くにも持って歩く。ゆう「ママ、おプロ入ろうてえ。」母「うん、お風呂入ろうね。今はおじいちゃんとチーが入っているから、出てからね。」ゆう「いやだ、早くオプロ入ろうよ。ユー、水てっぽう持って入る。ママと。」母「ママと水鉄砲持って入ろうね。」ゆう「うん。」

616（2：04：00）母と風呂に入る。1人だけで湯船にしゃがんですくむと、うれしそうにニコッと笑う。母が体を洗うのを手伝うと猛烈に怒って、手で母をたたいたり、母が持っていたガーゼをとりあげて、そのガーゼでピシャリピシャリと母をたたく。母がゆうの頭を濡らすと、怒って母の頭に水をかける。「いやだ、ユーがやる。ユーがやる。ママやってダメ、ママやってダメ、ユーがやるから」(母と風呂に入るのはいいが、洗うのは自分でやりたい)。

7 拒否行動と私のつもり

■多様な拒否の行動様式

1章では特に「私のめばえ」に関連が深い拒否行動に注目して、さまざまな行動様式がどのように使われているか、詳しく見てきた。拒否行動は、「泣き」などの情動表現、手で払うなどの実践的行為、首振りなどの記号化された身振り、「ニャイニャイ(イヤ)」などの音声言語の発達へと変化したが、それらは、非常に複雑に関連していることがわかった。

大きく見れば、「泣き」などの情動表現が減少して、「ことば」に変わっていくといえる。しかし、そのプロセスは身体表現がことばに置き換わっていくというほど単純な一方向の直線的発達ではない。文脈に応じて多くの行動様式が複合され併用されるのがふつうであった。ある方法で通じなければ、別のやり方で示すというように多彩で豊かな表現がなされ、ことばは多くの行動様式や身振りに支えられて、共に発達していくと考えられる。

従来は、首振りなどの身振りは、前言語的行動あるいは非言語的行動と言われてきた。身振りは、音声言語よりも一段低いレベルの行動、あるいは言語外の行動と考えられてきた。しかし、そのような見方は、音声言語だけを特権化した位置に置きすぎているからであろう。

音声言語を行為や身振りの一段上に単純に位置づけるのではなく、音声言語も種々の行動形式の発達の一部としてとらえるほうが、子どもの生活全体のなかで生じる変化をより的確にとらえられると考えられる。特にことばが遅れた子どもや障碍《がい》をもった子どもの発達を見る場合には、音声言語の有無だけにとらわれず、多様な行動様式を見たほうがよいだろう。

1歳前半の一語発話の時期のことばは、身振りと同程度の水準である。多様な行動様式が併用されるので、どの行動様式を用いてもレベルの違いはそれほどない。早くから音声言語で表現できる子どももいれば、身振りのほうが得意な子どももいて、個人差も大きい。この時期のことばは、二語発話以降のことばとは生活のなかで果たしている役割が異なるのではないかと考えられる。1歳半検診では、ことばの有無や数よりも、子どもの生活全体のなかで、どのような行動様式を用いて何を表現しているか、各種行動様式の使い方を総合的に見ることが重要だろう。

その後「泣き」のⅥ段階では、「うそ泣き」によって、他者に訴える記号として情動から切り離されて使われた。また、ことばによって自己制御できる方向への発達が見られた。「泣き」を「エーン　エーン」と言語化してから、自分で「ナイナイ」と否定する語りをすることによって、自分でものがたりをつくって自分の行動を制御するなどの行動が見られた。これらの発達は、「7章　ここにない世界をつくる」を参照されたい。

■私の「つもり」の発達

「泣き」などの行動様式を見るときに特記すべきことは、同じ行動様式のなかにも機能の変化があることだろう。泣きの頻度は、発達に伴って減少するので、泣きの減少とコミュニケーションの発達が単純にむすびつけられる傾向がある。確かに、泣くことしかできなかった乳児が、多種の行動形式を駆使して要求-拒否を表現できることは重要な発達である。それは情動の直接表出から、別の表現形式を用いる距離化のプロセスと考えられる。それは子どもが泣かずに待てるようになったり、自分の行動を制御できるようになったりするプロセスでもある。

しかし、他方においては、子どもの「つもり」が明確になるために、それまで泣かずにすんでいたことに対して、激しく泣いたり抗議したりすることも生じてくる。特に現実的な要求実現と自分の「つもり」が矛盾する場合には、当面の利益を捨てても自分の「つもり」を優先する行動が見られたことは興味深い。子どもは、目的のものが得られないことに対して泣くのではなく、自分の「つもり」が理解されず、無視されたことに対して泣くようになったのである。

自分の「つもり」は、単なる欲求（need）や欲望（desire）の表出ではない。また、自分はこうしたいという意図（intention）や目的（purpose）が明確になることと同じというわけでもない。

ピアジェは「意図」を「手段-目的関係の形成」、つまり目的にあわせて自由に手段を組み合わせられることだと考えた。これは、意図というわかりにくい概念を行動レベルで定義する巧みな考え方である。しかし、要求-実現という適応の文脈からだけ考えているところは、重要な観点が抜けていると思われる。

自己の外側にある目的に向かって、そこへ到達するために種々の手段を工夫することも大切だが、より重要なのは、こうしてああしてと、手順や見積もりをつくること、「つもる」働きである。さらに重要なのは、要求実現やその評価の過程には、本質的に他者が関与していることである。

「つもり」とは、第一に自分の内に設定した内的目標である。外的結果の善し悪しだけではなく、自分の要求水準に達したかどうかが問われる。1歳前半では、まだそれほど複雑ではないが、のちには子ども仲間が「赤ちゃんだねえ」と言われたことに反発して「赤ちゃんじゃない」自分になった例（7章）のように、内的目標の設定にも、他者の評価が大きく関与してくるであろう。

「つもり」とは、第二には自分の考え（アイデア）や案（プラン、デザイン）だと考えられる。1歳児では、構想や段取りというほど計画的ではないが、ほんのわずかでも自分なりの想いや予測があれば、現実がそれと合致しているかどうかが問われる。外側から見て成功したかどうかではなく、「自分のプラン」とのズレが問われるのである。しかも、そのプランには、自分がこうしたいという欲求だけではなく、他者がこうしてくれるはずだという他者への期待が組み込まれている。あの人にこうしてもらいたい、あの人はこうするはずだという他者との共同作業のプランが入っている。

ゆうは、遊びでも言語表出でも、実際に自分ができるよりも高い要求水準をもち、それを母や姉にやらせようとした。ヴィゴツキーがいうような発達の最近接領域は、周囲の大人がつくりだすだけではない。子どもも自分のつもりのなかに他者を折り込み済みなのである。そして、自分のつもり通りに相手が動かないと、かんしゃくを起こしたりする。

表象の発生によって、いつも適応的な行動に導かれるとは限らない。不適応に向かう表象もある。「自分のつもり」という表象も同様だろう。自分のつもりが他者には通用しないとき、「わかってくれない」他者に自分が無視されたり、傷つけられたように感じて攻撃的になったり、悲観的になったりする。また、自分というものが大事になりすぎると、それを守るために、現実の問題解決から遠ざかってしまうことがある。

人は環境にあわせて常に適応的な行動をするように発達するとは限らない。自分のプライドがかかるときには、適応とは逆に行動して、よけいに自分をだめにする場合もある。ことばや表象は、それによって自分をコントロールし、情動を制御する役割をもつ。しかし、ともすると、ことばや表象によって、自分がコントロールできないほど大きな情動が生みだされることにもなると考えられる。

■身振りと音声言語

「NO」を意味する首の横振りは、スピッツ（1957）によって、コミュニケーションにおける最初の抽象作用であり、なおかつ自己覚知のはじまりであると正しく位置づけられた。それにもかかわらず、その後、「ことば」と「自己」の発生の問題が統一的にアプローチされることは、ほとんどなかった。両者は、関連しながら発達すると考えられる。

「ニャイニャイ」などの音声言語は、一語発話のレベルでは、不快情動と連動して表現されることが多かった。同時期に併用された首振りなどの身振りは、早くから情動から離れて、身体の「ふり」が「イヤ」の意味を表わす記号として使われた。音声言語より身振りのほうがより記号的で高度に操作的な使われ方をした。

「ニャイニャイ」は、記号化が遅れ子どもがかなり成長するまで不快情動とむすびついていた。それは偶然ではないと考えられる。音声言語は、「声」をコミュニケーションの媒体に使う。声は、個性的で、声を聞いただけで、相手が誰かわかり、その微妙な抑揚で相手の気持ちがわかるほど、情動がのりやすい媒体である。自動販売機や駅のアナウンスなどで機械的で画一的な「美しい声」で丁寧にお礼を言われても、「ことば」としては意味をなすが、逆に不愉快になることもある。音声言語は、「意味」を伝えるだけではない。

音声言語は、身体を基盤にした「声《ヴォイス》」を媒体にしている限り、情動と分離した「記号《シーニュ》」としてだけ機能することは難しい。

首振りなどの身振りは、身体を用いているが、身体の一部分のみを限定して使い様式化されているので、情動とは切り離され、「拒否」を表象することに特化した「記号」になりやすいといえよう。

身振りは文化によって、異なる意味を担い記号として用いられる。しかし、完全に恣意的な記号とはいえない。

首や手の横振りは、否定の身振りとして普遍的であり、首の縦振り（うなずき）は肯定の身振りになる。なぜ、横振りが拒否の意味をもつのかは興味深い問題である。あいさつでも、おじぎのように相手に肯定的な意味を表現する身振りでは、頭を横に動かすことはなく、頭を縦に動かす。身体を軸として、頭の縦の動きは上下運動になり、うなずきやおじぎのように相手と視線を合わせた位置から下方向へ振れば、頭を垂れ相手を受け入れる姿勢になる。それに対して左右の横の動きは、向きあった相手の視線をさえぎって、相手と異なる方向を見るように動く。音声言語は、身体から発せられる情動を帯びた声を介するので、情動から完全に切り離された恣意的で空虚な記号として働くわけではない。身振りもまた、声とは異なる意味で身体とむすびついており、身体の空間的制約を受けるのであろう。

第2部
社会的ネットワークのなかの私

おかあさんとゆうくん
（ゆう 3歳6か月）

――ひとり以上、申し訳ないが、つねにひとり以上、必要なのだ、語るためには。
それには複数の声が必要なのだ……

ジャック・デリダ『名を救う』未来社より

2章　ここの人びとのなかで生まれる私

1　ここの人びとの社会的ネットワーク

■ここという場所《トポス》と社会的ネットワーク

ことばは、人と人をむすぶコミュニケーションの媒体である。人と人は社会的ネットワークでむすばれている。そして乳児は早い時期に大人と子どもを区別している（ルイス）。また、乳児は母親など自分を養育してくれる者を愛着の対象として、養育者と子どもは愛着の絆（attachment bond）をつくる（ボウルビィ）。人は、ひとりで生まれてひとりで死んでいくのではない。人と人との関係性は、人が生まれたときから死ぬまで、生きていくのに必要な水や空気のようなものである。

ここで人と人の関係性をどのようなものとみなすか、基本イメージを考えておこう。今までは、個人としての人と人を糸や紐や縄や絆やネットでつなぐようにイメージされてきた。人と人が文脈《コンテクスト》から独立して存在し、その個人と個人のあいだを結ぶ関係性（relationship）としてネットワークがつくられると考えられてきたのである。

しかし、私は第1巻で述べたように、人と人は網目に埋め込まれた結び目のようなものではないかと考えている。第2巻で述べたように個々の人間が独立に存在しているわけではなく、人間は場所《トポス》（生態系や文脈）のなかに入れ子に埋め込まれている。人が先に存在していて、人と人をつないで結び目ができるのではない。先に存在しているのは場所である。すでに場所のなかに関係性の網ができており、そこで人と人が出会って、新しい結び目が生成されていくのである。

子どもは、中空のからっぽの空間に生きているわけではない。子どもは、家庭（home）といわれる親密な場所で育つ。それは、〔ここ〕という心理的場所《トポス》である。〔ここ〕は、子どもが日常生活を送っているなじみの場所、安心できる居場所であり、こうすれば次に何が起こるかがわかるルーチン化された場所、基本的に信頼できる場所である。

従来は、親子関係、とりわけ母子関係に焦点をあてて、子どもの発達を見ることが多かった。子どもは、母親だけではなく、父親やきょうだいや祖父母などの家族をはじめとして、子ども仲間、近隣の人など、さまざまな人びとのあいだで育っていく。

社会的ネットワークや関係性の織物は、子どもが生まれる前から、そして子どもが気づく前から、〔ここ〕という心理的場所にはりめぐらされているのである。子どもは、〔ここ〕にある社会的ネットワークを縦横に利用して、自分を中心とした新しいネットワークを生成していく。私（自分）というものは、〔ここ〕というなじみの心理的場所《トポス》、親密な人びとがいる共感できる場所で生まれるのではないかと考えられる。

表2−1は、ゆうが他の人びととどのような関係をむすんだか、特に姉との関係を中心にまとめたものである。

三項関係が形成されるころ（9か月〜11か月）には、図2−1のように、ゆうは指さしや大声をあげたり

表2−1　ゆうの他者との関係の変化（姉との関係を中心に）（山田 1982）

三項関係の形成（およその月齢 0：9〜0：11）	★提示、指さしなどで人の注意をひこうとする。家族が集まると、どなるような大声を上げ始めるなど、注目されると喜ぶ。 ★母への後追いなど母が特別の愛着対象であるにもかかわらず、提示や手渡しやあそびの相手は姉でもよく、姉が母の代理になりうる。 ★模倣の対象として姉には母以上の関心〔嫌いな頭洗いも姉がやるとする。姉と同じ場所で同じ物を持ちたい〕 ★姉にたたかれても（ゆうはあそんでくれていると思うのか）よろこんでいる。
他者の情動・認知的分化の開始（0：11〜1：1）	★母への甘えが強くなり、父、祖父、祖母、姉、いずれも代理にならない。 ★子ども仲間としての姉　模倣の対象としての姉は非常に強力〔嫌いなものも姉が食べていると食べ始める〕 ★ライバルとしての姉　〈母—姉〉の関係に怒る。3人一緒か、〈母—ゆう〉〈姉—ゆう〉ならばよい〔母が姉を抱くと泣く、母が姉に話しかけると泣き出す、母が姉と風呂に入るときちがいのように泣きわめく、姉にたたかれると痛くなくても泣く〕
他者の役割に応じた使い分け（1：1〜1：3）	★伝達対象の分化〔ほめてもらうのは祖父母のところへ、母にしかられると祖父母のところへ〕 ★他者の所有の理解〔鍵は父のもの—母が受けとると怒る〕 ★子ども仲間としての姉〔姉と互いにふざけ合いをして大喜びする。母にしかられても姉とあそぶのを好む〕 ★ライバルとしての姉〔欲しいものは大人の所へ要求しに来て姉の所へは行かない。姉が手伝おうとしても（取られると思うのか）泣く。母と姉の話の中にわり込む〕
他者の意図や状況に応じた使い分け（1：3〜1：5）	★言語による人の区別の明確化、所有の理解〔家族のまくらを次々に指して「誰々の」と言ってもらうことを好む。単に「まくら」と答えるだけでは納得しない。イスなど自分用のを使いたがる〕 ★おだてにのる、他人の機嫌をとろうとする〔服をほめると嫌がっていても着る。禁止されている事柄は大人の手を取ってやらせようとする。しかられると抱きつく、声の調子を変えるなどで機嫌をとろうとする〕 ★子ども仲間としての姉〔2つもらうと1つ姉に渡しに行く。姉の手伝いを喜ぶ。姉が母をたたくとすぐ模倣するなど姉とともに、母の嫌がることをやって大喜びする〕 ★ライバルとしての姉〔大人は自分のものにさわってもよいが姉がさわると怒る。姉が眠っていたり、泣いたり、姉の形勢不利なときに姉をたたいたり髪をひっぱりに行く〕
その後の主な変化	★約1歳9か月〜 ・自他の関係の言語化の開始 「ユー（自分の名）（1：9：27）」「ユー　ノ」「チー（姉の名）ノ（1：10：10）」「ユー　モ（1：10：18）」「チー　モ（1：10：21）」「チー　ガ（1：11：16）」「ユー　ガ（2：00：02）」「チー　ハ？（2：00：03）」「チー　ト（2：00：05）」「ユー　ハ？（2：00：16）」 ★約2歳1か月 ・自他の関係の言語化 「オトウチャン　チンキチ　ト　ダンダ　アイル」「オオカチャン　ト　ジャージャ　ノンデネンネ　カワイイ　オ・カアチャン（2：01：15）」（おとうさん、しんきちと風呂に入る。お母さんと牛乳を飲んで寝る。かわいいおかあさん）「チー　チィチャイノ　ユー　オオキイノ　イイノ（2：01：29）」（チーは小さいの、ユーは大きいのが欲しい）「チー　チュキダケド　チュコチ　イジワルチュル（2：04：05）」（チーは好きだけど少しいじわるする） ★約2歳3か月〜 ・他者からみた自己の言語化 公園で「イタル　クント　ナオチャン　オウチ　デ　ケンカ　チテルカモ　チレン。ユークン　イナイナイッテ（2：03：28）」（いとこのいたるくんとなおちゃんがお家で、自分がいないのでけんかをしているかもしれない）「キチャ　ユー　チュキダカラ　マチマチ　チテクレルノ？（2：03：26）」（汽車はユーが好きだから待っていてくれるの？）

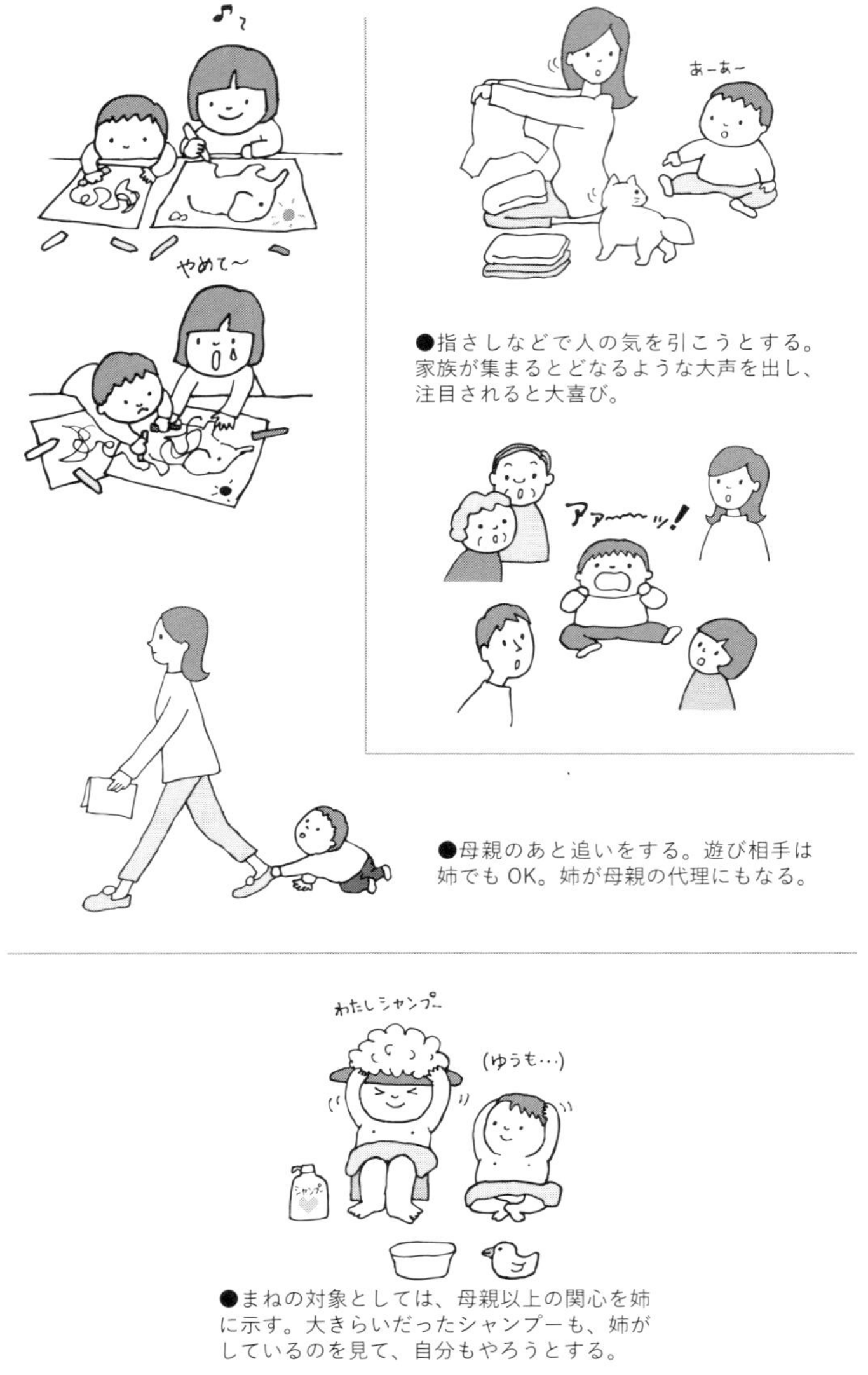

図2-1　三項関係ができるころ —— ゆうの他者との関係（姉との関係を中心に）

して、家族の気をひこうとする行動がみられた。家族のなかでは、母がいなくなると捜して後追いするなど母への愛着が強かった。ゆうの注目はいつも母に向かっており、眠いときや機嫌の悪いときは母でなければならなかったが、あそびの相手は姉でもよく、姉が母の代理になることもあった。模倣の対象としては、姉には母以上の関心をもち、姉と同じ場所で同じようにしたがった。姉が相手をしてくれれば、たたかれてもよろこんでいた。

■家族 ── 祖父母と父母

ゆうが同居していた家族は、父、母、祖父、祖母、姉であった。その人びとがゆうにとって〔ここ〕の人であり、その人びとは、ゆうにとって自分を世話してくれる愛着の相手であるとともに、自分の行為を注目してくれる観客《オーディエンス》であり、自分の声を聞いてくれる聴衆《オーディエンス》であった。やがて、この人とはこうする、この人にはこれを伝えたいという伝達相手と伝達内容が明確になっていった。ことばが育まれる土壌として、社会的ネットワークのなかでの人びととの分化と使い分けを見てみたい。

家族のなかで、人と人の関係ダイナミックスは複雑に変化する。あるときはある人びとが関係をもち「仲間」として一緒に行動し、あるときには別の人どうしが「仲間」になる。暗黙のうちに、ほかの人びとは自分が「仲間」でないときには、そこへ立ち入ることを遠慮するし、すでにできている「仲間」に入ろうとするときには、何らかの働きかけをする。

ゆうと姉は、父や母が仕事で出かけているときは祖父母と一階で一緒にいるが、母や父が帰宅すると父母の生活圏である二階に行く。祖父母は二階にはめったに立ち入らない。一階の台所や風呂や居間は共有であったが、同じ一階の廊下つづきでも祖父母の寝室は祖父母の場所なので、父母は通常は立ち入らない。台所などは、共有であるが、食事時間が異なることもあり、時間差で別々に使われることが多かった。

子どもたちは、「祖父母の場所」へも「父母の場所」へも、どちらも自由に行き来できる特権的な存在である。ゆうが1歳ころは、祖父母が2人で食事をするときなど、父母が立ち入るのを遠慮する場面でも、ゆうは当然のように祖父母のところへ行き、自分も「祖父母の仲間入り」をするものだとみなしていた。しかし、当時4歳の姉はそうではなかった。姉は、何も言わなくても父母と同じように行動し、次のような生活のなかでできた「仲間関係」の暗黙のルーチンを守って動いていた。

ふだんの平日の夕食は、母が帰宅すると、まず子どもたちを先に台所（兼食堂）で食事させる。このときは、「母と姉とゆう」3人が仲間である。祖父母は、このときは台所から廊下や座敷をはさんで離れた居間でテレビを見ている。その後で、母が子どもたちと居間にいるあいだに、「祖父と祖母」の2人が台所で食事をする。このとき子どもたちは、なるべく台所へは立ち入らないようにする。母は夜遅く帰る父を待っており、父が帰宅すると父と母が2人で台所で食事をするが、このときは子どもたちも父母と一緒に台所に行って「父と母と姉とゆう」4人で団らんする。

子どもは、あるころから、「このときはこうする」「このときはこの人びとが仲間」「このときは私も仲間」というように複雑なむすびつきをもち、柔軟に伸縮したり、関係性を変えたりする家族ネットワークのしくみを学んで使いこなしていくのだろうと考えられる。

617（0：11：12）祖父母が夕食をしはじめると、ゆうは何度母が止めても台所へ行ってしまう。祖母が祖父母の寝室に電気をつけると、すぐにふすまを開けて見に行く。母が制止すると泣く。

618（1：2：07）ゆうは夕食をすませた後、居間で祖父の脚のあいだに顔をすり寄せるようにくっついて、祖父と一緒にテレビを見ている。ときどき祖父にテレビの画面を指さしながら見ている。そのとき祖母が自分たちの食事にしようと、台所から「おじいさん、ごはんにしましょう」と一言呼んだ。ゆうは居間で祖父と一緒にいたが、その声を聞くとすぐに、祖父が立ち上がるよりも早く1人で台所に行き、いつも自分が座る高椅子をたたいて「アッーアッー」と言い、そこへ座らせてくれと要求する。

（子どもの食事は先にすませたので、お腹がいっぱいなのに、祖父母の食事がはじまることがわかって自分も同席しようとした。）

■家族の話題に割り込む

1歳ころから、ゆうは、家族が何かを話していると、その家族の話題を理解しようとするようになった。特に家族が自分に注目しているかどうかだけではなく、自分のことを話している話題について、それがほめられているのか良くないことなのかを気にするようになった。

また、家族がゆうとは関係のない話題で話をしているときには、何かものを持ってきたり、身振りで示すなど、ゆうも自分にできる範囲のスキルを用いて話題に参入してくる様子が見られた。仲間になるということは、単に物理的に近くにいるということではない。近くにいても、みんなの会話の輪や話題からはずれると、自分は「仲間」でないと感じるのではないだろうか。そこで自分も〔ここ〕の仲間であることをアピールし、わずかな片言しか発することができなくても一緒に会話しようとしたのである。

619（1：0：20）ゆうのおでこにできた「できもの」が膿《う》んでぽんぽんに腫れてきた。夕方、祖母、祖父、母の3人で、しきりにおでこの話をしていると、ゆうが泣きだす。話をやめてしまうと、泣かない。このごろ、できものが痛いせいか、自分ではおでこにさわらないようにしていて、聖域のように扱っている。また、母にしがみついて、べったり母にくっついていることが多い。他の人が薬をつけようとしてさわろうとすると怒る。直接さわらなくても、髪をあげても怒る。おでこをじっと見たり、話題にするだけでも自分に関して快くないことを話していると思ったらしい。

620（1：2：21）母が「あっ、なんかくさい、プーしたんじゃない？」と言い、姉が「ちがう、ちーちゃんじゃない」などと言いながら、母と姉でおならの話をしていると、ゆうが自分の股のところを「ン」「ン」と言いながら押さえて話に割り込んでくる。オシッコやオシメの話をしているときは、自分の股のところを押さえて示す。

621（1：3：04）祖父母と母が居間で「この子はなかなかオシッコができないね」など話をしていると、ゆうが「ガァ　ガア」と言って、トイレ近くの廊下に置いてあるアヒルのオマルの首をつかんで運んできて、居間にいる祖父母に見せる。見せるとすぐに、またもとのところにアヒルを返しに行く。

（最近ほかの人の話に割り込む。「ガァ　ガァ」のことが話題になっていると思って、実物を持って見せに来た。オマルでオシッコをするということは知っている。しかし、トイレと関係ないときはアヒルにまたがっているが、本当にオシッコをオマルでしたことは一度もない。）

622（1：3：24）最近、ゆうは自分の着ている服を気にする。新しい服などはいやがる。テントウムシのついた靴下をはかせると、足を差しだして脱がせろと要求する。そして机の下にあったイチゴの靴下を持ってきて、自分の足にあてて、（「こちらをはかせて」と）要求する。

夜、寒かったので赤の綿入れを着せると、いやがって袖をひっぱって脱ごうとする。母が「あら、ゆうくん、このべべ（服）かわいいね。よく似合うよ」とほめると、袖をひっぱって「ン」「ン」と言いながら、祖父母のところへ見せに行く（おだてにのる）。

623（1：4：12）居間で母と祖母が「お姉ちゃんを保育園に送っていくとき……」というような話をしていると、ゆうが「ン」「ン」と言いながら玄関を指してバイバイする（自分が少しでもわかることは、できる限りのしぐさをして話題にはいってくる）。

2　これはこの人に ―― 誰に伝えるか

■これはこの人に見せたい ―― 観客の分化

ゆうは、第1巻『ことばの前のことば』で記述したように、9か月ころから三項関係の相手としての観客に、ものを見せたり伝えたりする行為が頻繁に現われるようになった。1歳ころからは、観客や伝達相手が誰でもよいわけではなく、「これはこの人に見せたい」「これはこの人に伝えたい」という家族のあいだでの人の分化が明確になった。

624（0：11：20）ゆうが歩きはじめた。座敷で母や祖父母が見ているところで、自分ひとりで立ち上がってニコッと笑う。数十歩ひとりで歩いて得意そうな顔をする。やりはじめると数回繰り返す。何度もやっていると、しりもちをつくことが増える。

夜になって、ゆうはもうすっかり疲れて歩こうとしなくなっていたのに、父が帰宅すると、またやりはじめる（父にいいところを見せたいのだろう）。しかし、疲れているのでしりもちをついてしまって、うまく歩けない。

625（1：1：17）台所で母に2つ玉じゃくしをもらうと（いいものをもらったというように）、風呂に入っている父に見せに行く。そして台所に戻ってきて、母に玉じゃくしを返す（ほうきとちりとりを持つと祖父母に見せに行くなど、第2巻観察426も参照）。

626（1：1：18）朝、姉の保育園のカバンと下履き袋が玄関にあるのを見つけた。下履き袋をつかんで、自分の肩にかけるように持って（かけることはできないので、まねだけ）、微笑しながら居間にいる祖母に見せに行く。昨日も姉のカバンを肩にかけて、部屋をぐるぐる廻って得意そうに微笑しながら見せていた。姉の持ち物が大きな関心事で、姉がやるようにまねて見せようとする。

■これはこの人に伝えたい ―― 伝達相手の分化

ことばは、最初は〔ここ〕というローカルな場で生まれると考えられる。ここにいない人にでも、誰にでも、何でも伝えられるというわけではない。ことばはコミュニケーションの道具であり、コモン（共通のもの）をつくりだす営みである。ことばの出はじめでは、ある話題や情報をすでに知っているどうし、仲間どうしで共感的に交換するようなもので、情報伝達とはいえない。〔ここ〕で共感的に交換する行為と、新しい情報を知らない人や〔ここ〕にいない人に伝える行為は異なるのである。

ゆうは、1歳1か月ころから、自分が知っている情報を、それを知らない人に伝えようとしはじめるようになった。そばにいる人ではなく、わざわざそこにいない人に向かって伝達しに行くようになったのである。次のような例は、「誰に伝えるのか」伝達相手を家族のなかでも分化しはじめたことを示している。

627（1：1：13）母がアヒルの形をしたオマルを風呂場で洗っていると、ゆうはじっとそれを見ていた。それから台所にいる祖母のところへ行き、風呂場の方を指さして祖母に「ウマウマ」と言ってから再び風呂場の母のところへ戻ってくる。

（祖母にアヒルのことを伝えに行ったのだろう。このころから、そこに居ない人にわざわざ何かの情報を伝達しに行ってから、もとのところへ帰ってくるという行動が他にも多くなった）。

ゆうは、このオマルのアヒルには大変興味をもち、一日離さないでそれを押して廊下を歩く（後には、このアヒルは「ガァガァ」と呼ばれるようになった）。

628（1：2：05）夕方、今にも夕立がやってきそうで暗雲が出てきて、急に暗くなってきたとき、しきりに居間の網戸から外を指して、「アッ」「アッ」「アッ」と言う。居間の窓から外を指さし、次に座敷の縁側へ走って行って、そこの窓からも外を見て指さす。ゆうは、落ち着いていられない様子で、何度も窓の外を指さす。母は、「雨がふりそうね」とか「クラクラ（暗く）なってきたね」などと言ってやるのだが、何を言わせたいのか不明で興奮したまま納得せず、何度も何度も指さしをする。

その後、本当に雨が強い勢いで降ってくると、さらに何度も指さしをして「ガァーガ」「ガァーガァー」と言う。母がそばに行き「雨、ザーザー降ってきたね。雨ザーザー」など言って話をしながらゆうと一緒に外を見ていた。それから風呂から出たばかりの祖父が居間の近くの廊下にやってきた。ゆうは座敷の縁側から廊下のふすままで歩いていって、祖父の顔を見ては外の方を指さして「ガァーガ」「ゴー」など言う。

祖父がゆうの言動に気づかないので、母がかわりに「雨、雨ね。ザーザーふってきたね。」など語りかけても、ゆうは見向きもしないで、祖父に向かって窓を指さしては「ガァーガ」「ガァーガァー」と言いつづける。やがて祖父も気づいて「ゆうくん、雨が降ってきたね。」と言うと微笑して、再び母がいる縁側の窓際まで戻ってくる。

（誰に何を伝えたいのか、コミュニケーションの相手が明確になってきた。母とはすでに夕立の話をしたので、次に夕立がきたことを知らない祖父に知らせに行ったのだろう。）

629（1：2：05）母が夕方、大学から帰ると、ゆうが「アー」と歓声をあげて、居間から玄関まで走ってきて母に笑いかける。そして再び居間の方に二、三歩戻って、居間にいる祖母に向かって母を指さして「ン」「ン」と言う。それから、また母の方へ笑顔でやってくる。

（祖母に「お母さんが帰ってきたよ」と伝えたのだろう。）

やがて、ゆうは伝える内容によって伝える相手を選んだり、相手によって伝える内容を変えたりするようになり、「これはこの人に」というように伝達内容と伝達相手も分化してきた。さらには、家族のなかでも自分の要求を聞いてくれそうな人のところへ行って、「これを頼むならこの人」「このときはこの人がよい」というように、柔軟に伝達相手を使い分けている様子も見られた。

630（1：2：05）最近、絵本を見るのを大変に好む。姉と母がハサミを使っていたら、そのハサミを非常に欲しがった。それから1時間ほど後で、偶然に絵本でハサミの絵を見つけると何度も指さして「ン」「ン」と言う。母は「ハサミ、ハサミね、チョキチョキするね」など言ってやる。それから数時間後に母が台所で茶碗を洗っているとき、父が居間でゆうの相手をして一緒に絵本を見ていた。するとゆうは、その絵本を居間から廊下へ、そして台所へと持って歩く。父も母と同じように「ハサミ、チョキチョキするね」と言うのだが、納得しないで、本を台所にいる母のところまで持ってきて、ハサミを指さして「ン」「ン」としきりに母に向かって言う。

（単にハサミの名前を知りたいのではなく、「ほら、さっき見たあのハサミが、ここにあるよ」というような意味で、体験を共有している人と語りあいたいのだろう。特定の人と特定の内容を話したい。伝える相手と伝えたい内容との関係がやや複雑になった。）

631（1：2：10）廊下などで転んだり、柱に頭を少しぶつけたりすると、それほど痛くないのに、ぶつけた部分（頭）を押さえて泣いて母に訴えにくる。母がそれほど同情を示さないと、泣きながら祖母のところへ行き、頭を押さえる。そして頭をぶつけた柱を指して「アー」「アー」と言いながら祖母に訴える。

（誰に何を伝えるかが明確になるとともに、効果的な反応を返してくれる相手に伝えるようになり、伝達相手を柔軟に変化させる。祖父母は泣いて訴えると同情してくれることが多い。）

632（1：5：09）居間から庭になっているミカンを、窓ガラス越しに指さしては、「マンマ　マンマ」「バァー」と言う（ミカンを取って欲しい。一語発話を少し間をあけてつないだような二語発話のはじまり。2つの意味を2つのことばで言う）。

庭のミカンを取りたいときは母には要求しないで、祖母のところに行き、両手を差しだして抱かれるしぐさをして、ミカンを指して「マンマ　マンマ　バァー」と言う（祖母と庭でミカンを取ってバアーして（皮をむいて）食べたことがあるのだろう。祖母と庭へ行ってミカンを取りたい）。

ゆうは、一階でも二階でもミカンの箱が置いてある場所を知っていて、箱や袋から出して自分でつかみ、ニコニコしながら持ってくる。母が「ミカンを配って」と言うと、家族みんなに1つずつ渡しに行く。自分で

「バァー」と言いながら皮をむく。むくたびに外皮を母に手渡す。母が「皮をピーしなさい（中袋を捨てなさい）」と言うと、はじめのうちはミカンの中袋を口から出して母に手渡すが、途中から全部飲んでしまって、母が手を差しだしても「ナイナイ」と言って首を振る。飲んでしまった後で「ナイナイ（なくなった）」と言って微笑する。

633（1：5：17）朝起きてゆうが「ジャージャ（ミルク欲しい）」と言って泣いているのに、母が無視して一階へ連れて行って服を着替えさせようとすると、ゆうは一階の縁側でミシンをかけている祖母のところへ泣きながら走っていき、「ジャージャ　ジャージャ」と祖母に訴える。母が「ゆうくん、おいで」と言っても「ニャイニャイ（イヤ）」と拒否する。

634（1：5：20）母と姉が台所にいて、台所でマミーを飲んだ後、1人で居間へ行く。そして居間でテレビを見ている祖母の手をしきりにひっぱって「マンマ」「マンマ」と言う。「ゆうくん、マンマ欲しいの？　お母さんがあげますよ」と母が言ってもだめで、祖母を居間で立ち上がらせると座敷の仏壇の下まで連れて行き、「アッアッ」と言って仏壇の上を指さす。仏壇の上にあるキャラメルが欲しかった。

（仏壇の上のお菓子は、いつも祖母にもらうので、祖母に要求しなければいけないと思ったらしい。）

●1歳過ぎのゆう。してもらいたいことによって、相手を使い分ける。

図2-2　これはこの人に
── 伝達相手の使い分け

■父とのゲーム、母とのゲーム

父はふだん帰宅が遅く不在がちだったので、日常的な遊びは母とすることが多かったが、夜や休日に父とだけ行なう特別の遊びもあった。同じように身体を使ったゲーム的な遊びでも、母と父のやり方は微妙に違っており、相手によって暗黙のルールや楽しみ方も違っていた。

ゆうは父とは、父が廊下で身構えたところへ勢いよく飛び込んでいく「駆け込みゲーム」や、身体全体を持ち上げたり逆さにしてもらう「タカイタカイ」をよく行なっていた。母とは、身体をつまんだりさわったりする「身体接触ゲーム」や、相手をわざと拒否する「イヤイヤゲーム」をよくした。ゆうは、同じように「おいで」ということばを合図にしていても、父が「おいで」と言うと突進していき、母が「おいで」と言うとわざと逃げるのである。母は、ゲームのしかたに、そのような役割やルールの違いがあることに気づかなかったが、父がカナダへ行って長期不在になった後、ゆうが廊下で母に「こうしろ」というように身構えて見せて、父のやり方を母に教えようとしたことで気づいた。

635（1：3：29）父が廊下で「ゆう君おいで」と両手を広げると、勢いよく走って行って父に抱かれ、すぐまた居間のすみのテレビの位置まで戻って、父が「おいで」と声をかけて両手を出すまで父の方を見ながら待っている。父がタイミングを見計らって、「おいで」と言って手を出すと、（待っていました!という感じで）、その位置から勢いをつけて走りだす。父の両手のなかに駆け込んできて、父に抱かれるとうれしそうに笑う。キャッキャと大声をあげて笑う。これを何度も繰り返す（かけあいのルールができており、ゲームになっている）。

636（1：5：25）母に抱かれて二階に行くと、ゆうは両手で母の目をさわったり、口をつまんだりしてキャッキャッと笑う。母がほおにキスなどすると、非常に喜ぶ。母が立っていると足に抱きつきにきて、足と足のあいだに入り込んだり、足に抱きついてほおを寄せる。

父が「タカイ　タカイ」をすると、甲高い声をあげて喜び、声をたてて笑う。父がゆうを体ごと投げ上げたり、逆立ちにしたりすると声をあげて喜ぶ。何度も両手をあげて父のところへ行き、「アッアッ」と言って、もっとやって欲しいと要求する。その後で父に本を読んでもらう。

637（1：6：12）母が二階に行くとき「ゆうくん、おいで」と言うと、わざと廊下を走って行ってしまう。台所をまわって一周してきて、母の顔を見て声をたてて笑い、また走って行ってしまう。母が「ゆうくん」とか「いらっしゃい」などと呼びかけると、ますます喜んで行ってしまう（母とは、さまざまな形式のイヤイヤゲームをすることが多く、呼ぶとわざと逃げたり、「ダメ」と言うとよけいにやったりして、ふざけて遊ぶ）。

638（1：7：03）母が「ゆうくん、お二階行くよ」と階段の下に立って呼ぶと、いつものように逃げて廊下を走って行ってしまった。たまたま母がしゃがんで、手をたたきながらゆうの名前を呼んだら、居間から喜んで走って戻ってきた。母が両手を広げたら、そこへ勢いをつけて駆け込んできた。何度でも同じことをやりたがる。

翌日からゆうは母の手をひっぱって、廊下へ連れ出し、まず自分でしゃがんで見せて「ン」「ン」と言って、このようにやれというしぐさをする。母がしゃがむと、ゆうは居間へ行ってから母の手のなかへ勢いよく駆け込んでくる。

（そのときはわからなかったが、後でこの駆け込みゲームは、父とよくやっていた遊びだったと気がついた。父がカナダへ行って不在になったので、母にその遊び方をやれと教えたのだろう。）

3　これはこの人のもの ── 誰のものか

■これはこの人に渡す ── お使い

一歳すぎころから、家族のなかで「おとうさん」「おかあさん」「おじいちゃん」「おばあちゃん」「おねえちゃん」という呼び名の理解が正確になった。このころ、家族ではよく「お使い」遊びをした。「これを誰に持って行って」とゆうに頼むと、うれしそうに、その人のところへ持って行き、お使いをするのである。お使いができると、「ゆうくん、おりこう」などとほめられることが多かったが、そのようなとき、ゆうは得意そうに満面の笑顔になる。そのうちに頼まれなくても「これはこの人のもの」とゆうが思うものを、その人のところへ運んでいくお使いを自主的にやるようになった。

639（1：3：09）夕方、父母が台所で食事をしているとき、居間で祖父母がみやげの菓子箱から菓子を取って「おかあさんに　持って行きなさい」と言うと、台所の母に手渡しにくる。母に手渡して微笑する。このごろ祖母から母へ、母から祖母へなど、菓子などをゆうに頼むと得意そうに廊下を行き来して、お使いをする。家族であれば「おじいちゃんに、ハイっしてきて」などと言うと誰であっても、その人が遠くにいても、頼まれた人のところに間違えずに持って行って手渡しする。父のスリッパは、父がはいていないのを見ると、頼まれなくても両手に持って父に手渡しに行く。

■これは誰のもの —— 所有

ゆうは家族の持ち物をよく観察していて、「これは誰のもの」か、人にはその人の所有物があることがよくわかるようになった。自分のものと他の人のものの区別も明確になった。ゆうは、ものを指してそれを家族の誰の持ち物か、家族の名前をいちいち言わせる。また、ものを指しては「これは誰のもの？」遊びもよくやるようになった。「これは、ゆうくんの」と言われると、喜ぶ。

640（1：1：20） 車に乗っていて退屈になったので、母が遊び道具のつもりで母のカギ（父のものと違い皮ケースに入っている）をゆうに渡した。ゆうは、それを少しいじった後で、運転している父にカギを差しだして「アー」「アー」と言う。母がカギを受けとろうとすると怒って、父に差しだす。父が赤信号で停車してカギを受けとるまで、ゆうはカギを差しだして「アー」「アー」と言いつづけた。父がカギを受けとると機嫌がよくなる。（以前によく父のカギ束で遊んでいた。母のカギは遊びに使ったことがなかったので、「カギは、おとうさんのもの」と思ったのだろう。所有の理解ができている。）

641（1：3：11） 寝室で母と姉といるとき、父、母、姉、自分の枕を次ぎつぎにさわって「ン？」「ン？」と言って何度も名前を言わせる。「お父さんのまくら」「お母さんのまくら」などと応えてやる。その後で「お父さんのまくらは？」と聞くと、父のまくらを両手で持つようにさわる。その後で、「ンー」と言いながら、廊下の方を指さす（お父さんは、あちらから帰ってくる、あるいはお父さんは今いないという意味）。ゆうに質問すると、家族全員のまくらを正しくさわる（家族の枕は全員同じ柄で、大きさと色だけが違う。大きさは父母が大きく、子

●1歳半前後になると、ことばの理解もすすむ。家族の枕を次々に指し「だれの」と言ってもらうのがお気に入り。単に「枕」と言うのでは納得しない。

●1歳3か月ごろになると、これはだれのもの、という感覚が出てくる。カギは父親のもので、母親が受けとると怒る。

図2－3　これは誰のもの ── 所有の理解

どもが小さい。色は男が青色で女は黄色。大きさと色を組み合わせて、家族の枕を識別できる）。

642（1：4：09）寝室で母の枕をたたいて「ン」「ン」と言うので、「お母さんの枕」と言ってやる。次に父の枕を指すので「お父さんの」と言う。次に姉の枕を指すので「おねえちゃんの」と言う。それから部屋のすみにあった自分の枕を探して近くまで持ってきて、「ン」「ン」と母に差しだす。母が「これは、ゆうくんの枕ね」と言うと、ゆうはうれしそうに微笑して自分の枕にほおをつけて寝ころぶ。

■自分のもの

自分のものは特別であり、自分の持ち物や自分がもらったものは姉や他の人には貸さない、さわらせない行動が見られた。自分のものという自覚は、5章で述べるように、ことばによる自称（ユー）や所有（ユーノ）につながっていったと考えられる。

自分のものという意識は、姉との関係のなかで特に強められた。姉とのものの取り合いは以前から多かったが、「3章　子ども仲間としての私」で記すように、姉と自分の持ち物はいつも比較の対象であり、特に敏感に意識していた。また、5章で詳しく記述するように、のちには「これは誰のものか」にかかわって、「ユー（私）の」「チー（姉）の」と言い合ってケンカすることも多くなった。

643（1：4：29）祖母に買ってもらったウサギのついた手袋が気に入って、「お外へ行くよ」と言うと、すぐに「ダーダ　タータ」と言いながらひっぱってきて、手にはめてもらいたがる。自分のものだとわかり、姉が「ゆうくん、少し貸してよ」と言っても、強くつかんで決して離そうとしない。

644（1：4：29）ゆうはいとこにもらった赤い自動車を宝物のように大事にしていて、どこへ行くにも持って歩く。眠りかけていても、突然思い出したように「ブーブー　ブーブー」と言い出すので、手渡すと自動車を持って眠る。二階から一階へ、一階から二階へと移動するときは、持って行く。

ゆうは、他の遊びをしているときでも、姉がゆうが大事にしている自動車を少しでもいじると、「ブーブー」と大声で言いながら、母の顔を見て泣きそうな顔で姉を指さす（「自分のブーだから、さわるな」と言いたいが、姉に直接言っても負けるので、母に訴える）。

645（1：5：11）母の実家から歳暮が届いた。箱をあけると、姉が自分のものらしき包みをまずつかみ「これは、チーちゃんの」と言うと、ゆうはへんな顔をして見ていた。その包みから2つの箱が出てきて、姉と自分のものが入った箱とわかると、自分の箱をしっかりつかんで離さない。箱の中に靴が入っていると「ターターター」と言いながら足にはこうとする。

翌日、玄関で靴箱をさして「バアー（あけて）」と言う。開けてやると、昨日もらったばかりの自分の靴の箱を取り出し「ターター」と言いながら両手に抱きしめて二階へ行くしぐさをする。結局、自分の靴の入った箱を二階へ持って行って手放さず、翌朝もその箱を抱いて一階へ下りてきた（いいものをもらった。これは自分のものと思っているらしい）。

■これは自分のもの、あれは姉のもの

ゆうと姉は母と共に一緒に遊ぶことが多かった。母は、2人がおもちゃの取り合いをしないように、1つ

ずつ渡して「これはゆうくんの、あれはお姉ちゃんの」と言い聞かせることもよくしていた。1歳3か月ころからは、ゆうが自ら姉におもちゃのひとつを手渡しに行く行動も見られるようになった。

646（1：3：11）二階の寝室で母と姉とゆうがいるとき、タンスの飾り棚のガラスケースにある張り子の犬を指さして、母の体を押し（立ち上がって欲しい）、「アッ」「アッ」と泣きそうな声で言う（取って欲しい）。

母が大小2つの張り子の犬を取って、大きいほうをゆうに、小さいほうを姉に持たせた。ゆうは犬を振ったりしていじっていた。姉が小さい犬を床において、トイレに行った。すると、ゆうはその小さい犬をつかみ、「アー」「アー」と言いながら母の顔を見て、姉のいるトイレの方向にその犬を差しだす（これは、お姉ちゃんのもの）。片手で自分の大きい犬をつかみ、片手で小さい犬をつかんでいる。姉がトイレから帰ってくると、姉に小さい犬を差しだす。

647（1：4：00）寝室で眠ろうとしないで、ゆうがタンスのガラスの飾り棚を指さして「アッ　アッ」と言うので、母が張り子の犬を取ってやる。小さい犬をゆうに渡すと、それを、ふとんですでに眠っている姉のそばに置く（いつも大きいほうを自分が取り、小さいほうを姉が取っていたので、小さいのは姉のもの）。さらにタンスの大きい犬を指して「アッ　アッ」と言う（大きいほうを取って欲しい）。大きい犬の張り子を取って渡すと、犬を振ったり顔を見て微笑したりしてさわった後、母に差しだして「ニャイ　ニャイ」と言う（しまって欲しい）。

648（1：3：12）ゆうが姉の持っているニワトリの豆本を欲しがって取りに行き、2人で取り合ってケンカした。姉がゆうに譲ったので、その豆本を自分の手に大事そうに持っていた。15分ほどたってから、母がソーレンくんのついた別の豆本を見つけてきてゆうに渡した。ゆうは両手に1つずつ豆本を持つと、すぐに別室にいる姉のところへ行って、先に姉から取ったニワトリの豆本を姉に手渡そうとして本を差しだす。もうそのときは、姉は豆本を欲しがっておらず、別の遊びをしていた。

最近、姉は自分用の引き出しやカバンに、「宝物」と称するこまごました物を入れている。姉はそれらをきちんと並べかえていた（髪留めのピン、ネックレス、小さいノート、ボタン、折り紙のツル、人形、石など）。

ゆうが姉の金のペンダントを手につかむので、「ゆうくん、それは大事、大事、お姉ちゃんの」と母が言うと、姉を捜して、ペンダントを持って行って姉に手渡す。

4　ここの人とよその人 ―― 愛着と人見知り

■母への愛着と人見知り

ゆうは、昼間は祖父母と一緒にいるが、愛着の対象は一貫して母であった。母への愛着や後追いは11か月ころから強くなり、人見知りもそのころからはじまった。〔ここ〕とそれ以外の場所（よそ）の区別、そして〔ここ〕の人と、よその人の区別が明瞭になったといえよう。

ゆうを中心にした〔ここ〕の人びととの社会的ネットワークは、ゆうの体調や環境の変化など、そのときの状況によって伸びたり縮んだり、かなり大きく変化した。ゆうの機嫌がよいときは〔ここ〕は広くなり、家族の誰が相手になってもよかった。ゆうがなじみの〔ここ〕以外の場所でも、母が近くにいたり、母に抱かれていれば、公園などで会った知らない人が話しかけたりしても微笑して応えることが多かった。しかし、ゆうが眠いときや体調不良のときは〔ここ〕は狭くなり、母に抱かれていなければいけなかったり、家のなかでも母がゆうから離れると母の後を泣いて追って歩くことがあった。特に眠いけれど神経が高ぶってうまく眠れないでぐずるときや、カゼなどで体調が良くないときは、母が抱いているか、母にくっついていなければ泣きだしてしまうこともあった。

母にべったりするときとそうではないときは、かなり波があった。人見知りの強さは、ゆうの体調などのコンディションによることが一番大きかったが、あまり理由もなく人見知りが激しくなったときも、ぱったりなくなってしまったときも、一度なくなった後でまた人見知りがはじまることもあった。ゆうの人見知りは11か月半ばから1歳1か月くらいまでが一番激しかった。1歳1か月すぎには、どこで誰に会っても、恥ずかしそうに母の身体の後ろに隠れることはあっても、激しく泣くことは減った。

649（0：11：19）母の実家から、母方祖父、母方祖母、叔父、いとこ2人（3歳と2歳）がゆうの家へ遊びに来た。ゆうは二階で昼寝から目覚めて、いとこ2人と会ったときは、ニコニコしている。しばらく姉といとこと遊んでから、一階へ母に抱かれて降りてきて、居間に母方祖父母がいるのを見ると、その顔を見て泣きだす（人見知りは明らかに大人に対して生じる）。

母に抱かれて、母方祖母の顔を見るたびにウァーンと大声で泣く。母がそちらを見えないように抱くと、わざわざ身を乗り出して振り返り、祖母の顔を見ては泣き、また母の体に隠れ、そしてまた見て泣く（人見知りするが、知らない人に興味はあって、見たいことは見たい）。

母方祖母らが知らん顔をしていると、やがて泣きやんだが、祖母らが何か話しかけると泣く。叔父が「いたるくん、ゆうくんのおもちゃだから、ゆうくんに返してあげなさい」といとこに話しかけると（自分に話しかけられたのだと思って）、ウァーンと泣きだす。

ゆうは母のひざの上で母に抱きついている。母が少しでも席をはずそうとすると泣く。祖父や父が交替しようとしてもダメで、相当長いあいだ母のひざにくっついていた。やがて少しずつおもちゃと遊ぶようになり、30〜40分たつと祖父母や叔父の顔を見ても泣かなくなった（最近、母への甘えも人見知りも強くなって、ふだんでも母のひざに顔をすり寄せたり、母が少しでも離れると後追いをすることが多くなっていた）。

650（1：1：09）以前のように人見知りして泣くことは、あまりなくなった。病院の待合室で知らない人が話しかけても泣かないで、恥ずかしそうに母の肩に顔をうずめるが、すぐにその人を見て微笑して、また母の肩に隠れる。

651（1：2：11）森林公園の芝生で遊ぶ。母が抱いて飛行機が飛んでいくのを指さして見せると見ることができる（以前は、空など遠くのものは指さしてもわからなかった）。その後で、芝生の上に降ろすと、近くにいた全然知らない人のところへ行き、自分で空の方を指さして「アー」「アー」と言う。その人がゆうに向かって何か言うまで、繰り返し同じように指さし「アー」「アー」と話しかけつづける。

（母に教わった「飛行機が空を飛んでいる」ことを、他の人に伝えるつもりだろう。）

■よそでよその人と会う ―― 母の実家にて

1歳ころ、母の実家に行ったころが、一番人見知りが激しかった。ゆうにとっては、よその家でよその人に会うわけで、頼りになる安全基地は母だけという状況であったので、不安が増大したのであろう。自分の家〔ここ〕とよその家、自分にとってなじみの人〔この人〕とよその人、場所と人間関係、その両方の関係性が複雑にからんでいる。

しかし、よその家に行ったときにも、大人には人見知りが強くても、子どもたちにはまったく人見知りしなかった。ルイスが言うように、社会的ネットワークのなかでも大人と子どもの区別とその関係の持ち方は、早くから違うのだろうと思われる。

652（1：0：21）母と姉とゆうが母の実家へ父に送ってもらって車で行った。実家に着くと、母に抱かれて不思議そうな顔をしている。母方の祖父母やいとこの顔を見ると泣く。特に何か話しかけようとすると泣く。知らん顔をしていると、ゆうのほうから興味深げにじっと見ている。母がトイレなどで、ゆうの側をちょっとでも離れようとするとワーンと大声で泣く。母が台所などにいて顔が見えていてもだめで、ずっと母のひざの上に乗っていないといけない。

二階で母と姉と3人でいるときは、おもちゃなどで遊ぶ。そこへ、いとこの子どもたちが来ておもちゃなどを持ってくると、話しかけられても泣かなくなった。大人には人見知りするが、子どもにはしない。特にいとこのなおちゃんは、ものを持ってきたり、話しかけたり、顔をさわったり、ひっきりなしに働きかけにくるので早く慣れた。おもちゃをもらうと、うれしそうに微笑する。いたるくんとも一緒に、自動車を「ブー」と言いながら敷居の上を動かして遊ぶ。いたるくんがやっていることを興味深そうに見ていて、すぐにまねして自動車のドアを開けたりボタンを押したりして微笑する。

子どもたちどうしでは元気に遊んでいても、祖父母や曾祖母、叔父夫婦には人見知りして慣れるのに2日間かかった。

653（1：0：23）岐阜の実家に行って3日目に母が留守をしたときは、祖母や叔母に抱かれて公園に散歩に行くなどしていたが、昼寝して目覚めたとき、帰ってきた母の顔を一度見ると泣きだし、その後は母にしがみついて、またしばらく離れなくなった。その後の回復は早く、実家の祖父母に次ぎつぎにものを持って渡しに行き、ものを渡しては微笑するようになった。

654（1：0：28） 1週間たって父が車で実家まで迎えに来た。母に抱かれて父の顔を見、父が抱こうとすると、はじめは知らない人のようにワァーンと泣く。ゆうは30分ほど、母に抱かれたまま、父の顔をじっと眺めている。それから父に抱かれるともう泣かない。

655（1：0：29） 父が母の実家に来た翌日の夕方、名古屋の自宅へ帰る。祖父母の顔を見ると少し泣くが、後は母から離れてもよく、不思議そうに祖父母の顔を見ている。母の実家と違い、母を泣いて後追いすることはないので自分の家のことは覚えている。祖父母に対しても微笑するが、どこかぎこちない様子をしている。哺乳びんをつかむと母に抱かれて二階を指さして二階へ行きたがる。二階ではステレオをいじりに行ったり、ふとんに寝転がってみたり、廊下を歩いて眺めまわしたりして、少しずつ思い出しているような行動をする。次の日になると、完全に何ごともなかったかのように、もとの生活に戻った（1週間以上の記憶スパンは十分にある）。

1歳のときには人見知りが強くて母の実家に行ったときに大泣きをしたが、その1か月後の1歳1か月のときには、前回の人見知りがうそだったかのように平気になり、自分から母のひざを離れて遊びはじめた。1か月前の記憶があって覚えており、母の実家が見知らぬよその場所でなくなったということもあるが、ゆうが別人のように変化したので周囲の人びとを驚かせた。

もし1か月前に性格を診断されていたら、神経質で不安定な子とみなされただろうし、今回ならば、社交的で安定した子になっただろう。子どもの変化は、予想がつかないことが多く、わずかな状況や体調にも左右されるので、検査や診断などで1回見ただけで子どもを判断するのはかなり危険といえよう。

656（1：1：21） ゆうは父母と姉と車で母の実家へ行く。1か月前とまったく異なり、大人を見ても子どもを見てもまったく人見知りしないし泣かない。自分から母のひざを離れて、おもちゃを取りに隣の部屋にもすたすた歩いて行ってしまい、遊びはじめる。いとこのいたるくんやなおちゃんにおせんべいをもらって食べたり、彼らの鼻や耳をつまみに行って「キャー」と悲鳴をあげさせたりする。欲しいおもちゃは取りに行き、逆におもちゃを取られると、母のところへ帰ってきて訴える。眠くなると自分1人で階段を上って二階に行く。

（1か月前に滞在したことを覚えているらしく、きょろきょろしたり、こわがったり、じっと眺めていたりなど新奇なところを探索する行動は見られない。最初から「ここは知っている」というように行動する。）

1か月前とのあまりの違いに実家では驚いていた。いとこたちも、「ゆうくんは、うるさいからイヤ」「ゆうくん、すぐ泣くからイヤ」と言っていたので、あまりの変化にびっくりしていた。

657（1：4：12） 前回の滞在後、3か月たって母の実家へ電車で姉と行く。実家に着いた直後は、少しのあいだ母のひざの上に座っており、母方の祖父母などを見ると、出された食べ物も食べないで、玄関の方を指さして「ン」「ン」と言っていた（帰りたい）。しかし、30分ほどすると、すぐに慣れておもちゃで遊びはじめる。母と離れても平気で、母方祖母に抱かれて散歩にも行く。

いとこに関心を持ってしきりに指して「ン？」「ン？」と聞くので、「いたるくん」「なおちゃん」と名前を言ってやる。何度も繰り返し聞く。

「おじいちゃんは？」と聞くと、玄関の方を指してバイバイの手振りをする（「バイバイしてきた」あるいは「ここにいない」の意味）。「お父さんは？」と聞くと、同じように玄関の方を指してバイバイの手振りをする。それから、母方の祖父母を何度も指して名前を言わせる（「ちいばあちゃん」「岐阜のじいちゃん」と呼んでいる）。

姉といとこたちで、子どもの後をついて歩いて遊ぶ。翌日も母がいなくてもまったく平気で、公園などへ遊びに行ってうれしそうにしている。公園では金網の中にいる鳥が珍しくて興味深そうに見ている。鳥を見て「ガァーガ　ガァーガ」と言いながら微笑して指さしてほかの人に見せる。落ち葉を拾って金網から鳥に差しだして「ガァーガ　ガァーガ」と言う（エサをやっているつもり）。夕方、祖母と母となおちゃんと薬を買いに少し遠くの店まで行く。ふつうだとすぐに母に抱かれたがるのに、なおちゃんと一緒にはりきってどこまでも歩いていく。

■ここでよその人と会う —— 叔父の来訪

母の実家に行くのは、〔ここ〕からよその家へ行くのであるが、同じ〔ここ〕である我が家に見知らぬ人が滞在した場合には、どうなるだろうか。年末、年始に叔父夫妻が家に来たときがその状況にあたる。カゼ気味で体調がよくなかったこともあるが、叔父夫妻にはなかなか慣れず、母に抱かれてしがみつくことが増え、いつも遊んでいる居間にも行かなくなった。

658（1：5：23）年末の大掃除をしていると、箱につめた服を次ぎつぎに出して放り投げて「アァ～ア～」と言ったり、階段の上に置いてあった母の手紙を全部破いてしまったり、クレヨンを箱からばらまいてしまったり、ストーブにクレヨンでらくがきしたり、親からダメと言われそうなことをしているときだけおとなしい。それ以外は、母の足に抱きついてきて、やたらとくっついて甘える。父が「ダメ」など言うとすぐに泣きだし、母にくっつく。父が「ゆう君おいで」と言って抱こうとすると、ウアーンと泣いて母のところへ来る。台所にいて母が立ち去ると泣きだす（カゼ気味で体調が不良なのと、大掃除で特別あわただしい雰囲気なので、よけいに母に甘えるのだろう）。

659（1：5：23）　夕方になって、叔父（父の弟）夫妻が正月休みでやってきた。玄関で叔父の顔を見るなり、「ニャイニャイ」と言ってウアーンと大声で泣く。夜に風呂から出て寝間着を着ると、いつもの調子で、ゆう1人で先に居間に行った。居間に叔父夫婦がいるのを見るとびっくりしてウアーンと言って泣き、母のところへ抱きつきに戻って来る。

660（1：5：24）　叔父夫婦がきた翌朝、彼らが台所で朝食を食べているとき、姉も一緒に食卓の椅子に座って叔父夫婦と話をしていた。ゆうも姉のように台所へ行きたくてたまらないが、1人では行けないので、母の方へ両手を差しだして抱かれにきて、台所を指して「ン」「ン」と言って、連れて行って欲しいというしぐさをする。母に抱かれて実際に台所へ行ってみると、今度はすぐに反対の戸口を指して「ン」「ン」と言って、台所から出て行きたいというしぐさをする。

661（1：5：25）　叔父夫婦が来て3日目の夕方、自分で一階の廊下から居間のドアを3㎝ほどすきまをあけてのぞき、居間のなかにいる叔父夫妻を見て微笑する。居間のドアを10㎝以上開けると、叔父夫婦からもゆうの顔が見えるので、「ニャイニャイ」と言って逃げてくる。何回ものぞきに行く。居間をのぞきに行くときに母の手を持ちにきて、母に手をつないでいてもらいたがる。

■よそでこの人と会う —— 父の長期不在とカナダでの再会

父がポストドクター研究員として、カナダのサスカチュワン大学へ1年間行くことになった。父がカナダへ先に出かけ、約2か月後に母が子どもたちを連れてカナダへ行き半年ほど滞在する予定になった。父がカナダへ出かけて長期不在になったとき、ゆうはまるで状況を理解したかのように行動した。夕方いつもは父が帰る車の音を待っていたので、父の車でなく他の車の音にも聞き耳を立てていたのに、車の音に反応することがなくなった。また、父に再会したときには、まったく何ごともなかったかのように、喜んだ。そして父と母と姉と3人で、カナダの大学宿舎で今までとはまったく様子が異なる生活をはじめることになったが、まったく不安は見られず、新しい暮らしにすぐに移行した。

662（1：6：23）父がカナダへ出発するのを名古屋駅で見送る。新幹線を指さして「ゴォーゴォー（電車）」と言い、父にバイバイの手振りをする。

663（1：6：28）父が新幹線で出発するのを見送って以来、「お父さんは？」と聞くと「ゴォーゴォー（電車）」と答えるようになった。それまでは、「お父さんは？」と聞くと「ブー」と言って外やドアの方を指さすのがふつうであったが、指さしもしなくなった。ゆうは朝になると「ブー」「ブー」と言って、父の自動車に乗りたがるのが常だったが、その行動もパタリとなくなった。

（1回の体験で父がいなくなったことを理解し、夜になってもいつものように父が車に乗って帰ってこないことも、朝になって車で出かけないこともわかったらしい。ただし、「父がいなくなるものがたり」「父のカナダ行きのものがたり」は、家族の大きなイベントとして、周りの大人が父の出発前も後もしきりに話題にしていた。ゆうもそのものがたりを聞いていたはずなので、ゆう自身が父を見送った体験だけで理解したのではないかもしれない。大人が想像するよりも、ゆうの周囲の状況や家族で何が起こっているかという理解は進んでいて、おおその話を察していたと考えられる。)

664（1：8：13）母と姉とゆうがアメリカ経由でカナダに出発した。カナダのカルガリー空港に着くと、父が迎えに来ていた。ゆうは父の顔を覚えていたらしく、税関の窓から父の顔を見るとニコニコする。父に会うと微笑してすぐに抱かれる。母がトイレなどに行っていなくなっても平気で、父に抱かれてうれしそうにしている(2か月近くたつが、父をよく覚えていた)。

665（1：8：14）サスカチュワン大学の構内にある鉄筋の大学宿舎の一角で、新しい生活がはじまる。カナダの外気温は朝がマイナス20度、最高マイナス15度で、外は凍り付くような寒さである。部屋は全館暖房がきいていて、台所とリビングと2ベッドルーム、家具付きできれいであるが、名古屋とはまったく異なる環境である。しかし、姉もゆうも元気で、部屋に着くとすぐに「ここが我が家」といった感じでリラックスしている。部屋中走り回り、家具の扉を開けてかくれんぼしたり、ソファーに乗ったり降りたりして、はしゃいで遊びはじめる。父とも2か月前と変わらずあたりまえのように接する。

3章　子ども仲間としての私

1　きょうだい関係 ── しっとの発生

ゆうにとって、姉（3歳7か月ちがい）は家族の社会的ネットワークのなかでも特別な存在であった。きょうだい関係や子ども仲間との関係は、大人との関係に劣らず子どもの発達に大きな意味をもつように思われる。きょうだいは、自分を保護してくれる大人との関係とは根本的に異なる。

きょうだいは、子ども仲間であるが、年の差があることから、対等ではなく斜めの関係になる。特に下の子どもにとって自分よりも年上のきょうだいは、子ども仲間の先輩であり、そのようになりたいと模倣したりあこがれる相手である。上の子どもにとって下の子どもは世話が必要なかわいい相手である。

きょうだいはお互いにポジティヴな情動を呼び起こしあい愛着も強い。しかし、もう一方ではライバルでもあり、大人の愛を競いあうケンカ相手でもある。子どもは親の愛がきょうだいの誰に向かっているかに敏感であり、互いを比較しあってしっとするなど、大きな情動を生みだす源泉になる。

ゆうは生まれたときから姉の行動に関心をもち、姉もゆうを母のように世話してくれる関係であった。ゆうは、0歳後半からは姉のまねをしはじめ、何でも姉のようにすることを好んだ。ゆうにとって、姉が遊んでいるおもちゃは何でも魅力的に見えるらしく同じものを自分も欲しがった。また、嫌いなものでも姉が食べているのを見ると自分も食べはじめた。

姉とゆうは、3歳7か月の年齢差があり、姉から見た弟と、弟から見た姉には認識のギャップがあった。姉から見るとゆうは対等ではなく、世話が必要な「小さい赤ちゃん」であった。当時姉が描いた絵では、自分と母は同じくらいの大きさ、ゆうは豆つぶほどの小さい小さい赤ちゃんで母に抱かれていた。姉は自分を母と同じようにゆうの世話をする存在とみなしていたのである。姉は母のやることをよく見ていてゆうに何をしたらよいかすぐわかり、おしめをかえるときやティッシュでふくなどこまごまと母の手伝いをした。

ゆうにとって姉は明らかに母と異なり早くから自分と同じ「子ども仲間」であった。ゆうの自己意識は、きょうだい関係、とりわけ、姉と自分をたえず比較し、おもちゃの取り合いをするライバル関係のなかで磨かれたように思われる。

■姉への関心、姉のまね

666（0：11：09）姉が寝ころんでいると、どれだけ制止しても姉のところへ行き、姉に体をすり寄せたり、同じように寝ころんだり、鼻をつまんだり、髪をひっぱったりして微笑する。母の体にも顔をすり寄せることが多い。ひざによじのぼっては越えていったり、寝ころんだり、かみついたりする。ひざの上に座りこんでいることも好む。

667（0：11：12）母が二階のベランダで洗濯物を干すとき、ゆうはいつも部屋のなかで母の姿をガラス戸越しに見ながら、ガラス戸につかまり立ちして戸を開閉して遊んでいた。今日は日曜でふだんは保育園に行っている姉も一緒にいる。姉がベランダへ出ると、ゆうは姉についてはじめておそるおそる窓から手を出して、はじめてベランダへ出ようとする。ベランダで石油ポンプが道をふさいでいたら、手で横へどけて、ハイハイしていく。ハイハイしたり、ベランダの柵につかまって歩き、母や姉を見て満面の笑みでほほえみながら発声する。小石を見つけると（いいものが落ちていたというように）、つまんで母の顔を見てほほえむ。母が洗濯物を干し終えたので、部屋へ戻そうとすると激しく泣く（もっとベランダにいたい）。

668（0：11：16）姉が絵を描いていると、すぐに見に行く。姉がゆうに消しゴムを渡すと、もらって、すぐに姉に向かって放る。姉が取って、ゆうに放ると、また姉が放る。2人で消しゴムのやりとりゲームをしている。姉がゆうの正面から顔を見て、ゆうの頭をなでると、非常にうれしそうに微笑する。姉がゆうに話しかけても、とりわけうれしそうに笑う。

姉がふとんに寝ると、ゆうもすぐにふとんに行き、同じように寝ころぶ。姉が日めくりを取りに行くと、すぐにゆうもそれを取りに行く。姉が持っているものと同じものを持とうとして、同じものを持つと満足する。

669（0：11：22）姉と母がネックレスを手に持って本をたどる遊びをしていると、泣いてそのネックレスを欲しがる。ゆうに持たせると、同じようにまねてネックレスを本につける。姉と母がネックレスで遊びはじめるまでは、ゆうは見向きもしなかったのに、長いあいだ手放そうとしないでいじっている。母が手に取って丸く振ったり、横に振ったりすると、すぐに取り返しに来て、今度は同じように振って見せる。

■姉と同じにしたい

1歳すぎからは、ゆうは何でも姉と同じようにしたがることがさらに増えた。同じ椅子に座りたがり、同じものを食べたがり、同じものを持ち、同じように行動したがった。

670（1：0：19）姉がエルビーを飲んでいると、指さしながら「アーアー」と言って欲しがる。姉と同じように容器に入ったままでもらうと、うれしそうに持って飲む。

最近は、ゆうひとりだと食べさせようとしても手で払いのけたり、口から出して食べないものでも、姉が同じものを食べているのを見ると食べる。食卓で、ゆうのごはんに海苔をかけると泣いて怒る（海苔をかけてはいけない）。そこで姉が「ゆうくん、ほら」と言って自分のお茶碗のごはんを見せた。ゆうは姉のごはんにも海苔がかかっているのを見ると、自分のごはんを手でつまんで食べはじめた。

671（1：1：03）姉が「へびだ！」と言ってふとんの上を転げ回っていると、ゆうも同じように寝転がる。母と姉が笑いながら騒いでいると、ゆうも一緒にニコニコ笑う。

672（1：1：04）姉がやることは目ざとく見つける。姉がふだんの通り道ではなく、祖父母の部屋へ入り、そこから障子を開けてミシンの横をすりぬけて縁側へ行って座敷に出てくるというような複雑な通り方をすると、ゆうもすぐにまねして（同じにはできないが）ミシンの横に入り込もうとする。

673（1：1：09）姉がトイレへ行くと、ゆうは姉について行っていつもトイレを見に行く。自分もしゃがんで股のところを押さえる。母が「チー　チーね」と言ってやるとしゃがんでまねをする。しかし、実際にゆうをトイレに連れて行っても、そこでシッコをすることはない。

674（1：2：04）姉と同じことをするのを非常に好む。姉が歌をうたいながら家中を踊り歩くと、ゆうも姉の後ろをニコニコしながらついて歩く。

祖母が「あいうえお」の本を買ってきた。姉がすでに持っていたのと同じ本だったので、この本をゆうにもらった。姉と同じ本を持っていることがわかり、ゆうは上機嫌である。姉がその本を読みはじめると、ゆうも自分の本を探しに行って、持ってきて同じ本を広げる。しかも、姉と同じ姿勢で見る。姉が寝転がって本を読むと、ゆうも寝転がって本を見る。

姉が居間のソファーに寝ころんでいると、ゆうもまねしようとするが、うまくソファーにのぼれないので泣きだす。

姉が父に「タカイ　タカイ」をしてもらっていると、すぐにゆうも父のところへ行き、両手をあげて「アーアー」と言って自分も同じようにやりたがる。

675（1：2：11）姉は赤いカエル形の子ども椅子、ゆうは緑のカエル形の子ども椅子を持っている。居間でおやつを食べるとき、姉が自分の椅子を運んで来て、椅子に座っておやつを食べはじめた。ゆうにも同じおやつをやるが、食べないでイライラしたような調子の発声をして泣く。何度目かで、ゆうが少し遠くにあった自分の椅子をたたきながら泣いていることに気がついた。母が椅子を姉と並ぶ位置に持ってきて、ゆうの椅子に座らせるとご機嫌でおやつを食べはじめる（姉と同じように子ども椅子に座って食べたかった）。

676（1：2：26）母がケーキのカステラの部分を食器に入れて差しだすと、ゆうは食べようとしないで首を振る。しかし、姉が食べはじめると、とたんにゆうもカステラを食べはじめる。手でつかむのではなく、姉と同じようにスプーンでカステラをすくって口に入れようとする（たまに口に入ることもあるが、スプーンではうまくすくえない）。母がスプーンを取ってゆうの口に入れてやろうとすると怒って、スプーンを取り返そうとする（姉と同じように自分でスプーンで食べたい）。

677（1：3：04）ゆうは洗面所で歯ブラシをくわえると、以前はすぐに居間にいる祖父母に見せに行き、「ゆうくん、おりこうね」など言ってもらうと機嫌がよかった。最近は、姉がカエルの子ども椅子に乗って洗面台で歯を磨きはじめると、ゆうも同じように自分のカエルの椅子に乗りたいと言って泣き声をたてる。姉と並んで椅子の上に乗って、歯ブラシを口に入れ、その後でコップに水をくんでもらって、その水を洗面台に吐き出す（実際にはゆうは水を飲んでしまうことも多い）という一連の手順をすべて姉と同じようにやらないと、気がすまない。

678（1：4：07）このごろ、ゆうは何でも姉のやることをまねする。父母のやることよりも、姉のまねをよくする。姉がやることを細かく注目していて、すぐに同じことをはじめる。姉と同じことをすると、大変満足そうに、ニコニコする。

母が姉に「歯を磨きなさい」と言うと、ゆうが姉よりも早く洗面所へ行く。姉が洗面所で歯磨きするとき、ふざけて椅子をひっくり返して乗ると、ゆうも同じように椅子をひっくり返して乗ろうとする。姉がお絵かきしていると、自分もすぐクレヨンを取りに行って、姉が描いている同じ紙になぐり描きする。姉が折り紙を持っていると、指さして母に「アーアー」と訴えにくる（姉と同じ折り紙を持ちたいが、姉に言ってももらえないので、母のところへ要求にくる）。姉が寝ころぶと、ゆうもそばに寝ころぶ。姉が布をひるがえして闘牛士のまねをすると、ゆうも同じ布をつかみにいく。姉がふざけて母をたたくと、ゆうもすぐに同じように母をたたく。

■姉と一緒に遊ぶ

姉はゆうにとって模倣の相手であり、子ども仲間として一緒に遊ぶ相手である。ときには姉にとって迷惑なほど、ゆうは姉と同じことをしようとする。「姉と一緒に遊んでいる」という雰囲気のときに、ゆうは一番うれしそうに笑っている。

679（1：0：17）　母が姉と「あっち向いてホイ」の遊びをしていると、ゆうも指されたほうを見て自分でも指さしはじめる。そして、うれしそうに「アッーアッー」と言う（自分も仲間に入って一緒に遊んでいるつもり）。この遊びに限らず、姉と母の仲間に入って一緒に遊んでいる雰囲気のとき機嫌がよい。姉と母がすごろくをしていると、さいころをとりにきて、自分もさいころを放る。姉と折り紙をしていると、紙を取りにきてくしゃくしゃにする。母が姉とお絵かきをしていると、クレヨンを取って紙や机にこすりつけたり、クレヨン箱からひとつずつ放る。姉がピアノをひいていると、ゆうも並んで座って鍵盤をたたく。

680（1：2：04）　父と姉が一緒にジグソーパズルをしている。パズルが2種類あり、ゆうにも一種類もらっているのに、姉がやっているものを取りに行く。姉と同じ種類のパズルの片を持たせないと、非常に怒る。しかし、そのパズルを持ち、ゆうが父に渡して父がパズルにはめ込むと、うれしそうに笑う（自分用のもので遊ぶのではなく、父、姉、ゆうの3人で一緒に遊ぶという雰囲気になるとキャッキャッと声をたてて笑って機嫌がよい)。

パズルをやっているのは父で、姉はそれを手伝っている。ゆうも姉と同じようにパズルの片を取っては父に渡す。母はそばで見ているだけなので、母が手を差しだしてパズルを受けとろうとしても手渡さない。父が受けとると笑って喜ぶ。

681 (1:2:12) 母と姉とゆうと3人で遊んでいて、アイウエオの本に出てくるものを順に「エッ」「エッ」と指さして、母に名前を言わせていた。顔を髪でおおったお化けが出てきたところで、姉が「オバケー」と言って、ゆうの顔に姉の手をぺたっとつけると、大笑いする。ゆうも自分で自分の顔を両手でおおってから、「エッエッ」と言って、お化けを指さして笑う。姉や母も同じようにやって、「オバケー」と言いながら、3人で顔をおおう遊びを繰り返す。10回以上やって、そのつど、大笑いする。母が先にやめてしまうと、母の手を取ってもっとやれと請求する。何回やっても笑う。

682 (1:4:06) 公園で父と母と姉と一緒にボール投げをしていると、ゆうもニコニコ笑いながらボールを追いかけて、行ったり来たりする。「一緒に何かの遊びをしている」という雰囲気のときに、大変喜ぶ。

683 (1:4:29) 姉が居間のひじかけソファーの上に乗って、トランポリンのようにピョンピョン飛んで、そこからぴょんと床へ降りる遊びを3回ほど繰り返した。姉がその場を離れると、ゆうがすぐに母の手を取り、母の手をつかんで(支えにしながら)、同じように椅子の上に乗って足を曲げ伸ばしする(飛ぶことはできない)。そしてうれしそうな表情で母の顔を見る。姉のようにぴょんと床へ飛び降りたそうに、床を何回も見るが飛べない。やがてその動作を繰り返しているうちに、一度ソファーから母の手を使って下へ滑り降りた。するとまたソ

●1歳ころのゆう。まねの対象として姉の存在は強力。ふりかけを嫌がっていたのに、姉がごはんにふりかけたら、同じにしたがる。

●1歳3か月～1歳5か月ごろ。姉と一緒に母親をたたいて逃げる。

(姉とふざけあって大喜び。ふざけすぎて母親にしかられても、姉と遊ぶ方を好む。)

●1歳3か月～1歳5か月ごろ。お菓子を2つもらうと、1つを姉に渡す。

図2-4　子ども仲間としての姉（1歳3か月～）

ファーにのぼり、そこへ座って、それから滑り降りる遊びを何度も何度もやって、実にうれしそうな表情をする。

684（1：4：29）姉がゆうをキリンの乗り物に乗せて、紐をひっぱって家中をまわって歩くと、うれしそうな顔で姉にひっぱってもらっている。そして声をたてて笑う（姉が遊んでくれると、一番うれしそうな顔でよく笑う）。

685（1：7：07）姉が自分の赤いカエルの椅子を洗面所から居間に持ってきて、それに座ってお絵かきをはじめる。ゆうも自分の緑のカエルの椅子を洗面所に取りに行って居間に持ってくる。そして姉と並んで同じように椅子に座る。ゆうは姉が持っているクレヨンを取りに行って、姉にこづかれる。

■子ども仲間としての姉――２人で母を困らせる

ゆうは、姉と結託して、２人で母のいやがることをふざけてすることがある。そのようなときは、ゆうは姉と子ども仲間であり、姉の「子分」として認められたかのように、とりわけうれしそうにキャッキャッと笑って大騒ぎする。

686（1：2：00）最近、ゆうが朝早く起きると、母だけではなく父や姉のところへ行って、足や体をひっぱって起こしてしまう。

夜寝るときも、姉と2人で「子どもどうし」という気がするのか、ふとんの上で2人が騒ぎあってなかなか眠らない。ゆうが眠りかけると、姉が「キャッキャッ」と騒いで起こしてしまう。ゆうも眠いのに興奮しはじめて、今度は姉が眠りかけると、ゆうがすぐに姉の体に突進して、体ごとバタンと勢いよく倒れかかったり、髪や鼻をつまみに行って起こしてしまう（一度、姉の顔の上に思い切り頭を倒したので、姉が鼻血を出したことさえあった）。このように姉とゆうが交互に起こしあい遊びをするので、2人とも眠いのになかなか眠らず、9時半すぎまで起きている。

687（1：4：03）姉がふざけて母をたたいたりすると、ゆうもすぐにまねして母の顔をたたきにくる。母が顔を手でおおって泣きまねすると、ゆうが母の手をとり払って、さらにたたこうとする。母が「だめ」と言うと、キャッキャッキャと笑う。姉と2人で母を困らせるような遊びをするとき、とりわけうれしそうにする。母が「だめ」と言うと、よけいにやって、母の顔を見ながら笑う。

688（1：5：00）ゆうが母のひざに座っていたので、姉が「お母さん、ゆうばかり抱っこしていいなあ」と言って、両手で母の肩をたたいた。するとゆうがすぐに母のひざから立ち上がって、一度遠くまで行ってから、姉そっくりにかけよってきて、ニコニコしながら母の肩を両手でたたく。姉が母をたたいたり、髪をひっぱったりするときは、必ずゆうもまねして同じようにやって笑う（姉と一緒になって母がいやがることや、いけないということをふざけてやるとき、非常にうれしそうにする。子ども仲間という気がするらしい）。

■ライバルとしての姉 —— しっとの発生

ゆうは姉に早くからとりわけ強い関心をもっていたが、それだけに姉はいつも自分と比較する存在であった。姉をライバル視したり、しっとする行動も1歳近くからよく見られるようになった。特に母と姉が2人だけの関係性をもつと、それを目ざとく見つけて、じゃまして自分も仲間に入ろうとしたり、姉が母に抱かれていると自分が抱かれようと姉を押しのけたり、姉の行動をおおげさに泣いて大人に訴えに行ったり、さまざまな行動が見られた。

689（0：11：12）このごろ母と姉が一緒にいるところが、ゆうの最大の関心事である。母と姉が風呂に入っていると泣く（自分も一緒に風呂に入りたい）。母と姉が洗面所にいると、ゆうもすぐにやってくる。ゆうが姉にたたかれたりすると、それほど痛くないのに激しく泣く。声を聞いた母がやってきてゆうを抱くとピタリと泣きやむ。姉が母に抱かれていると、ゆうがそれを見て泣きだす（自分が母に抱かれたい）。

690（0：11：16）祖母が「ゆうが自分でひっくり返って頭を打ったときは泣かないのに、姉に押されるとすぐに泣く」と母に報告する。

（祖母も最近のできごととして母と同様のことを観察していた。ただしゆうが姉に押された場合には、大人も「アッ　お姉ちゃんダメ」など声をあげることが多いかもしれない。姉との関係にかかわらず、大人がそれを見て声をあげるときは、ゆうがよけいに泣く。最近のゆうは、ハイハイだけではなく、ハイハイからつかまり立ち、つかまり歩き、ひとり立ち、階段登り、座敷テーブルの登り降りなど、いろいろな移動のしかたを試みるので、転ぶのは日常茶飯事だが、それを見ても知らん顔をしていると、自分で転んだときにはけろりとしていて泣かない。）

691（1：0：01）姉が母の近くにいるだけだといいが、母が姉をひざの上にのせると、ゆうがすぐにやってきて、姉を押す。母が姉とゆうと2人をひざにのせると、姉だけを何度も押してどかせようとする。

●1歳ころ。〈母親－姉〉の関係が許せない。2人がふろに入ると、大声ではげしく泣きわめく。

●1歳4か月ころ。姉が母親のひざに座っていると押しのける。

●1歳5か月ごろ。姉が眠っていたり泣いていたり､形勢が不利だと見ると､たたいたり髪を引っぱりにいく。

図2－5　ライバルとしての姉

（最近、母を占有したいという気持ちがでてきた。以前は姉をひざの上に抱いていても平気だったのに、最近は必ず姉を押しのけようとする。）

姉がゆうをからかって、頭をこつんと押したりすると、痛くなくても怒る。自分が持っているものを姉が取ったり、姉のものを欲しがっても姉が貸してくれないとき、母のところへ泣いて訴えにくる。

（以前は、姉が何をしても、遊んでもらっていると思って喜んでいたが、姉をライバル視する行動もでてきた。）

692（1：0：17）ゆうは、母が風呂から出た姉をバスタオルでふいたり、姉の世話をしていると泣きだす。ゆうは自分が母のひざの上にいるときは、ニコニコ満足しているが、姉が母のひざにいると怒る。しかし姉が祖母のひざの上にいても怒らない。

693（1：1：15）最近は、姉の行動をまねることが非常に多い。姉の持っているものや、姉がやっていることを、じっと目をかがやかせて見ていて、自分でも似た行動をする。姉が持っている物が欲しいと、それを指さして「アーアー」と言いながら母に訴えにくる（姉に直接要求しても、もらえないので、母に頼みにくる）。自分が持っているものを姉に取られたときも、姉に向かってではなく、母に向かって泣く。

694（1：2：15）最近は姉が母のひざに座っているのを見ても、以前のように見るとすぐに姉を押しのけにくることはなくなった。しかし姉にものを取られそうになると、とりわけ大きな泣き声をあげる。そして母の方を見て泣く。母が近くにいるときは、泣きながら姉を指さして「ン」「ン」と言って訴える。

母が姉の相手をしていたり、よそ見をしながら相手をしていて、本気にゆうの相手をしていないときは、ゆうが寄ってきてしつこく話しかけにくる。母が新聞を読んでいると新聞を取って放り、姉に本を読んでやっているとその本の上にのってしまう。姉に本を読んでやっていると、ゆうも自分の本を持ってきて、本を指さし「ン」「ン」と言って話しかける。

695（1：4：29）母と姉が風呂に入っていることがわかると、「ダンダ　ダンダ」と言って、狂ったように泣きわめいて風呂場の扉をたたき、自分も一緒に風呂に入りたがる（ゆうは祖父と風呂に入り、姉は母と一緒に風呂に入ることが多かった）。姉が母のひざに座っていると、姉の体をひっぱって泣き、自分が座りたがる。

696（1：5：12）母が「ちいちゃん、おふろ入ろうか」など、姉に向かってひとことでも言うと、ゆうがすばやく聞きつけて、姉よりも早く「ダンダ　ダンダ」と言い出して、母の手を取って風呂場へ行こうとする（ゆうは自分では「ダンダ」と言うが、ことばの理解は「風呂」でも「ダンダ」でもどちらでもわかる）。

697（1：5：18）ゆうは、何もされないのに、けたたましい泣き声をはじめからあげながら、姉の持っているおもちゃを何でもつかみに行く（ゆうが姉のものを取りにいくのに、まるで姉に取られたかのような泣き声をあげてアピールする）。姉の持っている本を次ぎつぎに取りに行く。姉が別の本を取って読みだすと、ゆうはすぐに自分が先に取った本を捨てて、姉の本を取りに行く。

ゆうを母のひざの上に座らせて、ゆうに話しかける。母のひざの上にいても母がそばにいる姉に話しかけたり、姉に本を読んでやろうとすると、「ニャイニャイ」と言って、姉の本をとりあげて泣く。

698（1：7：04）ゆうが消防自動車を持つと、姉に向かってぶつけるように投げる。母のひざにのって本を読んでいるとき、姉が自分の本を一緒にのぞいて見ようとすると、姉を押す。姉がテレビを見ていると、ゆうがテレビの前に立ちはだかって見えないようにする。このように姉に向かってわざと悪さをする。姉におもちゃを取られたり、姉にたたかれたりすると、それほど痛くないときでも、ウアーンとけたたましい泣き声をあげて、祖母か母に泣いて訴える。

■姉が手伝ってくれるとき

ゆうにとって姉はライバルであり、おもちゃなどを取られるケンカ相手でもある。それで姉が親切に手伝ってくれようとするときにも、取られると思って泣きだすことがあった。しかし、1歳4か月ころになると、同じような手伝いの状況では素直に姉にものを差しだすようになった。「この人はこういう人」という単純な役割分化や相手の認知ではなく、同じ人に対しても「このときのこの人はこうする」という複雑な状況判断をして自分の行為が適切にできるようになったと考えられる。このとき状況を理解する上で、ことばが理解できることが大きな役割を果たしていると考えられる。

699（1：2：04） ゆうがビーチボールのしぼんだものを父に差しだして、ふくらませてくれと要求する。父はほかの仕事をしていて忙しい。姉が「おねえちゃんがふくらませてあげる」と言って、そのボールを受けとろうとすると、泣きわめいて母の方へ来て訴える（父や母は手伝ってくれる人である。しかし姉が親切に手伝おうとしてくれるときでも、姉にはものを取られることを警戒している）。姉がボールをふくらませてから、実際にゆうに手渡してくれても、まだ泣いている。

700（1：4：09） 姉とゆうと1つずつ、袋に入ったウナギパイをもらって食卓の椅子に座っていた。姉が「ゆうくん、お姉ちゃんが開けてあげる」と口だけで言うと、ゆうが袋を姉に差しだす。姉が袋を開けてくれるまでおとなしく待っている。

（今までは姉が好意で手伝おうとしても、取られると思って差しださなかった。また、別の場面では姉にものを取られることも多い。「開けてあげる」ということばの意味が理解できたのだろう。）

■姉が形勢不利なとき

ゆうは、姉との力の差は歴然としているので、ふだんは姉とケンカしても必ず負ける。それで、ゆうは大人に大声で泣いて訴えるなどして大人の加勢を求めて姉をやっつける戦略にたけている。もうひとつ、ゆうは単独で姉を負かそうとする戦略を生みだした。それは、姉が形勢不利なときを目ざとく見定めて、そのときに乗じて姉をやっつけようとする方法である。しかしこの場合には、当然姉も反撃する。もともとは、ゆうとは関係がなかった場合でも、結果として姉とゆうのケンカになって、２人とも泣いて終わることも多くなった。

701（１：３：11）　ゆうは姉が起きているときはやらないが、姉が眠くてふとんの上に寝ているときなどに、姉をねらって本やお面でたたきに行ったり、髪をひっぱりに行ったりする。

（姉に遊び相手になって欲しいのか、何かいやがられることをして反応が見たいのか、相手の形勢が不利なときに働きかけるのか。）

702（１：４：03）　姉が泣いていると、姉のところへ近づき、姉の髪をひっぱったり、頭をたたいたりする（姉がふつうの状態のときは、めったにやらないが、姉が寝ていたり泣いていたりすると、こういうことをはじめる。相手の形勢不利がわかるらしい)。姉がしかえしをすると、ゆうがすぐに泣きだし、2人で泣きながら母のひざの取り合いになる。

はじめ姉は、ゆうとは関係がないことで、ひとりで泣いていたのだが、ゆうがたたきに行ってちょっかいをかけるので、最後にはおきまりのように2人のケンカになって終わる。

■ほかの子どもへの関心

ゆうは、姉以外のほかの子どもへの関心も高く、姉の友達が家に遊びにくると、そこに一緒にいるだけで「子ども仲間」にいれてもらったかのように、うれしそうに機嫌よくしていた。また、ゆうは家で祖母に世話してもらっていたので、保育園のように同じような年齢の子どもと出会う機会はあまりなかったが、たまに保健所などに行ったとき見知らぬ子がやることも興味しんしんでじっと見ており、後でほかの子がやったことをまねする延滞模倣が見られた。

703（1：1：27） 姉の友達が2人遊びにくると、一緒にそばにいる。姉たちがやっているおままごとやおもちゃの一部を自分も持たせてもらっていれば、始終機嫌がよい。

704（1：2：10） 姉の友達が遊びに来ると、自分もそばでおもちゃをいじりながら、長いあいだおとなしく遊んでいる。ゆうひとりのときは、母が相手をしないとうるさいが、眠くなってもぐずらずに、1時間以上も姉たちのそばにいる。姉たちは特にゆうの相手をするというわけではないが、子どもたちの仲間に入っているつもりなのだろう。

705（1：3：20） 昼間、姉の友達が遊びに来たら、居間で機嫌よく一緒に遊んでいたとのこと。その際、遊んでいる物を持っては、台所にいる祖母に見せに来て、また居間に戻り、また別のものを持って見せにくるというように、子どもたちがいる居間と祖母がいる台所のあいだを忙しく行き来して、うれしそうにしていたとのこと（祖母の報告）。

706（1：6：02） 1歳半検診に保健所へ行く。検診会場でほかの子を見るとはしゃぐ。幼児食の講習会場でおとなしく母のひざに座っていないで、前に出ている食べ物の見本を指さして「マンマ」「マンマ」と言い、母の顔を見る。母のひざから降りて、取りに行こうとする。牛乳を見ると「ジャージャ」と言う。ほかの子が持っている自動車を指して「ブーブー」と言うなど大声で話しかけて騒がしい。

検診を待っているとき、母が抱こうとするといやがり、1人でほかのところへ行き、廊下やトイレなどを見に行く。あちこち見に行ってから、母がいるところへ戻ってくる。カーテンで仕切ってあるところをのぞきにいく。カーテンの中に知らない人がいると、母の手をひっぱりに来て、一緒に母も行かせようとする。

ゆうは「バアー」と言って、カーテンをあける。そこで他の子が体重を測っていて、その子が泣いていた。ゆうは、じっと興味深く見ていた。それから、だいぶ時間がたった後で自分の順がきて、体重を測るとき、それまで機嫌がよかったのに、ゆうもそのときだけ泣いて見せた。体重計から降りるとけろりとして機嫌がよい。

（泣きの情動が伴っていないので、体重計の上で泣いた子を見た後、それを自分の身体で再現して見せた延滞模倣であろうと思われる。）

保健師さんの前で、はじめ1人用の椅子に座らせようとしたら、ゆうが母の顔を眺めているので、母はひざの上に座らせようとした。すると横の椅子を「ン」「ン」と言って指さして1人で座りたがる。（少し前には、知らないところでは母のひざにのりたがるのがふつうだったが、ここではテスト状況であることを察したのか、自分1人で椅子に座ろうとする。）

積み木つみをやる。すぐには積めないが、修正しながら5つを積み重ねる。丸の形のはめ込みをしてうまくできると、隣の机に座っている子を見る。その子が本を見ていると、「ゴォーゴォー（電車）」と言う。隣の子が積み木をしているのを見ると指さして「ン」「ン」と言うので、やりたいのかと思ってとゆうにも積み木を差しだすが、やろうとしないで「ン」「ン」と指さしつづける

（「やりたい」というのではなく、あの子と同じことをやっていると示したかったのだろう。）

2　私のめばえとことばのはじまり

■拒否行動と私

1歳代前半には、「これはいや」「あれが欲しい」という自分の意志が明確になり、首振りや手振りなどの身振りや行為でそれを表現できるようになる。主体的な自我のめばえも、ことばが生まれるプロセスと連動して発達する。

「あれが欲しい」という積極的な要求よりも、「これはいや」という拒否行動のほうが早くから強く表現される。首の横振りや手の横振りは、多くの文化で否定表現になる。そして、「いや」「ノー」ということばは、肯定表現よりも早くから出てくる。それは、それらのことばが「私」の発達と不可分にむすびついているか

らであろう。

「いや」と言えることはすばらしい。ここで記述した萌芽の後、2歳ころから何でも「いや」と言い出す「いやいや期」がはじまる。この呼び名は否定的なニュアンスがあるから名前を変えようという提案がなされたことがある。以前によく使われた「反抗期」ということばは、確かに否定的ニュアンスがあるが、「いやいや期」は、子どものことばの実態に即した命名であり、実に良い呼び名ではないだろうか。

自分で自分の気持ちを自覚することは、案外難しい。何かを選ぶときに、自分が本当に欲しいものは何かがわかるよりも、「これは、いや」「ここには、いたくない」というような否定感情のほうが明確にわかる。それは子どもに限らない。何かおかしい、不本意だ、ちょっと違うという違和感こそ、「私」というものを感じる契機になる。

「私」の発達を考えるときに、周りの人びとの思惑と自分の想いが異なるとき、当面の利益にならず、たとえ自分が損をしてでも「私のつもり」を通そうとする行為が出てくることは興味深い。自分の要求を主張することは、欲しいものを手に入れたいからだけではない。欲しいものを捨てても、実利とは矛盾しても、泣いて主張する行為は、何をしても守りたい自分という大切なもの、自尊心がでてきたからこそ生じるのだろう。欲しいものが手に入らないこと、食べたいものが食べられないことよりも、「私のつもり」が周りの人びとに理解されなかったこと、無視されたこと自体が許せなくなるのである。

■社会的ネットワークのなかの私

「私」というものは、豊かな社会的ネットワークのなかで育まれる。ここで「社会的ネットワークのなかの私」という言い方に注意していただきたい。これは「私をとりまく社会的ネットワーク」という言い方と同義に見えるが、異なる意味をもつ。前者の言い方では、すでにある社会的ネットワークのなかに「私」が生まれてくる。後者では、「私」を中心にして、いろいろな社会的ネットワークができていくという意味になる。

子どもは、白紙の世界に生まれるのではなく、〔ここ〕という身近な世界、さまざまな社会的網の目や情の編み目がからんだ世界に生まれてくる。そのなかで、注目してもらってうれしかったり、要求が通らなくて悲しかったり、さまざまな人びとと交渉し、自分と他者を比較しながら、自分というものに目覚めていく。やがて「私」に気づくとともに、自分とは異なる意図をもつ、思い通りにならない「他者」にも気づいていくだろう。

「私」というものは、社会的関係のなかで生成される。先に「私」という個人が独立して存在しており、その後に人間関係が形成されていくのではない。

また「私」は、それだけ単独につくられるというよりも、「私たち」という関係性のなかで生成されるのではないかと考えられる。そのとき「自己」と「他者」が対立して存在するというよりも、初期の段階では、「私」は、「私たち」のなかで育まれると思われる。

ゆうは、早くから姉を「大人」とは異なる「子ども仲間」とみなし、姉のまねをし、姉と同じようにしたいと欲した。あるときは、ゆうは姉と「私たち」になりたがったが、別のときには、姉を押しのけて、母と自分だけが「私たち」になりたがった。また別のときには、母や姉ではなく、祖母に応援を求めに行き、祖母と「私たち」という関係をつくった。大人のなかでも、母、父、祖母、祖父、それぞれを分化させて、異なる対応をしたかと思えば、家族全体で「私たちみんな一緒」という雰囲気も好んだ。時と場合によって「私たち」という社会的ネットワークは伸縮自在で変化するのであり、そのなかで、子どもは自分に気づき生きのびる知恵をいろいろ試すことができる。

「私」というものは、「他者」と出会う前に「私たち」という安心できる関係性のなかで育まれていくのではないかと考えられる。

第2巻で述べたように、表象とは、〔ここ〕にないものをイメージすることである。そして、〔ここ〕の中核として統合されるのが「私」である。乳児は個人として生まれるのではなく、はじめから「私たち」という身近な共感的な場所〔ここ〕に生まれてくる。「私」から出発するのではなく、「私たち」から出発するのである。私は、いきなり〔あそこ〕の世界で見知らぬ他者と出会うのではない。〔ここ〕という身近な場所に共にいる「私たち」から「私でない人びと」が離れていき、中核になる「私」に気づいていくのである。あたりまえであった「私たち」の世界、しかし自分の「つもり」が通じない、わかってくれるはずの人がわかってくれない、そのような経験から「私でない人びと」が分化していくと考えられるのである。

「私のめばえ」以降には、ことばによって自分をさししめす自称がでてきて、姉との関係も自尊心も複雑になる。また、「私がいなくなる」お話などもできるようになり、自分をメタ化できるようになる。これらにかかわる「私」の1歳半~2歳半の発達は、5章2「私」と他者をむすぶ――自称と所有、3「要求と拒否の二語発話」、4「ことばによる交渉」、7章2「虚構が現実を変える」などを参照されたい。

■しっとの発生と自分を有利にする戦術

乳幼児期のきょうだい関係の研究はもともと少ないが、「しっと」は下の子が生まれたとき上の子が「赤ちゃんがえり」したときなどの親の対処という観点から研究されてきた。下の子から見たら上の子はどのように見えるか、「しっと」という複雑な感情が、いつ、どのような他の行動と連動して発生するかという観点で研究されることはほとんどなかった。

ゆうは、姉を特別好きになって姉のやることを何でもまねようとした。それと同時に、母と姉の二者関係に「しっと」して、仲を裂こうとする行動や、姉をライバルと見るような行動もはじまった。それは、ゆうが姉を自分と同じ「子ども仲間」と見はじめたからであろう。

自分と桁外れに違うものは、しっとの対象にならない。自分と相手を同等の「子ども仲間」と認知するからこそ、競いあうこともしっとも起こるのであろう。

「しっと」は、かなり高度な感情である。なぜならば、図3－1①のように、母など愛着の相手が自分に注意を向けてくれないこと、つまり母が自分を見てくれないという「注意の欠如」だけでは起こらないからである。

図3－1②のように、自分に向けられるべき行動が心理的に同等とみなされる他者に向けられていることが認知されてはじめて「しっと」といえる。

私たちは、実際に実験場面をつくって、1歳児がおもちゃで遊んでいるときに、少し離れたソファーに母が座って箱や人形を抱いているときと、母がきょうだいを抱いているときの違いを見た。下の子は、母が人形や箱を抱いていても、遊びつづけるか、モノそのものに興味をもってのぞきに行ったりした。きょうだいを抱くと、遊びをやめて、母親のところへかけよって泣いたり、きょうだいを泣きながらひっぱったりした（やまだ 1989a）。

図3－1③は母ときょうだいがつくっている関係に参加したいと要求するときのモデルである。子どもの働きかけは、きょうだいに向かうのではなく、関係性そのものに向かう。

私たちの実験では、1歳児がおもちゃを持って母ときょうだいのところへ行って、おもちゃを差しだして見せたり、話しかけたりした。おもちゃを持って母ときょうだいのいるソファーに近づいて、ソファーの上にそのおもちゃを並べてまた戻ってくるとか、ソファーまで行って後ろをのぞき込むというような間接的な

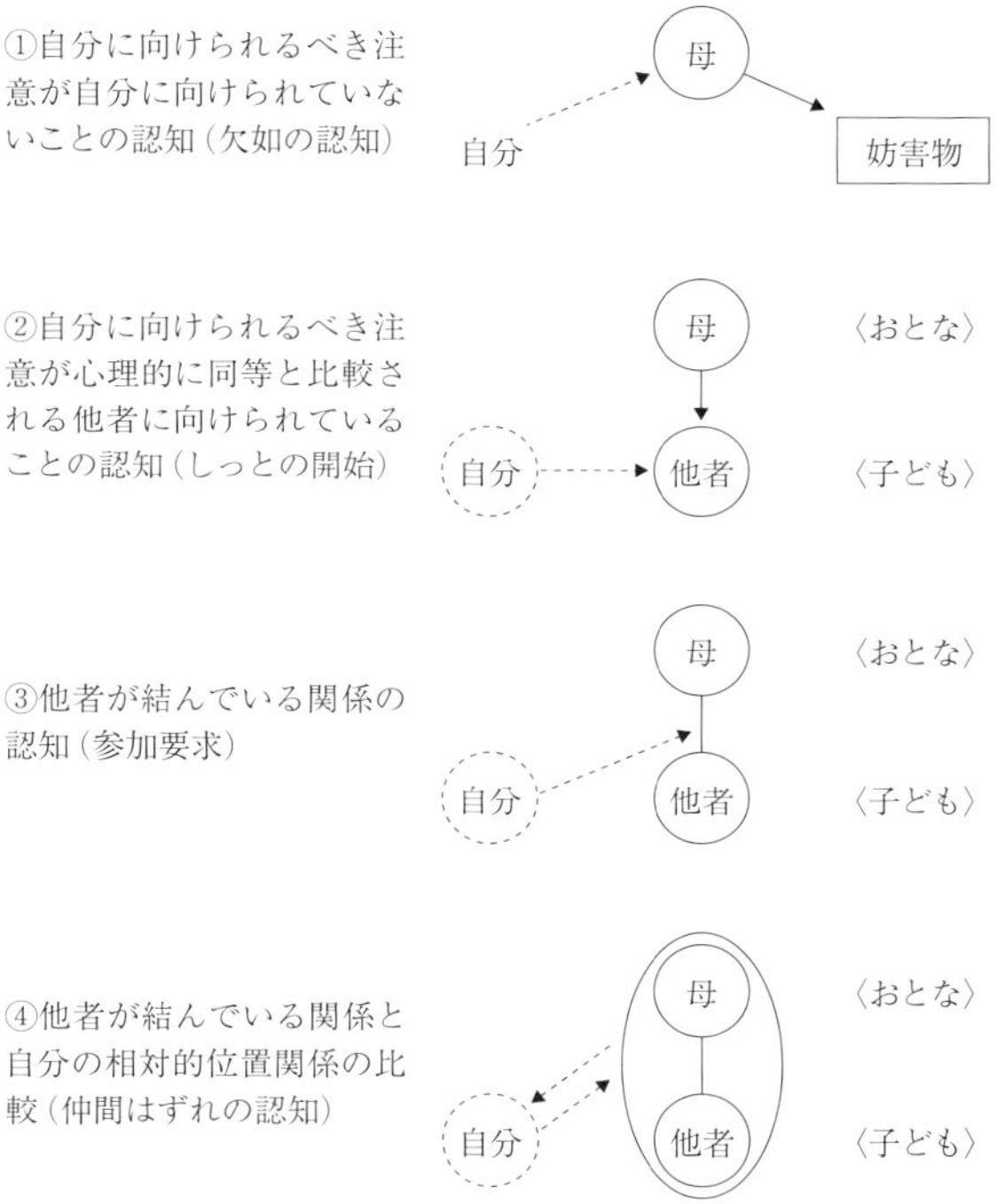

図3－1　「しっと」と「仲間はずれ」――他者の関係認知と自己覚知のモデル
（山田 1983）

行動も見られた。一見すると関係のないような間接的な行動も、箱や人形のときには観察されなかったので、「母－きょうだい」がつくっている関係性に何らかの働きかけをしているのだと考えられる。

1歳児とはいえ、すでにできている関係性に「私も入れて」と仲間入りするときには、自分の行動レパートリーのなかで何らかの戦術を工夫するのである。特におもちゃを持参する行動は、「おみやげ」を持って関係性に参加しようとしたともいえよう。

図3－1④は母ときょうだいがむすんでいる見えない二者の関係性を認知して、そこから「仲間はずれ」になっていると自己を省察する場合である。こ

のような仲間はずれの認知は、見えない関係性に気づくだけではなく、そこから自己に回帰する反照的な視線が必要なので、しっとよりもさらに複雑になる。1歳児では、まだこのレベルの「仲間はずれ」を認知しているとはいえないだろう。

人と人の関係性は見えないものであるのに、子どもは早くから二者の親密な関係性を認知するようである。ゆうは母と姉の二者関係に割り込むときに、何かの話題で話しかけたり、何かものを持って行ったりして、自分のほうに注意をひきつけようとする高等戦術といえる行動をいろいろ行った。子どもでも、すでにできている二者関係に、いきなり割り込むのは難しいときがある。それで、ゆうは、母と姉が本を読んでいるときに、わざわざ遠くにある自分の本を取りに行き、その本を持って母と姉のところへ行って、自分も本読み行動のなかに一緒に参加しようとした。このように「おみやげ」を持って関係性のなかに割り込む行動は、大変興味深い。

ゆうは姉との関係のなかで、ほかの大人を巻き込む戦術にもたけていた。姉との力の差は歴然としているので、ふだんは姉とケンカしても必ず負ける。それで、ゆうは大人、それも父母ではなく、ゆうに甘い祖父母のところへおおげさに泣いて訴えに行って、大人の加勢を求めて姉をやっつけようとした。姉と自分の二者関係のなかへ、第三者を入れる方法である。図3-1③のモデルと同様の構図であるが、構成メンバーは異なる。二者関係が心地よいときと、三者関係にしたほうが自分に有利なときがある。

1歳児が、社会的ネットワークのなかの多様な人びとの特徴や役割をよく知り、限られた行動レパートリーを駆使して、自分の要求を実現したり、自分を守ったりするために、さまざまな戦術を工夫していることには驚かされる。

■表象機能と私

幼い子どもの目から見たときに、他の人びとや周囲の世界はどのように見えるのか、自分というものは、いつからどのように覚知されるようになるのだろうか。それらは、ことばの発達とどのように関係しているのだろうか。

ことばと社会性と自己の発達は、従来は別々に研究されてきたが、それらはあいたずさえて発達するのであり、深く連動していると考えられる。この巻で記述した1歳代前半の「私のめばえ」は、第2巻で記述した「ことばのはじまり」と同時期に並行して起こっているできごとである。日誌の観察記録は、重複を避けているので、どちらに振り分けようかと迷った記録も多い。

ことばは、「ここにないものをイメージする」表象機能を基礎にしている。「私」というものも、表象機能と深くかかわっていると考えられる。「私」というものは、さまざまな具体的場面において、環境の個々の刺激に対して身体を通して知覚し、それに応じて瞬時に動作や行為を行なっている動作主としての自分そのものではない。「私」というものは、それらをむすびつけている複合体である。自己は、ひとまとまりの「私」という統合体として自覚され認識される必要がある。「私」というものも、ある種のイメージ、ある種の表象なのである。

わたくしといふ現象は
仮定された有機交流電燈の
ひとつの青い照明です

（あらゆる透明な幽霊の複合体）
風景やみんなといつしよに
せはしくせはしく明滅しながら
いかにもたしかにともりつづける
因果交流電燈の
ひとつの青い照明です
（ひかりはたもち　その電燈は失はれ）

これらは二十二箇月の
過去とかんずる方角から
紙と鉱質インクをつらね
（すべてわたくしと明滅し
　みんなが同時に感ずるもの）
ここまでたもちつゞけられた
かげとひかりのひとくさりづつ
そのとほりの心象スケッチです
（宮澤賢治『春と修羅』序）

「私」というものは、宮澤賢治がうたうように、「有機交流」の「電燈」のようなものであり、たえず明滅している現象である。しかし、「私」は、有機的に風景や人びととインタラクションしつづけている「電燈」そのものではない。それらを「ひとつの青い照明」として仮定してイメージしたもの、つまり「あらゆる透明な幽霊の複合体」として表象化したものである。だからこそ、ここにある個々のモノや事実としての明滅する「電燈」は明滅しながら刹那に失われていくが、仮定されたもの、ここにないもの、見えないもの、「幽霊の複合体」としての照明の光は「確かに灯りつづける」「保たれる」のである。もちろん、「私」が保たれるといっても、時空の文脈のなかでは変容するので、相対的なものにすぎないのだが。

「私」というものは、「私」であるとともに「みんなが同時に感じるもの」であり、「ある程度まではみんなに共通するもの」である。だからこそ、「私」が書きつらねた「心象スケッチ」にすぎないものも、「私」の経験でありながら、「私たち」の経験になるのである。賢治のことばでいえば、「私」という透明な幽霊の複合体は、「すべてがわたくしの中のみんな」であり、「みんなのおのおののなかのすべて」である。

「私」というものは、「これ以上分けられないもの」という意味をもつ究極の物質としての「個人(individual)」ではない。また、外界と交流して明滅しつづける単なる「空《から》の身体」としての「電燈」でもない。それは「私」として形象化された「心象(イメージ)」であり、「私」ということばにしたとたんに、「私たち」と共通性をもつものである。

「私」というものは、「すべてわたくしと明滅し　みんなが同時に感ずるもの」である。「私」という「幽霊の複合体」は、反省的に認知され、概念として自覚される自己(self)と同じではない。「私」というものは、「感じるもの」であり、認知と情動の複合体だからである。

Ⅱ

ものがたりの発生

ことばが生まれるすじみち４

第３部

経験とことばをむすぶ

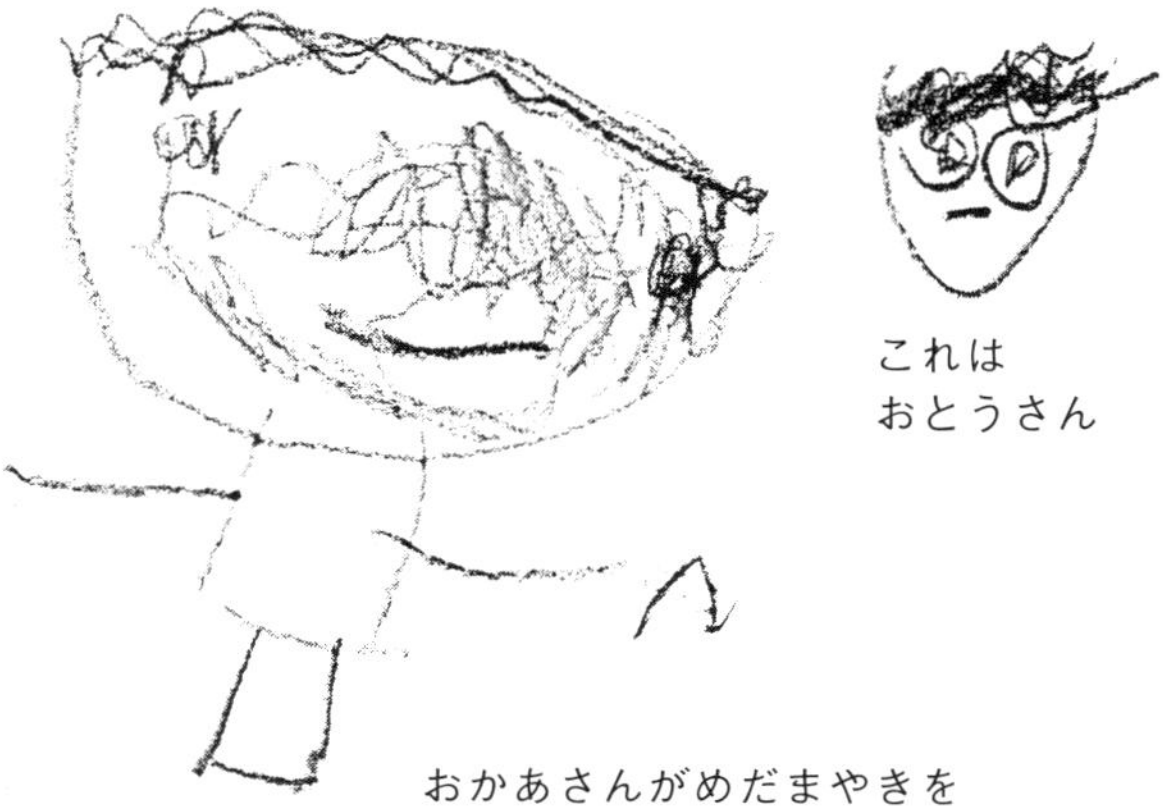

これは
おとうさん

おかあさんがめだまやきを
つくっているところ
（ゆう　４歳３か月）

赤まんま　パパ役は君　ママは僕

（稲畑廣太郎「ホトトギス」2007）

おまえは赤ままの花やとんぼの羽根を歌うな

（中野重治「歌」より）

あかまんまの咲いてゐる。どろ道にふみ迷ふ。新しい神曲の初め。

（西脇順三郎『旅人かへらず』）

4章　見立てとごっこのはじまり

1　ものがたり（ナラティヴ）とは何か

■経験を組織する行為——2つ以上のできごとをむすぶ

ものがたり（ナラティヴ）の定義は研究者によって異なるが、一般には、広義のことばで語る行為と語られたものをさす。広義のことばには、身振りやしぐさやデザインなど視覚的表現や記号的表現も含まれる。ここでは、ものがたりを「広義のことばによって経験を組織する行為」（ブルーナー）と広い意味で考えている。

私たちは日々出会ったものごとやできごとをすべて知覚したり、記憶したりしているわけではない。私たちは、経験を有機的に組織化しながら生きている。いわば、編集作業をしながら生きているのである。ものがたりとは、経験をことばで編集するしかただといってもよいだろう。その編集のしかたにも、定型がある。従来は、ものがたりは、「はじめ、なか、おわり」や「過去、現在、未来」などの時間的シークエンスをつくることだと考えられてきた。

ものがたりと「時間」は、大きな関連がある（リクール）。ものがたることで「過去・現在・未来」などの時間秩序がつくられ、時間の順序にそってストーリーをつくるとわかりやすいからである。

しかし、ものがたりの定義のなかに「時間順序」を含めるのは、西欧語の文法構造に依っているからではないかと私は考えている。西欧語は、そのできごとが起こったのは、過去か現在か未来か、はては進行形なのか完了したのかなど、できごとの時間を意識しないと語れない構造をもっている。しかし、日本語など〔ここ〕を中心にして語られる場所言語では、時間系列は必ずしも重要ではない。

そこで、私はものがたりを「広義のことばによって、2つ以上のできごとをむすぶ働き」と定義してきた（やまだ 2000）。そして、ものがたりを時間順序から解放し、ビジュアル・ナラティヴなど、より広い組織化のしかたを提案している（やまだ 2018）。この本でも、ものがたりをこのように広く定義したいと思う。

日本語の「むすぶ」は、何かと何かを連結して「結ぶ」働きをさすと共に、「むすぶ（産すぶ、生すぶ）」働きも意味する。文脈が異なることや離れた場所にあったものをむすぶ働きは、男と女という異質なものをむすんで、子どもが生まれるように、それ自体が新たな生成になる。

ものがたりによって、2つ以上のできごととできごとがむすばれる。むすばれることによって、別々に離れていたできごとに関係性が生まれる。関係性ができると、そこに意味が生まれる。もともと無関係だった男女が出会って「むすばれる」ときに、「愛」という意味づけがなされるように、ものがたりとは、「意味を生成する行為」でもある。

ものがたりは、他者との複雑なコミュニケーションをことばによって簡単にして記号化する行為である。それだけではなく、「意味あるむすびつき（有機的組織化）」を生みだすことによって、生き生きと他者に伝え、他者との共同世界をつくるのに役立つ。

コミュニケーションとは、原義に戻れば「共同《コモン》のものをつくりだす営み」である。ものがたりは、世界を共同化するコミュニケーションにおいて役立つ。

ものがたりは、他者とコミュニケーションするときに大きな働きをする。ものがたりは、新しい世界認識もつくりだす。「これは、これだろうか？　いや、あれだろうか？」という同じ構文でも、「これは、王子だろうか？　いや、こじきだろうか？」「これは、天使だろうか？　いや、悪魔だろうか？」という意味になれば、まったく違うものがたりが生みだされる。「これは、かぐや姫だろうか？　いやシンデレラだろうか？」というむすびつきになれば、新しいものがたりが生まれるかもしれない。ものがたりは、新しい意味を生成し、新しい世界を構成する。

『見いだされた時』の終わりで、プルーストは自分の仕事を、ほころびのひどい中古のドレスのつぎあて作業になぞらえている。それと同じように、作品を書くときに彼がおこなっているのは接合であって、たくさんの断章を互いにつなぎ合わせるのである。「現実を再創造するために、ある人の肩の動きに、他の人の首の動きをつなぎ合わせ」、たったひとつのソナタを、たったひとつの教会堂を、たったひとりの若い娘を、いくつもの作品、いくつもの教会堂、いくつもの人物から得た印象でつくりあげていく。

（クロード・レヴィ＝ストロース『みる　きく　よむ』一部改変。みすず書房）

ことばは、ここにないものを表象する。ものがたりは、ここにない世界をつくりだす。ものがたりは、想像力によって、ここにない未来の世界や架空の世界をつくることができるのである。さらに、「もし・・・ならば」という仮定法によって、可能世界、非実在の世界をつくりだすことができる。ことばは、ここにないものを表わす。ことばは、ものがたりとして組織されることによって、ここにない世界をイメージさせ、ここの世界の現実を変えていく力をもつのである。

今までは、乳幼児のことばの発達は、いつから何ができるようになるか、言語技能の獲得に焦点をあてて研究されてきた。たとえば、「二語発話」は、二語文とみなされ、文章能力や文法の獲得のプロセスのなかで扱われてきた。

この本では、ことばの「意味づける行為」としての働きに焦点をあてる。したがって、乳幼児の「経験」がどのような「ことば」とむすばれるか、ある「経験」とある「経験」が「ことば」を媒介にしてどのようにむすばれるかなど「むすび方」に、研究の視点が向けられる。

なお、ここで「ものがたり」と呼ぶのは、ナラティヴやストーリー・テリングの意味であり、フィクションや創作や昔話をさす日本語の「物語」の意味範囲とは大きく異なり、はるかに広い意味であることに注意していただきたい。たとえば、日本語でいえば「昨日あったこと」の「こと」にあたるもの（経験を組織化したもの）が、英語のストーリーであり、ナラティヴである。

英語のナラティヴに比べると日本語の「物語」の意味は狭すぎる。また、「物語」は名詞形であるが、ナラティヴは語られたものをさすだけではなく、語るという行為やプロセスも含まれる。そのような理由で、ナラティヴはカタカナで使われることが多い。しかし、カタカナ語は、日本語の感覚とむすびつかないので文化の奥底と響く生きたことばになりにくい。

この本では、生活の実感とむすびついたやまとことばで考えるためにも、ナラティヴを「ものがたり」と訳すことにした。日本語の「もの」は、「物」だけではなく、「者」「霊」「魂」「鬼」なども意味する。また、ものの哀れ、もののけ、もの哀しいなど、得体のしれないものも表現する。日本語の「もの」は、英語のナラティヴには含まれない広く深い意味を表わすことができる。また、日本語の「かたり」には、話をするという意味の「語り」だけではなく、「節をつけて語ること」「神《かむ》語り（神が人にのりうつって、神意を伝えること）」「伝承すること」や「騙り（だますこと）」という意味もあるのは、興味深い。

■慣用操作とごっこ ―― 実用性から離れて「ものがたり」へ

「ものがたりの発生」を、ことばによる「語り」からではなく、「慣用操作からごっこへ」という、行為を組織化し、意味づける行為の発達からはじめたい。それは、日常の行為や文脈から切り離して、ことばだけを独立して研究してきた従来の研究と、本書の立場が大きく異なるところである。

慣用操作とは、第2巻4章で述べたように、ものを社会的な使い方にしたがって使える行動のかた（型、方）である。たとえば、柄のあるカップは、丸いところを持って机をバンバンたたくこともできるが、柄のところを持って丸い部分を口につけるように扱う。スプーンも、丸い部分ではなく長い柄の部分を持って、丸い部分を口につける。慣用操作は、社会的慣習にしたがって、ものを「意味ある」ものとして扱えるようになったことを示している。この場合の「意味」とは、カップもスプーンも、食事のときに「食器」として使う道具として扱うことである。子どもは、「カップ」「スプーン」などとことばで言えるようになるずっと前に、それが「カップなるもの」「スプーンなるもの」の意味に応じて行為できる。

このように慣用操作は、ことばの発達とつながっていくが、それが実用的な行為であり、カップやスプーンが道具として扱われる限り、社会的ルーチンである一連の食事行為の文脈に組み込まれている。「慣用操作からごっこへ」の発達は、「記号化」と「ものがたり化」という2つの見方でとらえることができる。1つ目の「記号化」では、実用的で道具的な動作から「はなれる（距離化する）」方向への発達がみられる。それは、道具的行為が実用的文脈から切り離されて、別の文脈で使われるようになることである。

たとえば、「ままごと」で使われるカップやスプーンは、実際に食事するという文脈から離れて、脱文脈化して「食事ごっこ」という「遊び」の文脈で使われる。ままごとでは、「食事をして空腹を満たす」という食事行為の「本来の意味」をなくして空洞化し、単なる約束事の「記号」に変換されるのである。ままごとは、食事のふり、食事のまねごとを、食事場面ではなく、遊びという別の文脈で再現する行為である。記号的行為では、食べるという行為をしても「空腹を満たす」ことはできない。

ことばは、記号的行為であるから、食事をするときにカップやスプーンを使うというような実用的行為から離れる。ことばと同様にままごとでも、「食事をする」イメージを表象（レプレゼント　現前化）することはできるが、それで実際に空腹を満たすことはできない。

「ごっこ」は、慣用操作や実用的行為の「しぐさ」は使うが、それを別の文脈へ「うつし（移し、写し）」て、表象（再現）する記号的行為である。記号的行為には、部分的なものを使う標識《インデックス》、ここにないもので表象を呼び起こす象徴《シンボル》まで、多くのレベルがある（第2巻7章参照）。「ままごと」では、ままごと道具（実物に似た小さなカップやスプーンなど）を使った食事のふりは、実物の部分的な再現模式であるから、標識レベルである。道具もモノもないのに、手や口のしぐさだけでパントマイムのように「食べるふり」「飲むふり」ができるのは、象徴レベルである。

「見立て」は、標識と象徴の中間段階のレベルで、あるものを別の文脈に「うつす（移す、写す）」ことによって表象（再現）する行為である。たとえば、木の枝をスプーンに見立てるのは、ここにあるもので、別のものを表わす行為である。見立てでは、完全に元の文脈から「はなれる」わけではなく、部分的に「似たもの」が照合（マッチング）されて用いられる。したがって木の枝は、スプーンや箸やほうきや刀など「棒状のもの」に見立てることはできるが、形状がまったく異なるカップや机や椅子に見立てることは難しい。落語では、たたんだ扇子一本で、タバコのキセルにも、蕎麦をすする箸にも使い、さまざまに高度な見立てをするが、その場合にも「棒状」という形状の類似性はある。

「慣用操作からごっこへ」の発達を見る2つ目の見方は、「もの」から「ものがたり」への発達である。カップやスプーンは「もの」である。それらは慣用操作から、「食べるふり」という見立てと身振りに使われるようになる。さらにままごとでは「食事ごっこ」という「ものがたり」になる。カップやスプーンは、「食事ごっこ」のお話のなかに組織化され、そのアイテムとして組み込まれる。カップやスプーンは、慣用操作としては決まった型しかもたないが、ものがたりになると組み立てや変容は自由になる。

ままごとも初期には「いただきます」からはじまり、食べまねをして「ごちそうさま」で終わる簡単なものがたりである。ごっこ遊びは、1人ではおもしろくないので、観客を巻き込んでつくったごちそうを皿に入れて「どうぞ」と持ってきて、食べまねをさせることも多い。幼児期になると「おとうさん」「おかあさん」「お客さん」など役割を決めた「お客さんごっこ」に発展する。そして、「お祭りごっこ」のなかに「お客さまごっこ」が含まれ、さらにそのなかに「ままごと」が組み込まれるような複雑なストーリーが展開されるようになるのである。

2　見立てと延滞模倣

■照合と見立て ―― これは、あれね

「見立て」の原初的行動は、似たものを照合するマッチングであろう。目の前に並んでいる2つのものを照合するマッチング遊びは、0歳後半から、さまざまなレベルで見られるポピュラーな遊びである。子どもは、形合わせの遊びや、はめ込み遊具などに熱中する。それらは、今ここに現前するものどうしを合わせる、

いわば、「これは、これね」という照合行為である。何かを見せて、その名前をことばで言ってもらう遊びも、ある意味ではマッチング遊びである。ことばや表象機能がめばえるころの乳児は、第2巻5章「我が身と身振り」で照合の身振り（あてぶり）について記したように、広範な文脈で「同じね」というマッチング遊びを行なう。

707（1：3：10）ゆうは裸の子どもの絵やキューピーの絵を見ると、自分の洋服をめくろうとする（「これ（裸）は、これだね」）。ダルマやカール人形のアブちゃんの目をさわり、それから自分の目をさわる（「これは、これ（目）だね」）。人形のおへそをさわり、それから自分のおへそをさわろうとして、服をまくってお腹を出す。

「ゆうくんのお鼻は？」とことばだけで聞くと、自分の鼻をさわる。「お母さんのおめめは？」と聞くと、母の目をさわる。目、鼻、口、耳、手、足、すべて同じように聞くと、正しく応える（身と身、身とことばのマッチング）。

708（1：3：10）おもちゃのネックレスを自分の首にかけると、ニコニコして母に見せにくる。母の指輪をしきりにひっぱって、自分の指を指しだして、指輪を自分にもはめてくれと要求する（これは、ここにはめるのね、というマッチング）。

709（1：3：11）絵本に図式化された時計の絵がついていた。ゆうは、それを指して「アッアッ」と言いながら自分の手を差しだして見せる（自分の手に時計はついていないが、ここについているものと同じということを示す）。そして母の手を取って母の腕時計を見る。母は、「そうね。時計がついているね」と応える。

710（1：3：11） 母の髪をひっぱりにくるので、「髪の毛ひっぱったらイタイイタイ、ダメ」と言うと、ゆうは自分の髪をひっぱって「ン」と言う（母の髪と自分の髪のマッチング）。

711（1：5：09） 母が絵本の裏表紙に、ゆうが持っている玉入れのおもちゃの広告がのっているのを見つけて、「ゆうくんのと同じね」と言ってゆうに見せた。すると、ゆうはその絵を指して「ン」「ン」と言い、次に玉入れが入れてある遠くのおもちゃ箱の棚を指して「アッアッ」と言い、さらに棚のおもちゃ箱を指して「アッアッ」と言う（玉入れのおもちゃの広告を見て、自分も同じものをあそこに持っていると動作で示した。ここにある広告とあそこにあるおもちゃは「同じね」）。

見立てにも、ある種の照合行為が含まれている。「見立て」は、「対象を別の物になぞらえ、実在しないものをあるように思い描く」行為である（川田順造）。それは、今ここにあるものと、ここにないものとを合わせる、いわば「これは、あれね」というマッチングである。見立てでは、ここにある「これ」が、なぞらえる「あれ」と文脈や時間や形態などが「はなれている」ほど、象徴レベルが高くなる。

人形やぬいぐるみやミニチュアや絵本など、子どもの周りにある身近なおもちゃは、ほとんど実物になぞらえたものであり、見立ての産物である。おもちゃの車を「ブーブー」と言いながら動かす行動も、実物の自動車ではないという意味では見立てである。しかし、両者はもともと形態や機能を似せてつくられているので、子ども自身が「見立て」をしているかどうかは、この行動だけからはわからない。

箱で車を表わすように、意味記号と意味内容の類似性が「はなれている」ときは、「見立て」が行なわれているといえる。積み木や箱など、形態や機能が自動車と似ていないものを、自動車の代わりに「ブーブー」と言いながら動かすときには、子どもが「見立て」をしていることがはっきりする。

712（1：4：03）遊んでいるとき、ゆうは鉛筆を口に入れると、それを歯ブラシのように口の中で軽く動かして、母の顔を見て笑う（歯磨きをする生活の文脈と違うところで、鉛筆が歯ブラシではないことを知っていて、歯ブラシのようなふりをして見せた。今まで鉛筆を口に入れて噛んだりしたことはあったが、明らかに歯ブラシのように動かして見せたのははじめてである）。

713（1：5：10）小さい白いプラスチックの部品をつかむと、母の肩の上で動かしながら「ゴォーゴォー」と言う（電車のつもり。見立て遊び）。

714（1：5：14）ビスケットの切れ端を持つと、一階の居間のソファーの上で行ったり来たりさせて、「ゴォーゴォー（電車）」と言って、1人で遊んでいる。

たとえば、絵本に載っている犬の絵を指さして「ワンワ」と言うだけならば、「これはイヌだ」「ここにイヌがいる」などの命名にすぎない。しかし、同じようなしぐさであっても、絵本の犬の絵をさして「ワンワ」と言い、次に玄関をさして「ワンワ」と言う一連の行為を繰り返すならば、「昨日、おうちの玄関で犬を見たよ」ということを伝えようとしているのかもしれない。この場合には、絵本の犬の絵は、「昨日見た犬」を表象する（呼び起こす）記号になる。絵本の絵そのものを伝えたいのではなく、目の前に現前する記号媒体「ここにあるもの（絵）」を使って、「過去に経験したこと」を再現していることになる。「これは、あれね」という照合行為は、見立てと機能的につながると共に、「過去のできごと」の再現にもつながるのである。

2歳すぎの次のような事例になると、積み木や洗濯バサミなど、同じ単純な素材をいろいろなものに見立てて、「学校」「自動車」「汽車」「線路」など、多様なものにつくりかえ構成している。これらは過去の再現だけではなく、新しい遊びに組み込む高度な見立てである。また、事例717は、かつて見たものを、後で自分の手持ちの材料でポップコーンの機械に「見立て」「再現」した延滞模倣の例としても、大変興味深い。

715（2：00：08）プラスチックのはめ込み積み木で遊んでいて「ママ、トット　ガッコウ（ママ　お父さんの学校をつくったよ）」「ママ　ブーブ」などと言いながら、積み木でいろいろのものをつくり、何かできるたびに母に見せにくる。

716（2：00：10）昨日、洗濯物を取り込んだ後、木の洗濯バサミをつなげて汽車や線路をつくる遊びをした。ふだんは洗濯バサミはおもちゃ箱にはない。今日は何度もゆうが母のところに来て「ママ　バッポ（汽車）イイノ」「ママ　チェンロ（線路）」と言って、また洗濯バサミで汽車遊びをしようと要求する（洗濯バサミを汽車や線路に見立てた遊びがおもしろかったので、再現したい）。

717（2：00：10）昼間ダウンタウンに出かけたときに、ガラス箱の中でポップコーンがはじけてできあがっていくのを「ママ、パップコーン」と言いながら、興味深く見ていた。帰宅してから夕方に、おもちゃ箱から丸い容器を探してきて、丸い容器の上にレースの布を置き、その上にプラスチックの十字形のはめ込み用の型（白色のものばかり）を集めてのせて、「トット　パップコーン」「ママ　パップコーン」と言いながら、父や母に見せて歩く（昼間興味深く見たポップコーンの機械を、自分のおもちゃで見立ててつくり、過去のできごとを延滞模倣で再現した)。

■延滞模倣――過去のできごとの再現

〔ここ〕という現前の場面で今見ているものを模倣するのではなく、過去のできごとを、時間的、文脈的に「はなれた」ところで再現することを延滞模倣という。目の前で起こっていることをその場で再現するのではなく、後で模倣的に再現できるようになる前段階には、「過去にやったことを記憶して再生する」という行為がある。初期の段階では、下記の例のように過去と同じような状況で、似たものを見ると、ものを媒介にして記憶がよみがえりやすかった。

718（1：3：13）大きいプラスチックの積み木を自分ではじめて3つ積んで、「アッアッ」と言って母の顔を見て笑う。はじめて自分で積んだが、これ1回だけだった。母が、もっと平たくて積みやすい木の文字積み木を3つ積んで見せて、「ゆうくん、やってごらん」と言って文字積み木を渡したが、そのときは模倣しなかった。母が積んだ積み木を手で払って笑っただけであった。

それ以来、積み木で遊んだことはなかったが、3日後におもちゃ箱に入っていた文字積み木を見ると、すぐに自分で3つ積んで、母の体をひっぱって積み木を見せて、指さして「アッアッ」と言う（文字積み木を媒介にした延滞模倣のはじまり。「ほら、この前のように積んだよ。」）。そして母に積めと要求するように、「アッアッ」と言いながら指さして、母の手をひっぱる。それ以後は、自分ではやらないで、母に積み木を積ませて、ゆうはそれを手で払っては笑う、いつもの遊びになった。

上記の例は、文字積み木を媒介にして、以前の記憶を呼び起こして再生しているので、「時間的にはなれている」という点では延滞模倣のめばえではあるが、まだ延滞模倣とはいえない。延滞模倣には、「時間的にはなれる」「文脈をはなれる」だけではなく、「対象をはなれる」記号化の働きも含まれる。延滞模倣は、ここにあるもの（事物、身振り、ことばなど）を使って、過去のできごとを呼び起こす行為である。過去に見たものや、やったことの一部を記号的に使って、過去のできごとを〔ここ〕で再現する行為といってもよい。記号的再現という観点で、「見立て」や「ごっこ」とも理論的につながる（第2巻事例456の「折り紙のツル」も参照）。延滞模倣については、ピアジェの子どものジャクリーンが他の子どもが泣くのを興味深く見ていた後、まったく異なる文脈で自分自身は泣きたいわけでもないのに、泣きまねのしぐさを再現したという有名な観察例がある。

以下の事例は、母が過去にやったことや、一緒に遊んだことの一部を身振りで「延滞模倣」しながら、過去のできごとを現在のここの世界に再現しようとしている。そのとき、効果的に使われているのは、「これは、あれね」というべきマッチングである。

719（1：2：27）　絵本でネコの絵を見ると高音で「ア～ン」と独特の声を出す（母がネコを見ると「ニャーンニャーン」と鳴き声をまねたので、それに類似した声の延滞模倣であろう）。ウサギを見ると両手を振る（以前に一緒に「ウサギのダンス」を歌って踊ったので、その身振りの簡略化した延滞模倣である。「ここに、あのウサギがあるよ」と身振りで示す）。靴下が泣いている絵本を母に見せて、母に「エーン　エーン」と泣きまねをしてもらいたがる。何度も言わせる（以前に、母がこの絵本を見せて泣きまねをした）。

720（1：3：10）　ゆうは、絵本に裸でハイハイしている形の日本人形を見ると、それを指して「ン」「ン」と言いながら自分の両手を床につける。母は「そうね。ハイハイしてるね」と言ってやる。数回、同じ動作を繰り返すので、そのたびに同じことを言うと、微笑する。

翌日、姉の絵本のなかに運動会の場面があり、トンネルくぐりをしている絵がついていた。足の部分は描かれていなかったが、両手が地面についている。ゆうは、それを見るとしきりに「ン」「ン」と言いながら、両手を軽く下におろして見せる。はじめは何のことを言おうとしているのか、母にはわからなかったが、何度も繰り返すうちに、昨日のハイハイの絵を思い出して、そのしぐさを示しているのだということがわかった（「ここにも、こうやっているよ」）。それで、「そうね。この子もハイハイしてるね」と母が言うと、微笑する（ゆうのこれらの動作は、本当にハイハイする運動とは姿勢が違い、軽く両手を降ろすしぐさで示すもので、ハイハイということを伝えるために、動作によって記号化しているのである）。

721（1：3：10）　絵本でヘビの絵を見ると、ゆうは手を横に動かして振る。母が「ヘビ、ニョロ、ニョロね」と行ってやると微笑する。ブランコの絵を見せて、母が「ブラン、ブラン」と言うと、ゆうが体を前後に振り動かす。電車や飛行機の絵を見ると、ゆうは「ゴォーゴォー」と言いながら、自分の手を横に振り動かす。馬の絵を見て、母が「おウマさん、パカパカ」と言うと、ゆうが体を上下に揺する（動作の一部を使って過去のできごとを再現する行動の例）。

■ライオンさんのまね

722（1：3：09）　母が姉に本を読んでやっていると、ゆうが自分の絵本を持ってきて、そばで本を開き、何やらしきりに長々と発声している（まるで、本を読んでいるような発声である）。

ゆうがライオンの絵を母に見せて、しきりに「ン」「ン」と言うので、母が「ライオンさんね」と言う。ゆうが口を大きく開けたオスライオンを指すので、母も口を大きく開きながら「ガアー」と言う。次にゆうが舌で子どもを舐めているメスライオンを指すので、母も舌をぺろぺろ出し入れしながら「ぺろぺろね」など言ってやる。ゆうは、何度もオスとメスを交互に指さして「ン」「ン」と言い、母に同じ動作を繰り返させる。ゆう自身は、声を出さないが、メスライオンのときに舌を出し入れしてまねる。

翌日の夜、またライオンの絵本を持って母のところに来て、「ン」「ン」と言いながらオスとメスを交互に指さして、また昨晩と同じようにやれと要求する。母が同じしぐさをすると微笑して、今度は自分でオスのほうのまねをして口を大きく開ける（身と動作のマッチング）。

723（1：4：00）ライオンの絵を見ると、ゆうが指さして「ン」「ン」と言うので、母が「ライオンよ」と言うと、「アー」と言いながら口を大きく開ける。

（20日以上前にライオンで「ガアー」と言いながら遊んだことがあったが、それ以来遊んでいないので、母も忘れていた。今回は以前の写実的な絵とはまったく異なる図式的なライオンの絵である。それで、「ライオンさん」という母のことばで、以前に楽しく遊んだことを思い出して、延滞模倣したのではないだろうか。）

■カニさんどこ行くの ―― 過去の遊びの再現

724（1：3：18）「海辺の生物」という写真が多い大人の本を母とゆうと一緒に見ていた。ゆうがカニの写真を指さすので、母が「カニさん、カニさん、どこいくの、ちょっと、ゆうくんの足の上へお散歩に」と即興で歌をつくって、歌いながら人差し指と中指2本でカニのようにして、ゆうの足の上へ登って行くと、キャッキャッと喜ぶ。

そして、すぐにゆうは本のカニの写真を指さして、母の手を取って自分の足の上にのせ、母の顔を見て「ン」「ン」と言い、両手を振る（これ（カニを指さし）、こうして（母の手を持ってクレーンのように使い）、ママが（母への要求発声）、あの歌うたってね（手振り）とでもいうような意味の要求表示である）。

何回やっても、ゆうは声をあげて笑い、すぐにまた同様のしぐさをして、もっとやれと要求する。母の手を取って自分の足の上においては、じっと自分の足を眺めている。母が歌いながら、２本の指でゆうの身体をはい登っていくカニのしぐさをするたびに大笑いする。

翌日（1：3：19）も、ゆうは本棚から「海辺の生物」を持ちだして母のところへ来て、「ン」「ン」と言いながら本を母に差しだす（本のどこにカニがついているか自分ではわからない）。そして、自分の足を前へ差しだして、足を指さす（また、あれをここにやって）。母が同じように歌って動作をしても、もう昨日ほどは笑わない。

その後（1：4：00）、母は本が傷まないように、ゆうの手が届かないところへしまってしまい、長らくカニの歌は忘れていた。今日絵本を見ているとき、偶然に図式的に描かれたカニを見つけてゆうが指さすので、母がふつうの口調で「カニさん」と答えると、ゆうが両手を振り動かしはじめた。そして自分の両足を見ながら、自分の手の指で自分の足をさわっていく。

（以前の写真とは色も形も大きさも全然違うので、母にはすぐに何のことかわからなかった。「カニさん」ということばで、ゆうは以前にカニさんの歌をうたって遊んだことを思い出し、そのときの母の身振りの一部を、今度は自分自身で再現したらしい。）

この例のように過去の遊びのしぐさの一部を意味記号に使って、現在の遊びを再現する行為は、「これは、あれだね」という「見立て」を超えて、「この前、『カニさんどこいった』やったね、あれ、おもしろかったね」とでも言うように、過去に経験したできごと（ストーリー）を一連のしぐさで表わしている。しかし、一連のしぐさに、そのような意味があると推測できるのは、以前に一緒に「カニさん、どこいった」遊びの経験を共にした身近な人、文脈を共有している人にしか伝わらない。過去の経験を「ごっこ」で再現する遊びは、その経験を共有している身近な他者との「共同生成」によってつくられる。

■ママとおなじね ―― 模倣と共同生成

模倣の基礎には、愛着をもつ身近な他者への関心がある。子どもは関心をもった他者の行動をまねようとする。そして、自分が他者を模倣するだけではなく、自分がやることを他者に模倣させようとする。そこには、「おなじね」「一緒ね」というマッチングを通した、人から人への行動の「うつし（移し・写し）」がある。育てている親からすれば、子どもは同等ではないが、子どもは「おなじね」「一緒ね」という気分になりたい。そのような「共同」の気分がつくりだす場所《トポス》こそ「共同生成」の土壌となる。

725（1：2：09）父母と姉とゆうで車に乗って琵琶湖周遊に行った。余呉湖のほとりで、しゃがんで小石を拾っては、フィルムの空筒に入れて熱中して遊ぶ。一緒にしゃがんでいた母が、植木壇のふちのコンクリートに腰かけると。ゆうもまねして同じようなかっこうをして、母の隣のコンクリートのふちに腰かける。その姿勢で小石拾いをつづける。腰かけた姿勢だと、石を拾うとき身をかがめるたびに、おしりがコンクリートからはずれてしまうが、そのたびに腰かけ直して、また石を拾う。石拾いには不便でも、母と一緒に同じかっこうでいるのが良いらしい。

726（1：3：13）庭で母と遊んでいるとき、テラスのコンクリートのふちに自分がまず腰をかけ、隣のコンクリートの部分を「アッァッ」と言いながら手でたたき、そばにいた母の手をひっぱる（「ママも隣にすわって」）。母が隣に並んで座ると、満足そうにうれしそうに微笑する。

727（1：3：11）散歩に行くために、母が「ゆうくん、ゴォーゴォー（乳母車）乗ってお外行きましょう」と言うと、ゆうは玄関から居間に戻って、おもちゃ箱を探しに行き、自分のカゴを持ってきて、そこの中へ折り紙を入れ、カゴを肩にかけて、さらに本を持って玄関に出てくる（「一緒にお外行きましょう。ぼくもママと同じようにカバン持って行くの」）。

728（1：5：15）母の枕を指して「ン」「ン」と言うので、「まくらよ」と言うと、そこへほおをすり寄せて微笑する。母の枕に、自分のほおを寄せて「ネンネ」と言う。最近、また母の体にほおを寄せて気持ちよさそうな顔をすることが多い。母のほおに自分のほおをつけて眠りたがる（母と「おなじね」という気分になると、うれしそうである）。

3　ものがたりの共同生成とごっこ

初期の「見立て」「ごっこ」「ものがたり」などは、それを一緒に経験する身近な他者が必要である。ものがたりは、「共同生成」でつくられる。身近な他者は、ヴィゴツキーが言うような発達の最近接領域をつくりだす。子どもに足りないところを補って代弁し、積極的にものがたりつくりに参与し、過剰な解釈を加え、遊びのなかで喜んで観客となってものがたりを発展させようとする。そのような共同生成の土壌がないと、1歳児の稚拙なものがたりは、遊びとして発展しないし、見過ごされてしまうだろう。

ものがたりは、子どもの場合だけではなく、本来的に共同生成の産物である。誰の助けも借りずに、ひとり個室で孤独にものがたりをつくっているようにみえる小説家であっても、かつては先人のものがたりの読み手であったろうし、自分のものがたりの未来の読み手を思い描いて書いているだろう。バフチンは、ドストエフスキーの小説『地下室の手記』を分析して、たとえ孤独なモノローグのように見える独白でさえも、聞き手を意識した対話《ダイアローグ》として語られていることを明らかにした。ものがたりは、対話であり、聞き手や観客を必要とし、他者と共同生成されるのである。

■ものがたりの共同生成 ―― 母に代弁させる

次の事例729のように、母はゆうが言いたいことを察して、代弁することが常であった。ふつう母は、単に犬を「ワンワ」と代弁するだけではなく、何倍もふくらませて語りかける。「そうね、ワンワね、ワンワ、お外にいるね、公園に行くとワンワいるね、ワンワ、ワンワンなくね、このあいだワンワン言ったね、ゆうくんにワンワン言ってほえたね」などとお話しする。ゆうの片言がきっかけで、話題を共にした母がお話を共同生成することが多々あった。また犬の泣きまねをしてワンワンごっこに発展することもあった。

729（1：6：04）母が赤い犬を見せてキューキュー鳴らすと、「ン」「ン」と言って窓の外のカーテンの方を指さす（夜なのでカーテンがしまっていて、窓の外は見えない）。

はじめ母には、ゆうが何を言おうとしているのかわからなかった。ゆうは何度もやってから、「タータ　タータ

（くつ）」と言う。母がおもちゃの犬を見せたので、それが犬であると示したいだけではなく、「これはワンワ（犬）ね。ワンワは外にいるね」というようなことを言いたかったらしい。そう気づいた母が、「そうね、ワンワね、ワンワ、お外にいるね、公園に行くとワンワいるね」と言うと、ゆうが納得して微笑する。このごろまた、しきりに声を出すことが多くなった。母に向かって知っているだけのことばで、何やらお話しするように声を出して話しかけようとする。

（ゆうの指さしと「ン」「ン」という発声で、文脈からたいていのことは何を言いたいのか母にわかるので、母がそれを代弁してやるのがふつうである。今回はゆうが外を指して「ン」「ン」と言っても母に伝わらなかったので、「タータ（くつ）」と言い加えた。ゆうは外に行きたかったわけでも、靴をはきたかったわけでもなく、外にいた犬のことを語りたかったのである。そこで、関連する片言を発して、母に2つのできごとをむすびあわせて伝えた。）

■ネコとままごと ―― 身代わりで代用する

子どもから見ると「ともだち」で、一緒にままごとしたい相手でも、相手がままごとにのってくれず、「共同生成」できないときがある。下記の例のように、ゆうは、ネコに食べさせることに興味をもち、ネコを相手にして「ままごと」をしたかったが、ネコが応じてくれなかった。やがて、ゆうは、実物のネコの身代わりに、おもちゃのネコに食べさせるまねをして、おもちゃのネコの代わりに自分が口をぱくぱくさせて、一人二役で「ままごと」をするようになった。

730（1：6：11）6か月間行方不明になっていたネコのミーコが帰宅した。ゆうが、庭のテラスで泥まんじゅうをつくっては、ネコのミーコの鼻先まで差しだして、「食べよ」というように突き出すので、ミーコがガアーと怒ったとのこと。

（祖母の報告。祖母がミーコにエサをやったのを見ていて、泥まんじゅうでまねたのではないかとのこと。泥まんじゅうが食べられないことはゆうも知っているが、大人が相手だと泥まんじゅうを食べる「ままごと」が成立して、ごちそうしてもらった相手は喜ぶ。しかし、ネコにも同じようにやってみたが、通用しなかった。）

731（1：6：15）母の手を取りに来て、母を庭に連れ出して、「ン」「ン」と言ってネコのいる小屋の戸に母の手を近づけさせ、ネコのミーコを外へ出せと要求する。ミーコを外へ出すと、「ニャーニャー」と言いながら、ネコを指さして微笑し、ネコの先々へ追いかけていく（ネコはふだん母屋ではなく、家業である醤油の醸造小屋にいる）。

732（1：7：02）ネコのミーコに食べ物をやるのを非常に喜ぶ。毎朝起きると祖母と一緒に「マンマ」「ブンブ」と言いながら、食べ物と水をやりに行く。庭に出ると、ミーコがいる小屋のドアを指して「バアー」と言い、ネコを外に出せと要求し、ニコニコしながらミーコの後をついて歩く。しかし、ミーコはいやがってゆうから逃げる。ネコは、ゆうには食べ物をねだらないで、大人の方にくる。

ゆうは、居間で遊んでいるとき、絵本でネコの絵を見ると特別うれしそうにして、「ニャーニャー」と言う。おもちゃのネコを見ると、ままごとのおわんに積み木を入れて、おもちゃのネコのところへ持って行く。そしてゆうは、ネコの代わりに自分の口をぱくぱくして、食べまねをする。

■クマちゃんとパンダちゃん――ぬいぐるみのごっこ

人形やぬいぐるみは、「人に似た」かたちをした社会的に「意味ある」ものである。人に見立てやすく、愛らしく柔らかい手触りをもち、ごっこ遊びにふさわしいものとしてつくられている。人形やぬいぐるみは、「ごっこ」という疑似世界へ子どもを導く媒体である。

人形やぬいぐるみは、一般には女の子のおもちゃとして与えられるが、好きになる程度は子どもによって異なり、個人差が大きいように思われる。ゆうは男の子だが、図鑑などが好きだった姉以上に、クマちゃん、パンダちゃんなど、ぬいぐるみが特別好きであった。ゆうは、ぬいぐるみを見るとさわったり抱いたりほほえみかけたりしてうれしそうにし、やがて、ぬいぐるみを交えたごっこ遊びに発展した。

また、その後3歳ころには、母の実家に帰ったとき、いとこの女の子が持っていた青い小さいペンギンのぬいぐるみ「ペンちゃん」が気に入って、ほかの何かと交換させようとしても、どうしても手に持って離さなかった。いとこも根負けしてやむなくペンちゃんを譲ってくれたので、ゆうは抱いて自宅に持ち帰った。それから、ゆうはどこに行くにもペンちゃんを手放さず、いつも抱いて歩くようになった。その後は机の上に飾られて、小学校に入るころまで長く愛着の対象になった（7章参照）。

733（1：3：04）居間で「あーんあん」の本に載っている赤いぬいぐるみのクマの絵を見ると、自分のおもちゃ箱を探しに行き、絵本と似ている赤いクマのぬいぐるみを抱えて持ってきて、「ン」「ン」と言って母に見せる。何度も母に向かって、絵を指さし、それからクマを抱えて見せる。

クマを持ってきた後で、キリンの形をした乗り物をおもちゃ箱から引っ張り出して、クマを乗り物にのせ、その後ろに自分も乗ろうとする。ゆうが乗るとクマが落ちてしまう。二、三度繰り返してみるが、うまく乗れない。そばにいる母にクマを持ちながら「ン」「ン」と言って、乗らせてくれと要求する（「クマさんと一緒にキリンさんに乗りたい」）。

734（1：4：01）最近、ぬいぐるみを大変好む。特に赤いクマのぬいぐるみは、一階でお昼寝をするときに、自分の身体のそばに置いて、クマの上にほおをこすりつけて微笑する。自分のふとんにクマを一緒に寝かそうとする。また、クマを両手で抱えて一階から二階へクマを連れて行く。大きくて持ち運べないが、ぬいぐるみのパンダもクマの次に好きで、パンダを取ってやると、その上にゆうが寝て、ほおをこすりつけ、ポンポンとやさしく頭をたたいて微笑したり、抱き上げようとする。ほかの材質の人形には、頭をなでるしぐさなどをするが、クマやパンダのようなうれしそうな表情はしない。

735（1：4：02）母と姉とゆうと一緒に遊んでいるとき、姉がおもちゃ入れのバケツに腰かけると、ゆうもすぐにまねをして自分もバケツに腰かけようとする。次にゆうは、ぬいぐるみのパンダを持ってきて、パンダをバケツに腰かけさせようとする。二、三回やってもうまく腰かけさせることができないで、パンダが床に倒れてしまう。すると、「ネンネ」と言いながら、パンダを仰向きに寝かせる。鉛筆を取って、寝かせたパンダの鼻、口、ボタンを軽くじゅんにさわっていく。

736（1：5：22）姉がぬいぐるみの犬を持っていると、ゆうが「ン」「ン」と指さす。それから絵本の犬の絵を指さし、犬のぬいぐるみを指さして「ン」「ン」と言う（おんなじね）。

737（1：7：13） 一階の居間で絵本を見ていて、絵本に赤いクマがついていたら、それを指して「ン」「ン」と言う。母の手をひっぱって、二階まで行こうとする。二階へ行って、自分の赤いクマを抱きかかえて微笑する。

その後、2歳すぎには、次のようなぬいぐるみとの「ごっこ」遊びが記録されている。ぬいぐるみの犬に呼びかけたり、抱いたり、一緒にお昼寝する相手とみなすことは1歳代でもできるが、「ワンちゃん、ユー好きと言っている」という「お話ごっこ」をつくるようになっていることが注目される（「ユー好き」は、事例1040、1041なども参照）。

738（2：04：08） 部屋の整理をしていたら、犬のぬいぐるみが出てきた。しばらく忘れていた犬だが「ユーのワンちゃん」と言って、抱いて歩く。「ワンちゃん、ユー好き言ってる？」と母に聞いてニコッと笑う。昼寝のときも、犬をそばに寝かせて、一緒に寝る。

■ダンダ（風呂）ごっこ

風呂は、食事と同じように、生活のなかで繰り返し経験するできごとで、手順も明確である。しかし、実際に風呂に入る経験として手順を知っていることと、それを「ダンダ」ということばで言えることとのあいだには、隔たりがある。「ダンダ」ということばで、風呂に入るという一連のできごとをひとまとまりの意味をもって表現したり、予期できるようになるからである。風呂は、身体を洗うという実用的な場所であるだけではなく、風呂を楽しくするためにおもちゃなども使うので、子どもにとっては遊びの場にもなりやすい。風呂ごっこは、楽しい遊びとむすびついている。

739（1：4：05）お風呂に入る前に、母が「ゆうくん、ダンダ入りましょう」といつものように言うと、「ダ（ジャ）ンダ　ダンダ」と初めて明瞭な発音で模倣する（「ダ」は「ジャ」にも近い）。母が「そう、ダンダね」と言うと、自分でもうれしそうに微笑しながら「ダンダ　ダンダ」と繰り返し言う。母が居間にいる祖父母に「この子、ダンダって言えるようになったよ」と言うと、ゆうも祖父母に向かって「ダンダ」と言う。母が「ダンダ行きますよ」と言うと、ゆうも急いで風呂場へ行き、自分の服をひっぱって母に「ン」「ン」と言う（脱がせて欲しい）。

740（1：5：22）母が「お風呂に入りましょう」と言うと、ゆうが「ニャイニャイ（いや）」と言う。母がままごとの容器を見せて、「ジャーしてあそぼう」と言うと、喜んで「ダンダ　ダンダ」と言い出す。服を脱がせようとすると、自分で両手をあげて待っている。

風呂に入りながら「ブンブ（水）ジャー」と言いながら、ままごとの容器に水をくんでは流して遊ぶ。姉と一緒のときは、姉の体や髪に水をかけて、姉がいやがると声をたてて笑う。

風呂から出ると、自分の服を取って「ン」「ン」と言いながら、次ぎつぎに順番に母に渡す。ズボンをはくときは、足を順番にあげる。ズボンをはき終わると、靴下を取って「ター夕　ター夕」と言って母に渡す。

実際に風呂に入る前後に「ダンダ」と言ったり、風呂の中で遊ぶことは、まだ「ごっこ」とはいえない。それらの行為は、実用的な文脈から切り離されていないからである。次の事例のように実際の風呂とは関係がない文脈で虚構として「ダンダごっこ」として再現できなければならない。

741（1：4：17） 母と姉とゆうと風呂ごっこ遊びをした。母が人形の服を脱がせて裸にして、カンの中に入れて「ダンダ」と言うと、ゆうも「ダンダ　ダンダ」と言いながら、繰り返し人形をカンの中に入れようとする。翌日も、ゆうは人形を見つけると同じように「ダンダ」と言ってカンに入れはじめる。母がままごとの容器でカンの中から水をくむまねをすると、ゆうが「ジャージャ　ジャージャ」と言って、容器をつかんで母のように水をくむまねをする。

742（1：5：10） ゆうは廊下で段ボール箱を見つけると、自分からそこに入り込んで、「ダンダ　ダンダ」と言いはじめる（以前、人形で「ダンダごっこ」をしたことを覚えているのだろうか？）。

■ごっこともものがたり

2歳すぎには、下記のように本格的な「ごっこ」遊びをするようになった。そして、ごっこと「ものがたり」の関連性が深くなった。その変化のひとつは、「～みたい（～のようだ）」という仮想の世界が現われ、現実の世界と区別されながら演じられるようになったことである。2つ目には、ごっこが一連のシークエンスとして組織化され、ものがたりとして展開されるようになった。3つ目は、簡単な定型的やりとりだけではなく、相手のリクエストに応じたり、自分で新たな意味を追加したり、文脈を変えたりして、臨機応変にものがたりが生成されていくようになったことがあげられる。

743（2：01：08）「～みたい」ということばをしきりに使うようになった。頭に紙やゴムなどをのせて「インディアン　みたい」。父の靴の中に自分の足を入れて歩いてみて「トット　みたい」。姉のまねをして頭の毛を結んでゴムで止めてもらうと、「チー　みたい？」と聞く。

744（2：03：01）鍵穴に棒を差し込むふりをして、カギをかけるまねをし、一度ノブをガチャガチャと回すしぐさをする（カギをかけた後、確かめる動作をするので、そのまねらしい）。そして「行ってきます」と言って出て行き、「ただいま」と言って帰ってくる、お出かけごっこ遊びを好んでする。

745（2：04：00）幼稚園ごっこをする。母が「せんせいおはようございます」「みなさんおはようございます」と言うと、ゆうが同じように言っておじぎをする。母が「山田ゆう＊＊君」と名前を呼ぶと、ゆうが「ハアイ」と両手をあげて返事をして、ピョンピョンと飛び上がって喜ぶ（母が帰宅したときなど、うれしいときには、ピョンピョンと飛び上がることが多い）。

746（2：04：08）ゆうは母の実家でもらった水鉄砲を二階から一階へ、そして外へ行くときも手放さないで持って歩く。水鉄砲をもっていると強くなった気がするのか、公園などで他の子どもを見ると「ウルトラマンチー」と言って、ウルトラマンのまねで水鉄砲をかまえて撃つまねをする。

747（2：04：09）ボール投げや、お手玉投げをして、ボールを見失うと「ボールどこいった？」「ないねえ」と母とゆうが互いに言いあいっこすると、とても喜んでキャッキャッと笑う。「どこいった？」「ないねえ」ごっこを多様なヴァリエーションで行なう。「ボールどこいった？」「カーテンのとこ」などと言うと、そこをゆうが探しに行く。「机の下」「本の上」「タンスの横」「ストーブの向こう」など、ボールがなくても、ことばだけで言うと、そこを探しに行く。

748（2：04：10）姉のかわいい絵がついたハンカチを欲しがるので、よく似たハンカチを「これ、ユーのにしなさい。ユーにあげるから」と言うと、とても喜んで持って歩く。机からおもちゃをひとつずつ取って、手つきよくそのハンカチでふくまねをする。

749（2：04：12）ゆうが「ママ、近くの公園行こうよ、明徳公園行こうよ」と言う。出かける間際になったら、「水鉄砲は？　ママ、水鉄砲持ってきてよ」と言うので、一階と二階を探す。最近、どこへ行くにも水鉄砲を持ち歩くので、探すのが大変である。

750（2：04：15）「ユー、ユーもチュカートはきたいなあ」「ユーのチュカートは？ユーのチュカート」「ママ、ユーもチュカートほちい。チーみたいの」としきりに言う（どうして自分には姉のようなスカートがないのか、不思議がり、姉がはいているスカートがうらやましい）。

751（2：04：17）昼寝する前に、母が「お昼寝した後、ユーとママとチーと一緒にデパートにお買い物につれていってあげるね」と言ってあった。ゆうは1時間ほど寝た後、目を覚ますとすぐに「ユーとチーとママと、どこ行くんだった？」と聞く。

752（2：04：12）ままごと遊びをする。ゆう「ママ、何食べますか？」母「そうね、何にしょうかな」ゆう「コーヒーがいいですか？」母「そうね、コーヒーちょうだい」ゆう「ちょっと待ってね。ゆうがつくってあげますから」母「はい、待ってますよ」ゆう「ママ、はいコーヒー」という具合に、みんなのリクエストに応じてい

ろいろなものをつくって、手渡しにくる。

夜、お風呂の中で、コップに湯を入れたので、母が「ゆうくん、何つくったの?」と聞くと、ゆうはしばらく考えてから「ウィスキー」と言う（日ごろ自分が飲めないもの、大人しか飲めないものを、ごっこで再現する）。

753（2：04：13）母が学校へ出かけるとき、ひとしきり「ママいい、ママいい」と言って泣く。少し前は平気で「バイバイ、いってらっしゃい」と言っていたのだが。

同じ日の夕方、ゆうが自分からガッコウ行くごっこをはじめる。カバンを持って、「ガッコウ行ってきます」と言って部屋を出て隣の部屋へ行き、自分で「おかえりなさい」と言ってかえってくる。「ただいま」と「おかえりなさい」は、うまく言えることもあるが、まだどちらを言ったらいいのか、間違うこともある。

754（2：04：14）姉が看護婦さんバッグを持っている。ゆうはそれが欲しくてたまらなくて、頻繁にケンカするので、ゆうにも似たバッグを手作りでつくってやった。ゆうは、とても喜んで看護婦さんごっこをはじめる。祖母に「おばあちゃん、ポンポいたい？ ユー、ユーのかんごふちゃん、なおちてあげるわ」と言って、ゆうの看護婦さんバッグを持ってきて、祖母のお腹をさわる。母には「ママは？　お熱ある？　どこがいたいの？」と聞く。

755（2：04：24）棒を野球のバットのようにかまえて、ボールにあてるまねをすることを好む。母が大学から帰宅するとすぐに、ゆうが「ママ、お二階でボール投げちようよ」と言う。母「下でやろうよ」ゆう「いやだよ。お二階がいいよ」母「でも、ゆうくん、このあいだボール外へポイして無くしちゃったでしょ？」ゆう「ボール、どこ行った？　ユーが探してやるわ…。ママ、ボールどこ行っちゃった？」母「ゆう、もうボール、ポイしてだめよ」ゆう「ハイ。ママお二階でボール投げちようよ」。

二階へ行くと「ママ、パァーちてて、違う、こうやって」。ゆうは母に両手を広げて見せて、ボールを受けとるかっこうをするように指示する。

■本を見てお話しする

「ごっこ」遊びがはじまったころ、本を読んでお話をする遊びもはじまった。いずれも、母や姉など他者と共に遊びがつくられており、ゆうは共同で遊びを生成するプロセスそのものを楽しんでいる。「ごっこ」がめばえるころには、まだそれを「ものがたり」として展開しているとはいえない。しかし、はじまりの時期をよく見るならば、「ごっこ」も「ものがたり」も、それらが一緒に遊ぶ他者との関係性のなかで共同生成されること、楽しいやりとり遊びのなかで育まれること、それらの本質的な姿がよくわかるのである。

756（1：1：26）最近、絵本をとても好み、絵本を見ているとき、外へお散歩に行こうと言っても本を見つづけていたがるほどである。それで本を持ってお散歩に行くと、乳母車の中や公園で母のひざの上で、30分以上も自分で絵本のページをめくっては眺めている。

757（1：2：03）ゆうは絵本を持つと、母や祖母、父のところへ持って行き、読んでくれというしぐさをする。救急車、消防車、船など乗り物絵本を持ってくるので、母が自分は新聞を読みながら、適当に「ブーブーね」などと言っていると、怒って「ニャイニャイ」と言って新聞を捨てて、絵を指さして「ン」「ン」と言う。「ブーブー（自動車）」と言うだけではだめで、「ほら、ブーブー。ピポピポの救急車ね」とか「ここは火事でしょう。煙モクモクでてるね」などと詳しく話をしないといけない。このような説明すると、じっと絵を見ていて、車だけではなく煙のところなど細部を何度も指さす。

なじみの本だけではなく、新しいもの広告のカタログなどでも、母が「これカバンね。お父さんが学校へ持って行くカバンでしょう」などと説明すると、じっと見ていて何度も「ン」「ン」と言いながら指さしをして母に説明しろと要求する。

758（1：2：12）昼間、祖母が居間でソファーに座って新聞を読んでいたら、ゆうも新聞を持ち、自分のカエル椅子に座って新聞を広げて読むまねをしたと祖母が報告した。

759（1：4：11）姉が図鑑を喜んで見ていることが多いので、ゆうも図鑑が好きになった。姉が見ていると必ずといってよいほどゆうも見に行き、一緒に見る。図鑑のところへ行くと、ゆうは果物のページを開いてくれと要求する。果物のページを開いてもらうと、食べるのが大好きなブドウをまず指して「ン」「ン」と言う。「ブドウね。ゆう君大好きなブドウだね。ゆう君おいしい、おいしい、するね」。それから庭になっているイチジクを指してから庭の方を指し、母の方を見て「ン」「ン」と言う。ただ「イチジクね」などと名前を言うだけでは満足しない。「イチジクね、お庭になっているね、おじいちゃんがとってくるね」などとイチジクの話をしてもらうと満足する。

760（1：5：25）母が寝ころんで英会話の本を音読していると、ゆうがその本をとりあげ、母のそばに寝ころんで英会話の本をめくり、「ブーブー　ゴーゴー　ブンブ　ジャー」など知っている限りのことばを次ぎつぎに言って、さも自分も母と同じように本を読んでいるかのように、おしゃべりしながらページをめくる。

761（1：7：12）最近、また本を読むのが好きになった。階段をあがるとき、途中の踊り場にある本箱で自分で本を選び、抱えて二階にあがり、母のひざの上で本をひろげようとする。本を指さしながら、「ゴォーゴォー」「ニャーニャー」「ブー」など、よく話をする。

姉がそばで、「ワン」「ツー」「スリー」と数字を一区切りずつ言っていると、姉が言うたびに、同じような調子でゆうも「アン」と言って微笑する。

762（1：9：12）夜、日本からの大学院留学生Kさん夫妻が自宅に食事にくる。ゆうはKさんのひざにのって、『コロコロポーン』や『赤いリンゴ』の本を読んでもらう。Kさんに「これ何？」と聞かれると、「モー（牛）」「ピッピ（小鳥）」「ガァーガァー（アヒル）」「ブー（自動車）」「ブーン（飛行機）」「バポ　バポ」など答える。Kさんが、セサミストリートの絵本に出てくる人物を「アーニー」と教えると、次からゆうも指さしてうれしそうに「アーニー」と言う。

2歳すぎころからは、次の例のように絵本を見ながら絵の詳細な比較をしたり、母とお話をするようになった。絵本は、母とゆうが共同でものがたり世界を紡ぐ媒体になった。ゆうは、絵本に出てくるお話を母から聞くだけではなく、絵本を媒介にして自分が経験世界で得たお話を語るようになった。

763（2：00：28）「チガウ」ということばをはじめて言うようになった。

ゆう「ママ、オン（本）読んで」。一緒に乗り物の絵本を見る。母が指さしながら「これは、汽車でしょう」と言うと、ゆうが「チガウ、キチャ（汽車）チガウ、ゴォーゴォー（電車）」と言う（母は適当に「汽車」と言ったり、「電車」と言ったりしているが、ゆうは煙を出す汽車と流線型の電車とを区別しているらしい）。

母「これはなあに？」ゆう「ブーン（飛行機）」母「ひこうき、ブーンね」ゆう「ン、エアプレーン」母「そう？　エアプレーンね」（ゆうが飛行機の英語を知っているので驚いた）。ゆう「ブーン、アンヨ　ある」（飛行機の車の部分を指さしながら）。母「アンヨ　あるね」。ゆう「テテ（手）ある」（飛行機の羽をさす）。ゆう「メメ（目）ある」（飛行機の頭部の窓を指す）。ゆう「ママ、これ何？」母「これは飛行機の羽だね」。ゆう「チガウ、アネ（羽）チガウ」。母「じゃあ、これ何？」ゆう「エンディン」。母「そう？　これ、エンディンなの？」（乗り物に関しては、母よりもゆうのほうが物知りで、ゆうが主導権を取って会話している）。

764（2：00：28）絵本でリスと犬の絵を見て、ゆうがリスを指して「小さい、小さい」と言う。次に犬を指して「ワンワ・・　ワンワ・・」と言う（ゆうはリスと対比して「ワンワ　大きい」と言いたそうだったが、そのときはことばが出てこなかった。母も何も言わなかった）。

翌日、同じ絵本で同じページを見ると、ゆうは即座に「ワンワ　大きい　ワンワ　大きい」と言う。

765（2：04：01）毎晩、寝室に『消防車』と『特急電車』と『乗り物』、3冊の本を持ってきて、「オン、（本）読んで、ママ、オン読んで」と言う。新幹線のところは「風のように、音のように、光のように」など、暗唱しているところは、ゆうが自分でも声を出して言う。

766（2：04：18）最近、テレビのマンガなどを非常に熱心に見る。しかし、怪獣などが出てくると「ママ、こわい、ママいい、ママダッコ」と母のところへ訴えにくる。

767（2：04：26）わけのわからないことばでも、すぐにまねしてよく覚える。姉がうたっていた「春のめざめ」という難しい歌をうたう。乗り物絵本はほとんど全部暗唱していて、はじめのところを少し言うと、後はつづけてすらすらと言う。

5章　ことばとことばをむすぶ

1　2つのことばをむすぶ

■二語発話の発生

二語発話は、二語文ともいわれる。2つのことばをむすぶ行為は、「ひとこと」しか言えなかった片言の時代からの大きな飛躍だと考えられる。言語の違いにかかわらず、世界中の子どもたちが二語発話の時期をへて文章を語れるようになる。二語発話の連結のしかたには、共通性が高いといわれる。二語発話は、ことばをむすぶ文法、統語能力のはじまりでもある。2語をむすぶには、むすび方の規則、ルールが必要になる。たとえば「ママ　ダッコ（ママが抱いて）」「ユー　ダッコ（ゆうが抱かれたい）」などの二語発話では、主語と述語がむすびついた最低限のルールをもつ。一語発話では、順序などは問題にならないが、二語発話になると、両者のむすび方も意味をかたちづくるのである。

2語をむすぶことばは、主語と述語に限らず「ユー　ノ（ゆーのもの）」「ユー　オン（ゆーの本）」「チーナイナイ（チー、お片付けして）」など、所有や命令など、さまざまな意味で使われる。

二語発話のルールは、大人が教えるわけではなく、子どもが自分でつくりだす。大人は子どもに向かって2語よりも複雑な文を使って語りかけている。子どもは、大人の複雑な文の意味を理解できる。しかし、自分が語るときには、大人のようにはできない。子どもは手持ちのことばを2つ連結して、大人の統語とは異なる単純なルールで文らしきものを表現するのである。

二語発話は、「ものがたり」のはじまりでもある。ものがたりとは、ことばによってできごととできごとをむすぶ行為である。ものがたりによって、経験はことばで組織化され、編集され、ことばによって経験を再現できる。ものがたるためには、ことばとことばをむすんで、ことばの力だけで伝えたいことや自分の世界を表現できなければならない。

ものがたりは、ことばによって「ここにない世界」をつくりだす働きをする。ものがたりによって、目の前にある現前の世界が、ことばで構成された世界と二重化する。私たちは、今目の前におこる出来事をありのままに見ているのではなく、ことばによって構成された世界、イメージの世界を介して世界を見ている。いわば、パラレルワールドに生きているのである。

やがては、ことばによって構成された世界が現前の世界を変えていくようになる。両者の関係が逆転して、ことばの世界が、目の前の現実を超える力を持ちはじめる。ことばの世界、イメージの世界が新しい現実をつくり出し、その新しい現実が未来をつくり出していくのである。

二語発話は、ことばとことばをむすぶことによって、ことばで世界を構成する第一歩となる。ゆうは、1歳6か月ころから、二語発話ができるようになった。二語発話の前には、一語を発してから、間合いを置いて、次のことばを発する中間段階が見られた。1歳9か月ころからは、一度ルールがわかると、どのことばにも応用できるかのように、どんどん自分で生成して二語発話を使うようになった。やがて、三語の連結もするようになった。一語発話と二語発話のあいだには、大きな飛躍があるが、二語発話と三語発話とのあいだには、それほどの大きな溝はなさそうである。ことばをいくつ連結できるかではなく、「むすぶ」というルールの習得が必要なのだと思われる。

768（1：6：11）　母が大学から帰宅すると、ゆうはちょうど食事をし終えたところであった。ゆうが玄関に出てきて母の顔を見ると「マンマ・ブンブ」と言う。（はじめて記録された二語発話である。「マンマ食べた。ブンブ（お茶）飲んだ」と母に伝えようとしたと考えられる。ゆうは、今までにもこの2つのことばを明瞭な意味で使っていたが、2つをつなげて言ったのははじめてである。帰宅した母に、「ゆうは、ごはん、食べたよ」というような意味を伝えたかったのだろう。このごろは「マンマ（食べ物）」「ブンブ（水、お茶）」「ジャージャ（哺乳びんで飲む牛乳）」などのことばを確実に分化して使い分けている）。

769（1：9：16）　ここ二、三日、急速に二語発話が増えた。今まで1つずつ知っていた単語を自分で組み合わせて、二語発話をつくる。一度ルールがわかってしまうと応用がきくのか、かなり自在に二語発話を自分で生みだして使う。外出して家へ帰ってきて、母が靴を脱がせるのを忘れると「タータ（くつ）　ニュギニュギ（ぬぐねぐ）」と言って、母に足を差しだす。靴をはかせるのを忘れると、「タータ　クックッ（はくはく）」と言う。

770（1：9：17）　このごろ特に「＊＊　イイ（＊＊　欲しい）」の二語発話をよくする。その構文は、次のようなものである。「ジャージャ（牛乳）　イイ」「ビンビ（ビスケット）　イイ」「パン　イイ」「チー（オレンジ）　イイ」など。（1：9：27）からは、「イイ」に「ノ」がついて「イイノ」とも言うようになった。（1：10：00）からは、「イイ」だけではなく、「＊＊　ナイナイ（ニャイニャイ）」（「＊＊　いや」あるいは「＊＊　ナイ（無い）」）を使った二語構文も自在につくるようになった。

ゆうは寝ころんで自分の裸足を上げて、「アンヨ　ナイナイ」「タータ（くつ）ナイナイ」と繰り返し言いながら、裸足を眺めている。その後で、空になった哺乳びんを見ると、「アッ　ナイナイ」と言う。

■むすぶことば ―― 接続助詞の使い方

日本語では、ことばとことばをむすぶために、接続助詞が使われる。英語などでは、語順が重要で、「アイ・ラブ・ユー」と、「ユー・ラブ・ミー」では、意味が反対になる。同じ自称詞でも、主語で使うときは「アイ」、目的語で使うときは「ミー」、所有を表わすときは「マイン（mine）」など、ことばそのものが異なる。それに対して、日本語では、「ボクは君が好きだ」「君が好きだ、ボクは」と語順を変えても同じ意味が伝わる。また、日本語では、同じことばに接続助詞を変えるだけで、主語も目的語も所有も表わすことができる。日本語の文法は、ことばを話しはじめる子どもには、簡単で使いやすいといえる。

ゆうの場合にも、接続助詞が大きな働きをしており、初期には2つの名詞をむすぶ使い方よりも、名詞に接続助詞をつける二語発話が多く使われた。２歳になった直後の記録では、そのころの接続助詞を用いた二語発話には、下記のようなものがあった。

771（2：00：05）

「〜も」「ユーモ　ロウカ」「ユーモ　チェリー」

「〜が」「ママガ」「トット（父）ガ」「ユーガ」「チー（姉）ガ」

「～の」「ユーノ　ブーブ」「チーノ　ナイナイ　ユーノ（チーのじゃない、ゆうのもの）」
ごく最近になって
「～と」「トットとママとチーと　エントク（遠足）」
「～は」「ママは？　ママは？」

772（２：00：09）

「～も」　姉にジュースを与えていると「ユーモ　ユーモ」

「～が」「ゆうくん　自分で行きなさい」「ママガ　ママガ（ママが連れて行って）」

「～の」　自動車を指して「ユーノ　ユーノ」

「～と」　父が「ゆうくん　散歩行こうか」「ママと　ママと」

「～は」　父を捜して「トットは？　トットは？」

どの接続助詞も、ことばとことばをつなぐよりも、そこで切れた使い方が多い。何度目かに次のことばが出てくることもある。

「ユーモ　ユーモ　ユーモ　ロウカ」

「ママが　ママが　ユーナイナイ ママがイイノ」

「ユーノ　ユーノ　ユーノ　ブーブ」

「ママと　ママと　ママとパンポ（散歩）」

「トットは？　トットは？　トットはガッコウ」

2 「私」と他者をむすぶ —— 自称と所有

■自称（ユー）

ゆうの場合には、1歳9か月ころに二語発話が飛躍的に増えたが、同時期にもうひとつの大きな飛躍があった。それは、自称（ユー）を使うようになったことである。「ユー」は、家族がゆうを呼ぶ呼び名であるが、他者から呼ばれる名前が自分をさす自称になることは、よくある一般的な現象である。「ボク」「ワタシ」だけが自称ではなく、自称に自分の名前が使われるのは、どの言語でもよく見られる。しかし、一般に英語などでは、「アイ」「ユー」などの主語が会話に必要なので、比較的早くから自称詞も他称詞も使われるようになる。日本語では自分の名前が自称詞と同じように使われ、「ママ」「パパ」などの役割ことばが、他称詞と同じように使われる時期が長いといえよう。

ゆうの場合には、下記の例のように、自称詞（ユー）の最初の出現から10日ほどで、「ユーノ」という所有の二語発話ができるようになった。これも一度言い出すと頻発するようになり、「チーノ」など姉の名前に「ノ」をつけるなど、すぐに応用して使いこなすようになった。その後、「ユー」を主語に使うようになり、「ユーモ」「ユーガ」「ユーハ」などが現われた。

773（1：9：26）自分のことを「ユー」と言うようになった。

774（1：9：27）朝に父が、父の5本の指を開けて、親指から順にさわりながら「トット（父）」「ママ（母）」「チー（姉）」「ユー（ゆうくん）」「ミーミ（ネコの名）」と教えたら、ゆうは、自分の指を開いて順番にさわりながら父が言ったのと同じように言って模倣する。

ゆうは自分の目や鼻や口をさわって、父に名前を言わせる。父が「はな」「くち」とだけ言うと、そのつどゆうが「ユー」と付け加える。「ユーのはな」「ユーのくち」などと言わねばならないらしい。母が母の鼻を指して「はな」と言ってやると、ゆうが「マンマ（ママの）」と付け加える。

775（1：10：10）最近、「ユーノ」「チーノ」と、自分と姉の名に所有の「ノ」をつけるようになった。「ユー」と言ってから少し間をおいて、「ノ」と加える。母が洗濯して乾いたものを片付けていると、それを見て「ユー・ノ」と言う。

776（1：11：03）「ユー　ガッコウ　イクイク」「ユー　アンヨ」など、主語としてユーを使う。宿舎から駐車場まで「ユー　アンヨ」と言って1人で歩いて行きたがる。母に手をつながれるのもいやがる。1人で歩くと廻り道したり、立ち止まって石を拾ったりしていて、なかなか来ないので「ユー　早くいらっしゃい」と何回も呼ばねばならない。母が名前を呼ぶと「にこっ」と笑う。笑ってからわざと違う方角へ行ってしまうこともある。

777（1：11：24）1週間の旅行から帰宅する。ゆうは、自宅のある大学宿舎の建物を見ると、指さしをして「ユー（ウ）チ　ユー（ウ）チ（ユーの家）」と言いながら、大はしゃぎする。

778（2：00：01）土曜の朝、家族でマニトー湖へバーベキューをしに行く。出かける前にスーパーで買い物をする。いつものようにカートに乗せようとすると「ユーアンヨ　ユーアンヨ」と言って、自分で歩きたがる。

自称詞の出現は、本書I「私のめばえ」で記したように、誰よりも関心をもち何よりも重要な「私というもの（I, self）」をことばで表わせるようになったことを示している。自称詞は、自分の要求を他者に向かって主張することば、自分の意志を明確にすることばとして使われる。

さらに自称詞は、自分の身近な世界「ここの人びとのなか」で自分を位置づけて自覚することばでもある。初期のことばは、人びととの関係性のなかで生まれて育まれるが、自称詞はとりわけ他者との関係性を子ども自ら表現することばとして注目される。ゆうは、下記の例のように、家族のすべての名前を順番に呼びながら、自分がその一員であることを繰り返し確かめて満足していた。

779（2：00：16）ゆうは母に絵本を読んでもらっている。男の人と女の人が2人でボートに乗っている絵を見て、母が「これはトット（お父さん）とママよ」と言うと、ゆうが「ユーは？　ユーは？　ユーは、どこ？」と聞く。母と父が話をしていて、ゆうとは全然関係がない話で「みんなで」というようなことを言っていると、突然ゆうが「ユーは？」「チーは？」と聞きにくる。

780（2：00：08）休みの日の恒例のピザパイづくりをする。母がピザの台をつくっていると、「ミチェテ　ミチェテ（見せて）」と言いながら背伸びして食卓の上をのぞき込む。姉が「チーもやる」と言って手伝うと、ゆうが「ユーモ　ユーモ」と言う。母が「ゆうのは、ママがつくってあげるからね。待っててね」と言うと、ゆうはパイ皿を1つずつ順番に指さして「トットの　チーの　ママ　ユー」と言う。

■ユーノ（自分の）——姉との関係のなかで

ゆうは、「ユー」という自称をさまざまな文脈で使うようになったが、二語発話としてもっとも早くから現われ、重要な使われ方をしたのは、「ユーノ（自分の）」という所有のことばであった。

所有のことばが早くから出現するのは、言語の違いにかかわらず一般的である。子どもにとって、食べ物や遊びなど日常場面で自分のものだと主張する行為が必要になるからであろう。なお、日本語では「ノ」という接続助詞で所有を表わすので、二語発話になる。英語では、「マイン」という所有を表わすことばが一語で独立している。言語によって表わし方や使い方は多少異なると思われる。

自分という認識は、身近な他者との関係性のなかで生まれるが、自称も同様である。ゆうが自分の所有を主張する「ユーノ」は、姉との関係のなかでもっとも頻繁に使われた。ゆうは、3章で示したように3歳7か月年上の姉を、あるときは「子ども仲間」、あるときは「ライバル」であるかのように、姉の行動にはいつも注意を払い、姉と自分を比較することが多かった。

ゆうは、姉とものを取り合ったり、姉に対抗するとき、「ユーノ」ということばを多く使った。姉は大人と複雑な会話ができるようになっていたが、ゆうとやりとりするときは、ゆうの口調をまねて二語発話のレベルに合わせるように「チーノ」という発話をよくした。それでケンカは、「ユーノ」「チーノ」という言い合いになった。

781（1：11：01）一般に最近、姉の行動が非常に気になり、何でも同じことをしたがる。ちいが友人の家へ行ったりして、姉の姿が見えなくなると、「チー、チー」と言って母のところへ来て、ちいがいなくなったと言って訴える。

782（1：11：01）姉のおもちゃをちいのものと知っていて、自分が使いたいので「ユーノ」と言う。姉もゆうの口調をまねて「チーノ」と言い返すので、「ユーノ」「チーノ」「ユーノ」「チーノ」と言い合いのケンカになる。

783（1：11：17）休暇でロッキー山脈に家族で行く。長旅の高速道路のワゴン車の中で、ゆうと姉が「ユーノ」「チーノ」「ユーノ」「チーノ」とお互いに言い合って、本や折り紙を取り合う（姉も大人に話すときと違って、ゆうとやりあうときは、ゆうの二語発話にあった同レベルの文法で話す）。姉に折り紙で飛行機を折ってもらうと、ゆうは取り合いをやめて上機嫌になる。「ママ　ブーン　ママ　ブーン（飛行機）」と言って、うれしそうに母に見せる。

784（1：11：21）旅行中ケンモアーのスーパーで買い物をした。ゆうはクラッカーの大きい箱を持たせてもらい、それを抱えてモーテルに帰った。それ以後、クラッカーを食べるたびに、「ユーノ　ユーノ」と言って箱ごと抱え込んでしまい、姉に分けてやろうとしない。

785（1：11：28）大学宿舎の隣の部屋に住むカナダ人の2歳の女の子、ラクサがゆうの友達である。ラクサやほかの子どもたちが家に遊びに来た。子どもたちと一緒に遊んでいるとき、その子たちがゆうの自動車をいじると「ユーノ　ユーノ　ユーノ　ブーブ」と泣きながら、その子たちに言うのではなく、母に向かって訴えにくる。また、姉はその場にいなかったが、姉が以前にはめ込みでつくった四角のおもちゃをラクサがいじると、「チーノチーノ」と言いながら、母の顔を見て泣く。

786（1：11：28）風呂から出ると、ゆうが「キャンディ　イイ　キャンディ　イイ」と言って、母にアイス・キャンディを要求する。姉も欲しがると、ゆうは姉に向かって「チー　ナイナイ　ユーノ　キャンディ（チーはダメ、ユーのキャンディ）」と言う。

787（2：00：00）昨日買った本を捜すのに、「ユー　オン　ブタ　オン（ユーの本、豚の本）」と母に言いにくる。姉がその本を見ようとすると「ユー　オン、チー　ニャイニャイ、ユー　オン（ユーの本、チーはダメ、ユーの本）」と言って、自分の本だということを姉に主張する。

788（2：00：02）最近、ゆうが食事のとき、自分の皿に食べ物をどんどん取ってしまい、「ユーノ　ユーノ」と言う。食べきれそうにないので、母が食べてやろうとして「ママが食べるよ」と言うと、「ユーノ　イル　イル」と言う。お腹がいっぱいになったはずなので「ユー　これいる？　もういらないでしょ？」と聞いても、「イルイル」と言って、欲ばって最後まで持っている。

789（2：00：07）ゆうが食べかけで残したお好み焼きが食卓の皿の上に残っていたが、母がもう食べないと思って片付けて捨ててしまった。食事が終わって、相当に時間がたった後で食堂にやってきて、食卓の上を背伸びしてのぞき、「ユーノ　ユーノ」と言って泣く（ユーノがなくなった）。

790（2：00：07）ゆうは「チー　ナイナイ　ユーノ」と頻繁に言う。姉も、ゆうの口調をまねて「ユー　ナイナイ　チーノ」と言い合いになることが多い。姉とゆうが取り合いになったとき、ゆうが「チー　ナイナイ

図2-6　「ユーの」「チーが」「ユーも」――姉との関係の中で生まれることば

ユーノ」といつものように言ったとき、姉がわざと「ユー　ナイナイ　ユーノでしょう?」と矛盾したことを言うと、ゆうはけげんそうな顔をして黙る。

791（2：01：03）「ユーの　ユーの　バアル（ボール）どこ?　バアル　どこ　いった?」「ママ、ブー乗って、どこ行くの?」

792（2：03：29）姉がゆうのものを少しでもさわると、非常に怒って泣きわめく。ゆうがもう乗るのをやめた三輪車でも、「チー、乗ってダメ、ユーの三輪だから」と言って怒る。いとこには、「なおちゃん、ユーの三輪乗っていいよ」と言う。夜、眠るとき、姉が少しでもパンダの人形にさわったりすると、「チー、ユーのパンダにさわってダメ、ユーのパンダちゃんだから」と言う。

■「チー(姉)ガ」「ユー(私)モ」――姉との関係のなかで

ゆうは、姉と自分は、「子どもどうし」で仲間と考えているのか、いつも姉と自分をセットにしていた。姉のやることに何でも関心をもち、自分も同じようにやろうとした。また、姉の行動をよく観察していて、姉がやることを母に報告したり、訴えにきた。

「チーガ」「ユーモ」ということばも、姉との関係のなかで使われるようになった。「チーガ」は、「チーがやった」と母に訴えにくるときに使い、「ユーモ」は、姉と同じように自分もやりたいときに使われた。

793（1：10：21） 3日ほど前から、母が姉に「ちいちゃん、おやつ食べようか？」「ちいちゃん、ジュースがいいの？」「ちいちゃん、外で遊ぶ？」など、姉に話しかけると、必ずのように、ゆうが自分の名前に「モ」をつけて、「ユーモ」と言うようになった。しかし、「モ」がつくのは、「ユーモ」というように、自分に限られていた。今日は、はじめて他の人の名前にも「モ」をつけて、「チーモ」などと言うようになった。

794（1：11：16） はじめて「ママ　チーガ　チーガ」と言って、「ガ」という助詞を使うようになった。ゆうは母に手を見せ、姉とおもちゃの取り合いをして、手が痛かったことを母に訴えにくる。「チーガ　ヤッタ」と言いたいらしい。

795（1：11：16） 姉の歯医者に一緒に行く。ゆうも待合室から診察室へついて行って、扉の外からのぞいてから戻ってきて、「チー

（ハ）ァー（ハ）ァー」と言う。姉が医者に診てもらって歯の治療をしていることを、母に伝えに来たらしい。

796（1：11：20）朝、ロッキー山脈のエメラルド・レイクを散歩する。姉は葉っぱで舟をつくって、それを湖に流す遊びに熱中していた。ゆうは姉のそばで「ユーモ　ユーモ」「ア（葉）ッパ　アッパ」とうるさく言いたてて、自分も姉と同じように葉の舟を湖に流したいと訴える。

797（1：11：22）父が酒屋へビールを買いに行くと、ゆうが「トット　ジャージャ（お父さんの飲み物）」と言う。朝に母がコーヒーを飲むときは「ママ　ジャージャ（お母さんの飲み物）」と言う（ビールもコーヒーも両方とも子どもたちはダメと禁止されていて、飲むことができない飲み物である。コーヒーは、朝食に父と母が飲み、ビールは、夕食のときに父が飲む。自分が飲むジャージャ（牛乳）と区別され、大人の飲み物がセットにされて、「父の飲み物」、「母の飲み物」と名づけられた）。

798（1：11：25）姉が「ゆう　言ってごらん」と言いながら、姉が「ア」と言うとゆうが「ア」と言う。姉は先生のように、ゆうに五十音を一音ずつ言わせて、2人で遊んでいる。ほとんどの音は模倣できるが、サ行音は全部言えない。ゆうは、姉と仲良く遊んでいるときは、姉の言うことをよく聞いて、姉の子分のようになっている。

799（1：11：25）ゆうが姉に向かって「チー　バッカ、チー　バカ」と言うと、姉が悔しがって泣きだした。ゆうは姉が泣くと「チー　エーン　エーン　チー　エーン　エーン（チーが泣いた）」と言って喜んでいる。

800（1：11：26）　ドミニオン・デイのお祭りに遊びに行き、姉に風船を買った。ゆうはワーワーと泣きだし、2人で風船の取り合いになった。とうとう同じものを2つ買った（このごろは、姉にものを買うと同じものをゆうも欲しがるので、2つずつ買わないとダメになった）。

801（1：11：28）　姉が外へ出て行くと「チー　チー」と言って外を指さし、「ユーモ　ユーモ」と言って母に訴えにくる。母が「チーがお外へ行っちゃったの？」と聞くと、ゆうが「ウン」と言う。「ゆうもお外行きたいの？」と聞くと、ゆうが「ウン」と言う。

802（1：11：29）　デイケアセンターの帰りに、母と姉とショッピングセンターへ行く。姉が「本買って」と言うと、ゆうがすぐに「ユーモ　ユーモ　オン（本）」と言う。姉とゆうと1冊ずつ本を買うと、うれしそうに「チー　オン、ユー　オン」と言う。ニコニコして何度も何度も「チー　オン、ユー　オン（チーが本もってる、ユーも本もってる）」と繰り返し言う。

家に帰って、母が姉に本を読んでやろうとすると、ゆうが「ユーモ　ユーモ」と言って自分の本を持ってくる。本のなかでネコを見つけると、「ニャーニャ　ニャーニャ」と言って喜び、姉に向かって自分の本のネコを指さしながら「チー　ニャーニャ　チー　ニャーニャ（チーちゃん　ニャーニャがいたよ）」と何度も姉に話しかける。

803（2：00：03）　母のところへ「ユー、ユー、ユー、チー、ロウカ」と急いで走ってくる。「チーが廊下へ行ったの？　ユーも行きたいの？」と母が聞くと、ゆうが「ウン」と言う（ロウカは、大学宿舎の共有廊下のことで、ときどき宿舎の子どもたちの遊び場になる）。

804（2：00：04）ゆうが「ユー　ロウカ　イイノ、ユー　ロウカ　イイノ」と言って母のところへ来る。「ゆう、廊下行きたいの？自分で行ってらっしゃい」と母が言うと、ゆうは「ママガ　ママガ」と言う（ママが連れて行って欲しい。姉がいるときは母がいなくてもいいが、1人ではこわい）。

805（2：00：06）父と姉が買い物に出かけようとしていた。そのそぶりを見て「ユーモ　ユーモ」と2人に向かって言いつづけていたが、とうとう連れて行ってもらえなかった。後に残った母に「トット　チー　ユーモ　ユーモ」と訴える（父と姉が行ってしまった。ゆうも行きたい）。

806（2：01：04）朝、姉がサマースクールに行って留守になった。ゆうは姉がいないことに気づくと、「チーは？　ミラン（姉の友達）とこ、行った？　ユーも行きたい」「チーは？　パンポ（散歩）行った？　ユーモ　ユーモ　ユーモ」とうるさく言う。

807（2：02：27）姉と口げんかする。ゆうが「チー　バッカ　バカ」「チー　ダメ」など繰り返し大声で言うので、姉が悔しがる。
姉「ゆうくん、紙芝居読んであげるね」ゆう「ユー　かみしばいイヤだもん」姉「ここで聞いてらっしゃい」ゆう「チーだけ、ユーいや」姉「ママ、チーがせっかく遊んであげようと思っても、ゆう、ちっとも言うこと聞かないよ」

808（2：03：02）姉に向かって「チーチャン　そこ押してダメです。あぶないから」と母のような口調で言って、姉が怒ると、母のところへ走って逃げてくる。

姉のものを使うときは、「チー　おこらない？」と母に聞いて確かめる。怒られそうなことをするときは、「～していい？」と聞くことが多い。「ダメ」と言うと素直に「ハイ」と答えることもあるが、「ユー　～ちたいの」と言いつづけることもある。

809（2：03：02）昨晩はカゼ気味だったので、ゆうはお風呂に入れなかった。母と姉だけお風呂に入った。今朝は起きるとすぐに、「ユー、ママとチーと3人でオフロはいりたい」と言う。

810（2：04：02）絵本を見ながら会話。
ゆう「ママ、これ何？」母「粘土よ」ゆう「ねんど、うごく？」母「動かないよ。お砂みたいにコネコネするだけ」ゆう「ユー、ねんど買ってほちかったなあ」母「ゆう、粘土欲しいの？」ゆう「ママ、ユー、ねんど買ってちょうだい」母「そうね、こんどチーの誕生日のとき、ユーにも買ってあげるね」ゆう「チーも買う？」母「うん、チーにもね」ゆう「チーだめ、ユーだけ買って、チーだめ、ユーだけ」母「だってチーのお誕生日だからね」ゆう「チーだめ、ユーだけ」。

■「ユー（私）ガ」

姉を主語にした「チーガ」、母を主語にした「ママガ」に比べると、自分を主語にした「ユーガ」は少し遅れて出現した。自分がやりたいときに「ユーガ」を使うようになった。

811（2：00：05）最近「～ガ」という表現を使うことが多くなった。救急車のヒュンヒュンという音が聞こえると、窓の方へかけよって「ピポ　ピポ　ユーガ　ユーガ」と言う（救急車　ゆうが見たい）。寝るときに牛乳を要求するのに、ゆうが「ジャージャ　ネンネ　ジャージャ　ネンネ」と言う。母が「ジャージャ　欲しいの？ビン持ってらっしゃい」と言うと、ゆうは「ママガ　ママガ　ビン」と言う（ママがビン取ってきて）。

812（2：00：02）日曜の朝、母がピザパイをつくるための台をこねて成形していると、姉が一緒にやりたがる。するとゆうも、「ユーガ　ユーガ」と言って、自分も一緒にやろうとする。

（ユーがやるという意味。ユーとガの組み合わせは、はじめて。今までは「トットガ」「チーガ（やった）」というように、他者にガをつけて、ほかの人が自分に都合が悪いことをしたときに、母に訴えにくるときにガを使っていた。）

813（2：00：06）寝室のめざまし時計のベルが、夕方突然鳴りだす。居間にいた母が急いで止めに行く。父が「どうせ誰かがいたずらしたんだろう」と言うと、ゆうが母の後ろを追いかけながら、「ユーガ　ユーガ」と言う（ユーがやった）。

814（2：00：12）母が台所にいて姉とゆうが離れた居間にいる。母が姉に「ゆうが椅子から降りたがっているから、降ろしてやって」と頼むと、ゆうがそれを聞きつけて大声で「ママガ　ママガ」と叫ぶ（姉にやってもらうのではなく、母がやってと言っている）。

■父や母と姉（ちい　5歳7か月）の会話

姉はゆうと話すときは、ゆうのレベルに合わせた赤ちゃんことばや二語発話など、お互いに同等のような会話でやりとりしていた。ゆうが言う片言の悪口を真にうけて、悔しがったりもした。しかし、大人と会話するときは、まったく異なるモードで会話をしていた。このころのちいは、見るもの聞くもの「どうして？」という質問の連続で、大人が適当に応えるとさらに論理的に追求する科学者のような質問をしていた。次の記録は、父は子ども向けに擬人化したものがたりにしようとしたが、子どもは擬人化に納得しない、そのギャップが興味深い例である。子どもは電車と人間の違いを認識していて、電車が人間のように「悪いこと」をするという論理はおかしいと追及している。

【カナダで草原の引き込み線に1両だけぽつんと残っている電車を見たときの会話。草がはえていて電車の線路が見えなくなっていた。】

ちい「あそこにどうして1つだけ電車があるの？」
父「捨てられたのさ。」
ちい「どうして捨てられたの？」
父「あの電車は悪いことしたから捨てられたのさ。チーも悪いことすると、ああなるよ。」
ちい「電車が悪いことするって、どうすること？」
父「みんなが行こうとするときに行かなかったり、止まれというときに止まらなかったりすることさ。言うことを聞かなかったり。」

ちい「みんなが行こうというときに行かないと、捨てられるの？」
父「そうだよ。」
ちい「どうやって捨てに行くの？」
父「他の電車から切り離すのさ。」
ちい「切り離すって、どういうこと？」
父「つないであるところをはずすの。」
ちい「どうやってあそこへ運んだの？　人が運んだの？」
父「あそこにも線路があるんだ。」
ちい「線路の上だと他の電車が来たときにぶつかるじゃない？」
父「ふつうの線路と違ったところにある線路だから、ぶつからないんだ。」

同じころ、母と姉は下記のような会話もした。ちいばあちゃんとおおきいばあちゃんは、姉の祖母と曾祖母で、ふだんそのような呼び方をしていて、姉もよく知っている。おおきいばあちゃんの母親は、どんな人か知らないし母も会ったことがない。姉の疑問に答えていくと、最後は大人が返答に困ることが多くなった。

ちい「お母さんは、どうしてお母さん？」
母「お母さんは、チーちゃんやユーくんのお母さんだから。」
ちい「お母さんのお母さんは？」
母「ちいばあちゃんよ。」
ちい「ちいばあちゃんは、どうしてちいばあちゃん？」

母「ちいさいばあちゃんだから。」
ちい「ちいばあちゃんのお母さんは？」
母「おおきいばあちゃんよ。」
ちい「お母さんのお母さんは、ちいばあちゃん。ちいばあちゃんのお母さんはおおきいばあちゃん。それじゃ、おおきいばあちゃんのお母さんは？」
母「おおきいばあちゃんのお母さんねぇ……おおきいおおきいばあちゃんかな？」

3　要求と拒否の二語発話――「＊＊イイ」「＊＊ニャイニャイ」

ゆうは、事例770に示したように、1歳9か月ころから、要求するときには「ジャージャ（牛乳）　イイ」「ビンビ（ビスケット）　イイ」「パン　イイ」「チー（オレンジ）　イイ」などのように、「＊＊イイ」という構文の二語発話をするようになった。

やがて拒否するときに、「ジャージャ　ニャイニャイ」というように、「＊＊ニャイニャイ」という構文を使うようになった。

そして2歳ころには、「ジャージャ　ニャイニャイ（牛乳いや）　ディー　イイ（ジュースがいい）」というように、拒否と要求を組み合わせて、「これでなく、あれ」という構文も使うようになった。

■要求と拒否のやりとり

815（1：11：06）母「ゆう、ジュースがいいの？」ゆう「ウン」。母「牛乳は？」ゆう「ナン（ちがう）」。母「水は？」ゆう「ナン」「ディー、イイ（ジュースがいい）」。母がジュースをコップに入れてゆうに差しだすと、ゆう「ディー　ビン　イイ（ジュースを哺乳びんに入れて欲しい）」。

816（1：11：16）最近、あまり「ナン」と言わなくなった。以前はことあるごとに「ナン」と言っていたが、また「ナイナイ」と言うことが多くなった。「＊＊　ナイナイ」という言い方が一般的である。

817（1：11：06）ゆう「ユー　ビンビ　イイ（ゆう　ビスケット　欲しい）」。母「パンは？」ゆう「パン　ナイナイ　ビンビ　イイ（パンとちがう　ビスケットが欲しい）」。母が「お姉ちゃんにも1つやって」と言ってゆうに2つビスケットを渡すと、「チーノ　チーノ」と言って、姉にビスケットを手渡しに行く。

818（1：11：06）カナダ流にバーベキューの後で、マシュマロを焼いて食べる。袋の中には、まだ焼いてない緑と黄色とピンク色のマシュマロがある。ゆうは「ユー　アオ　アオ」と言って緑色を欲しがる。

819（1：11：10）塩水湖リトル・マニトー・レイクへ家族で行って、バーベキューとスイミングをする。塩水湖なので、入ると体がぽっかり浮くほどではないが、やや体が軽くなる。しかし、水はきれいではなく石に苔がはえていて、ぬるっとしている。ゆうはプールに入ったことはあるが、外の湖などで泳ぐのははじめてである。

ゆうを水着にして、母がゆうを抱いて水につけようとすると「ナイナイ　ナイナイ」と言っていやがる。それでも試みようとすると、「ブンブ　ナイナイ　ダンダ　ナイナイ」と言う（湖に入るのがいやなので、「水　イヤ　風呂　イヤ」と自分が知っている限りのことばで拒否した）。

820（2：00：01）マニトー湖に行ってバーベキューをする。「ユー　アム（ハム）　ユー　アム　パン　ナイナイ」などと言って、パンやピーマンをいやがって、ハムを要求する。

821（1：11：27）ゆうが「ジャージャ」と言って牛乳を要求するので、母が実物を見せて「これはジャージャかね？」と聞くと、ゆうが「ミウク（ミルク）」と言い直す。「ジャージャ」と要求してから、自分で「ジャージャミウク」と2語を並べて言い直すこともある。

822（2：00：01）ミルクのことを「ジャージャ」と言っていたが、「ジャア・ジャア」などとふざけて言う。「ジャア・ジャァ　イイ　ミゥク　チイ（ミルク欲しい）ママ」などと両方を重ねて言うこともある。いろいろな言い方をする。

823（1：11：28）最近の要求に関することば。
「ディー　イイ（オレンジ　ジュース　イイ）」。「ジャージャ　ネンネ（ミルク飲んで寝たい）」。「ママ　パップル　ディ（ママ、アップルジュース欲しい）」。「パン　ナイナイ　チエリー　イイ（パンはいや、サクランボが欲しい）」。姉がジュースを飲んでいると、「ユーモ　ユーモ　ユーモ　ディー（ゆうもジュース）」。「ビンビ　チイ（ビスケット　欲しい）」。

食べ物に限らず同じような構文で自由に要求する。デイケアセンターに行きたくなくて、家族でお弁当を持って散歩に行きたいと要求するときの、一連の語り。

「ガッコウ　ナイナイ　パンポ　イイ（ガッコウ行きたくない、散歩がいい）」。

「ママ　トット　ユー　チー　パンポ（お母さん、お父さん、ゆう、姉と散歩に行く）」（父母は、家族を順に呼ぶとき、姉をゆうよりも先に言う。ゆうもふつうは姉を先に言う。しかし要求するときは、ゆうは姉よりも自分を先に言うことが多い）。

「ベントウ　パンポ（弁当持って　散歩行きたい）」。

824（2：00：02）パイオニア・デーのリール・リレーを見るためにキワニスパークへ行く。カヌー、人が走る、馬で走る、カヌーでつなぐリレーを見る。ゆうは川へ足を入れたくて「ユー　ブンブ」と言う。棒が欲しいときは「ユー　ボウ」、コップが欲しいときは「ユー　コップ」と言って要求する。

825（2：00：07）眠いとき「ジャージャ　ネンネ　ママト（ママと牛乳飲んで寝たい）」「ママト　ネンネ」と言う。

826（2：00：06）牛乳を要求するのに、「もっとジャージャ、もっとジャージャ」と言うようになった。何もないときに「もっと」と言うこともあるが、多くは母が持ってきた牛乳のびんを持って自分でかざしてみて、「もっとジャージャ」と言って母に突き返すときに使う（もっとたくさん牛乳を入れて）。今日から頻繁に言うようになった。

827（2：00：08）眠くなると「ジャージャ　ネンネ　ママと」と言う。父が「トットが一緒にいてあげよう。ママはダンダだから」と言うと、ゆうは「トット　ナイナイ　ママと」と言う。

828（2：00：24）姉のサマースクールへ、母とゆうも一緒に出かける。電車が見えると、ゆうが「ママ　パッポ　パッポ　乗りたい」「ママ　ユー　パッポ　乗りたいの」と言う（きちんと文章で言うようになった）。次にバスが見えると「バチュ、ユー　バチュ　乗りたいの」と言う。「バチュ　乗って　行くの」とお話しもする。

■ニャイニャイ　バアー

「ニャイニャイ」は、イヤという意味の拒否のことばであるが、「ない」を表わす「非存在」のことばでもある。1章に示したように、ゆうは、「ニャイニャイ」を多彩な文脈で使っていた。二語発話としては、拒否を表わす前に、なじみの遊び「イナイナイバァー」からはじまった。

829（1：6：03）ゆうは階段で電気のスイッチをいじり、電気を消して「ニャイニャイ（ない）」と言い、電気をつけて「バアー（ついた）」と言う（まだ二語発話にはなっていないが、「ない」と「ある」のむすびがことばによって表わされている）。

830（1：7：04）ゆうは座敷のふすまを自分でしめて「ニャイニャイ」と言い、ふすまを開けて「バアー」と言う。母が台所にいるとき、台所、座敷、玄関、風呂場、台所とくるくる走り回りながら、自分で「ニャイニャイ」「バアー」をやる。座敷から台所へ行く戸だけは重いので自分で開けられなかった。祖母が「ダンダのほうをまわりなさい」と言ったら、風呂場のほうを大廻りして自分で台所まで戻ってこられるようになった。

自分の顔を両手で隠して「ニャイニャイ・バアー」と言うこともできるようになった。

831（1：7：07）　ゆうは台所の冷蔵庫の前へ行くと、母の顔を見ながら「バアー　バアー」と言って、扉を開けて欲しいと要求する。母が扉を開けてやると、ゆうはバターやソーセージやイチゴなど1つずつ指さして「ン？」「ン？」と聞いて、母に名前を言わせる。最後にイチゴをつかんで「ニャイニャイ（しめろ）」と言う。

832（1：7：13）　ゆうは両手で顔を隠し、手を開けながら「ナイナイ　バアー」と言う。本を閉じると「ニイニイ」と言い、開けると「バアー」と言う。

■さまざまな否定表現──「これでなく、あれ」

2歳の時点では、否定や拒否や非存在に使われる「ニャイニャイ」は、次のような多彩なヴァリエーションで使われた。「これでなく、あれ」という構文のほかにも、二重否定構文「ダメ、ナイナイ（ダメと言ってはいけない）」、「ノー　ナイナイ（ノーと言ってはいけない）」なども巧みに使った。また、カナダの子どもたちに向かっては、英語の「ノー」という否定語を使った。「ノー」は、日本語の「ナイ」「イヤ」「ダメ」と相手にあわせて使い分け併用された。

833（2：00：09）　さまざまな否定の表現

「ナイナイ」（否定）

三語発話「ユー　ガッコウ　ナイナイ（ゆうは、学校へ行きたくない）」（主語＋目的語＋述語）

「AでなくB」

「ウンコ　ナイナイ　チッコ（ウンコではなく、おしっこする）」「チー　ナイナイ　ユーノ（姉のじゃない、自分のもの）」「ビンビ　ナイナイ　パップル　ディー　イイノ（ビスケットいらない、アップル・ジュースが欲しい）」「パンポ　ナイナイ　ユー　ゥチ　イイノ（散歩行きたくない、ゆうは家にいたい）」

「非存在」

電車が走っていて見えなくなったとき「バッポー　ナイナイ　ママ　バッポー　ナイナイ（電車いなくなった、ママ、電車いなくなった）」。飛行機が飛んで行ってしまったとき「ナイナイ　ママ　ブーン　ナイナイ（いなくなった、ママ、飛行機いなくなった）」

「ナン」「イヤーン」（拒否）

母「ゆう　おしっこしようか」

ゆう「ナン、チッコ　ナイナイ（いや、おしっこ、したくない）」

母「ゆう、ビンどこやったの？　持ってらっしゃい」

ゆう「イヤーン、ママが（いや、ママが持ってきて）」

姉が手をさしのべて「ゆう、そんなところへ登ってダメ、降りてらっしゃい」

ゆう「イヤーン、ママが（いや、ママが降ろしてちょうだい）」

「ダメ」（禁止）

ゆうが母の口調をまねて「チー　ダメ　ユーノ（チーちゃん、ダメです。ユーノです）」

母が「ダメ」と言うと「ダメ　ナイナイ（ダメと言ってはいけない）」

「ノー」（否定、禁止）

カナダの子どもたち（ラクサやミレナなど）に対しては、彼らに通じる「ノー」を使う。

「ノー　ノー」「ノー　ユーノ」

姉のおもちゃを勝手にいじっていて、姉がゆうに「ノー」と言う。

ゆうは姉に「ノー　ナイナイ（ノーと言ってはいけない）」

「イヤダ」（拒否）

834（2：00：25）　ゆうは「イヤダ　イヤダ」という表現をよく使うようになった。

母「ゆうくん、ダンダ入ろうか？」ゆう「ダンダ　イヤダ」

ゆう「ドコ　行くの？」母「デイケアセンター　行くのよ」ゆう「ガッコウ　イヤダ」

母「ゆうくん、おもちゃお片付けしようか？」ゆう「イヤダ、イヤダ」

4　ことばによる交渉

■ことばによる交渉 ── 要求、拒否

要求‐拒否行動は、欲しいものを指さしなどで要求したり、首振りで拒否したりするなど、身振りで表現する行動から、2歳すぎころから、おもにことばを使って表現するようになった。その変化は、単に自分がしたいこと（要求）やしたくないこと（拒否）を身振りからことばに変換したというだけではない。自分の要求や拒否を、誰にどのように伝えたら実現するか、伝達対象を分化させることはもちろん、要求や拒否の感情をストレートに表出するのではなく、もっともらしい理由をつけたりして、ことばによる高度な対人交渉術というべきものに変わった。

たとえば、事例839のように、スキムミルクは見かけは牛乳と同じだが、飲みたくないので「ジャージャ（ミルク）」という普段のことばを使わないで、「ブクブク」という新しい名前にして「ブクブク　イヤ　まずい」と言った例などがあげられる。また、事例840のように、自分が食べたいものに「トーフ、古いからユーが食べてあげるね」と言うなど、もっともらしい理由をつけるようになった。事例843、844のように、母にしかられそうになったときなどに「ママ　いいの」「ママ、ゆう好き?」と言って、抱かれにくるなどの行動もみられた。

835（2：01：06）外出しようとしたときに、宿舎の廊下でミレナに会った。ゆうはミレナの体を押して、「ミ

レナ、ユーのウチくる、ダメ」と言う。

836（2：01：07）夕方、知人のTさんの家へ行く。何度も訪問している家だが、最初に地下室から入ったら、母に抱かれているのに「ママ　もっとダッコ、もっとダッコ」と言って、床に降りようとしない。地下室は、はじめてだったので、知らないところと思ったらしい。一階に行ったら、とたんにキャッキャッと喜んで、他のこどもたちとおいかけっこをして遊びだす。自分の哺乳びんをほかの子に取られそうになると、「マイン　マイン、マイン　ジャージャ」と言う。

テーブルの上に出されたおつまみのチップスを、ゆうが取りに行き、手にとって戻ってきて「何？」と母に聞く。母が「チップス」と言うと、ゆうは「チップス　チップス」「モアー　モアー」と言いながら、何度も取りに行く。そのうち、チップスを取りに行っては「ノーモアー（もういらない）　だから」と言いながら、母の口に入れにくる。

837（2：01：10）本やおみやげを買いにショッピングセンターへ行く。ゆうは「ユー　ブロック　買って」「ユー　ブロック　欲しいもん」「ユー　ブロック欲しいてー」とねだる。最近「〜もん」「〜て」という語尾をつけて要求するようになった。

838（2：01：11）夕方、Tさん宅へ、日本に帰国する研究者たちの送別会に行く。ゆうはレゴを見つけて熱中している。Tさんの庭には木の上に子どもだけが入れるツリー・ハウスがある。ほかの子たちが木に登っているのを見て「ユー　タカタカ　ノリタイナー」「ユー　タカタカ　ノリタイナー」と言う。「エビ　エビ」と言いながらグラタンの海老だけをよってたくさん食べるので、ほかの人たちから「ユーくん　海老好きだねえ」と言われる。

839（2：01：13）ブラックストラップ湖へ車で旅行に出かけて、魚釣りなどを見る。牛乳ではなくスキムミルクを携帯し、水に溶かしていつもの哺乳びんに入れてゆうに渡した。一口飲んで、すぐに母に差しだして「ブクブク　イヤ　まずい」と言って、飲もうとしない。スキムミルクも、見た目はミルクと変わらないが、味が違ったので「ミルク」とは言わないで「ブクブク」という名前を自分でつけたらしい。「ブクブク」とは、かきまぜるので泡があったところからの命名だろう。

840（2：03：00）母が夕食に豆腐を食べようとしていると、ゆうがそばへ来て「ママ、トーフ、古いからユーが食べてあげるね」と言って、豆腐を食べる（後で祖母に聞くと、昼食のときに祖母が「古いから食べておこう」と言ったとのこと。自分が豆腐を食べたいので、もっともらしい理由をつけたらしい。このように最近は、それらしい状況に合わせて適切なことばを臨機応変に使う）。

841（2：04：19）母「ゆうくん、もうお菓子食べてだめ、もうすぐごはんだから」ゆう「イヤだよ。ユー、オカチ食べたいもん」母「ダメよ、かしなさい」（と言って母がゆうから菓子をとりあげる）。ゆう「ダメもん、ママダメもん、ユー食べたいもん、ママとってダメもん」（と言って泣く）。

842（2：04：27）ゆうが「ママ、ミカンむいて」と言う。母がミカンをむいてやると、少し皮がやぶけた。「誰がミカンやぶったの？」と言う。

843（2：04：28）何かいやなことがあったり、転んだり、眠くなったりすると「ママいいの」と言い出す。姉がゆうとは関係がないことでも、怒ったり泣き声をあげると「ママいいの」と言って、母のひざに抱きつきにくる。そして「ママ、チーが怒っているから、お二階行こうよ」と言う。

844（2：04：28）ゆうは、母が軽くしかるときは、「いやだよ」と言ってきかないが、母が本気だとすぐに顔色を見て、さっとやめて「ママ、ゆう好き?」と聞いて抱かれにくる。母が「ゆう、好きよ」と言うと安心する。本当に怒られそうなときは、母が「メッするよ」とほおをつねるまねをするだけで、母が本当にほおをつねらなくても、すぐにきく。

845（2：04：28）祖母がスーパーに買い物に連れて行って、乳母車にのせて1人で少しのあいだ待たせていた。祖母が戻ってきたとき、ゆうの手に持たせていたチョコレートがないので、「ゆうくん、チョコレートは?」と聞くと、ゆうが「ここにあるよ」と言って、ざぶとんの下に隠しておいたチョコレートを見せたとのこと。以前に似た状況で、ほかの子どもにお菓子を取られて泣いたことがあったので、あらかじめ防衛したらしい（祖母の報告）。

■「アマイ、カライ」

846（2：00：12）最近、「甘い」「辛い」ということばを使いだした。ほぼ正しい。デイケアセンターでケーキを食べると「アマイ　アマイ」と言う。夕方帰宅した父が「今日、ガッコウで何やったの?」と聞くと、「ケーキ、ケーキ、ママと」と応える。迎えに行った母もちょうどおやつの時間だったので、一緒にケーキを食べた。「ケーキ、キャンディ　ノセテ」と言う（ケーキの上に種々の色の飾りがついていた。それをキャンディと表現した）。最近、「ノセテ」「ミチェテ」など、動詞に「テ」をつけて言うようになった。

847（2：00：12）「カライ」ということばは、以前から父のビールやコショウ、ショウガなどを欲しがるときには、母が「辛いからダメ」とか、「カラカラだからダメ」という言い方で禁止するときに使っていた。ゆうも「カラカラ　ダメ」と模倣していた。しかし、最近は、ひやむぎのおつゆを飲んで「カライ」と言うなど、食べ物の味を表わすことばとして食べた後に自分で言うようになった。またゆうが自分の皿に取った肉を食べないので「ゆうくん、お肉食べなさい」と言うと、「カライ」と答えることもある（本当は辛くないのだが、食べたくないので「カライ」という理由をつけて拒否する）。

848（2：00：29）郊外のメドウ・レイクの公園にキャンプに行く。野生のブルーベリーがなっている。いつも摘むベリーは赤いが、ブルーベリーは青いので、ゆうがけげんそうに「ベリー　甘い？」と母に聞く（赤くない実は甘くないと思ったのだろう）。一粒食べて甘いベリーだとわかると、「ユー　ベリー　ちょうだい。ユー　ベリーちょうだい」とうるさく要求する。

■「チョウダイ」

849（2：00：09）郊外のワコー湖公園へ家族と行く。父に抱かれていると「ママ　イイノ　ママイイノ」と言って母に抱かれたがる。歩きたいときは、「アンヨ　アンヨ　アンヨ　イイノ」と言う。抱かれたいときは、「ダッコ　ダッコ　ママ　ダッコ」と言う。

野生のストローベリーをたくさん摘む。昨日、姉と遊んでいるとき、姉が摘んだものを勝手に持って行くので、欲しかったら「ちょうだい」と言いなさいと教えた。今日さっそくベリーを食べるのに「チョウダイ　チョウダイ」と言ってはベリーをもらって口に入れる。自分でも「アッタ　アッタ」と言ってベリーを摘んで食べる。

850（2：03：25）お菓子の袋を持ってきて「ママ、ユー、オカチちょうだい」「タクチャン　ちょうだい。こんだけチョウダイ」（指を3本出す）。

■「ドコ？」「ダレ？」「何？」―「ミセテ」「ミテミテ」「ミルだけ」

好奇心が旺盛で、「ドコ？」「ダレ？」「何？」という質問が多くなった。また、「ミセテ」「ミテミテ」「ミルだけ」などの要求も多くなった。何か食べ物が欲しいという要求とは違って、「見る」「知る」ことへの要求であり、要求の内容そのものも変化した。

851（2：00：06）母がホットケーキを焼くために粉をつくっていると、ゆうが「ミチェテ　ミチェテ（見せて）」と言う（このことばははじめてである。最近、頻繁に新しいことばを発話するようになった。特に姉の言うことはすぐにまねて言う）。

852（2：00：10）玄関のドアをノックする音が聞こえると「ダレ？　ダレ？」と聞く（ドコとダレの区別、正確に使い分ける）。

853（2：00：11）父と母と姉が「～が～している」というような話をしていると、ゆうが割り込んできて「ダレ？　ダレ？」と聞く。「～が見えるね」というような話をしていると、ゆうが「ドコ？ドコ？　ミチェテ　ミチェテ（見せて）」と言う。

854（2：00：19）デイケアセンターからウイギンス公園へ行って遊ぶ。鉄棒でできたロケットに乗ったり、鉄棒からぶら下がったり、新しい遊具を見てはしゃぐ。鉄棒にぶら下がったりすると、そのつど「ママ　ミテ、ミテ」「ママ　ミテ、ミテ」と言って、自分がやっていることを母に見せたがる。

855（2：00：19）夕方、宿舎の裏庭で他の子どもたちと遊ぶ。リンゴの木に実がたくさんなっているが、緑色のクッキング・アップルなので、生で食べるには酸っぱいし、まだ熟してもいない。ゆうがリンゴに興味を持って「ママ　ママ　アップル　アップル」としきりに言うので、母が「食べてはダメよ」と言うと、ゆうが「アップル　アップル　ミルダケ　ミルダケ」と繰り返す。「アップル　ミルダケ」と何度もゆうが大声で言うので、そばにいたナイジェリアからきた留学生が何と言っているのかと母に質問した。「ジャスト　ルッキングの意味だ」と母が答えると、ひどく感心して大笑いする。ゆうがリンゴの実にあまりに関心があるので、とうとう父に実をとってもらい、実を割って中身を少しだけなめさせてもらった。「アップル　チュッパイ（酸っぱい）」と何度も言う。

856（2：00：26）夕方、スーパーマーケットのセーフエイに車で買い物に出かける。ゆう「ママ、ブーブ乗って　ダンタン行くの？」母「今日は、ダウンタウンと違うの」ゆう「どこ？行くの？」母「セーフエイへ　お買い物」ゆう「テーフエイ？」ゆう「ママと？　トットと？　チーは？」母「みんな一緒に」ゆう「みんな　ブー

ブー乗って　行くの？」

857（2：01：17）母がやっていることを、何しているかと、いちいち聞いてことばで表現して欲しがる。そして自分も同じことをしたいと言う。

「ママ、ナアに書いてるの？」「ユーも書きたい」

「ママ　何チテルの？」

858（2：02：00）夕方、大学の物理学教室へ日本映画「男はつらいよ　望郷篇」の上映会を見に行く。映画を見ているあいだ、ゆうは興味しんしんで画面を指さして「あれ？　何？　本当に海？　お船いる？　お船乗ってくの？　お船どこ行くの？」「だれ？　だれいるの？　何ちてるの？」と質問の連続であった。

■「ダカラ（理由づけ）」「モチモチだけ（持っているだけ）」「チュコシだけ（少しだけ）」

要求するときに、欲しいものを直接言うやり方だけではなく、「ダカラ」など理由をつけたり、「モチモチだけ（持っているだけ）」「チュコシだけ（少しだけ）」などのことばを使って交渉するようにもなった。

859（2：00：11）はじめて「ダカラ」という表現を使いだした。ゆう「チー　ネンネ　ダカラ」母「そうね。チーはネンネしてるから、起こしてダメよ」

大学の同僚が家に来るので父が「ゆうくん、今日は佐藤さんが来るからね」と言うと、ゆうは「キョウ　チャトチャン　クル　ダカラ？」と答える。そして母に何度も「チャトチャン　クル　キョウ」「キョウ　チャトチャ

ン　クル　ダカラ?」と伝えに来る（佐藤さんははじめて家へ来るお客さんなので、ゆう自身は誰のことか知らないが、その人がやってくる、だから、おりこうにしてなければならないなど、我が家のイベントと状況がわかった）。

860（2：01：05）　夕方散歩をしているとき、食べられない赤い玉を摘んできて、「ママ　ベリー、ベリー」と見せにくる。母が「食べてはダメよ」と言うと、ゆうが「モチモチ　ダケ（持っているだけ）」と言う。

861（2：01：18）　デイケアセンターへ行く車の中で、母が運転し、ゆうと姉が後部座席にいる。ゆうは姉に向かって「ダァンタン（ダウンタウン）で買ったキャンディ食べてダメ、ドク入ってる、だから」などとしきりに話している。以前にダウンタウンに行ったときにカラフルなキャンディを欲しがったが、着色がひどいので、母がゆうに言い聞かせたことをアレンジして姉に向かって話している。

他者に向かって「ダメ」と拒否や否定の内容を話すとき、「だから」という理由を付け加える。また、何かを主張したり要求するときも、その理由として「だから」を加える表現もよく使う。「ユー、コート欲しい、寒いだから」。また、ねだっても拒否されるときには、「チュコチ（少し）だけ」「見るだけ」「モチモチ（持っている）だけ」などと言って相手に譲歩させるような交渉をする。

862（2：03：02）　姉が昼間、一階の祖母のふとんでお昼寝をした。ゆうは夜になって寝ようとするとき、昼間に姉が寝たふとんを指して、「ユー、ここで寝る」と言って聞かない（うらやましかったらしい）。二階へ連れて行こうとしても、どうしても聞かないので、母が「じゃあ、少しだけ、ここで寝てからお二階へ行きましょう」と言うと、ゆうは「チュコチだけね」と言って、少し寝てみると満足した。「ユー、チタ（下）のおふとんで、チュコチだけ寝たよ」と言う。

863（2：01：29） 最近、数や量に対する関心が旺盛になった。母がほかの人と「2歳です」などと話をしていると、ゆうが「ユー　こんだけ」と言って、2本指を出して見せる。

母がゆうにクラッカーを1つ渡そうとすると「たくさん　ちょうだい、ユー　こんだけちょうだい」と言って、2本か3本の指をたてる。1つだけでは満足しない。以前のように両手に持ちたいというのではなく、片手でもいいが、量を多く要求する。

また、クラッカー、ビスケット、パンなどの端が欠けているものや割れているものは、いやがって、完全な形のものを要求する。「小さいの　いや、大きいの　ちょうだい」果物などは、「大きいの　いいの、大きいの、ちょうだい」と言って要求する。自分で選ばせると、大小がはっきりしているものは、大きいのを取る。大小があいまいなものは、自分ではうまく選べないが、ことばでは「大きいの　ちょうだい」と言う。

ゆうが自分で台所へ行って探して見つけたストローが少しだけ細いものであった。「大きいのチュトローどこ？ママ　大きいのチュトロー　どこ行った？」母が太いストローを出すまで、うるさく聞きつづける。

ゆうが壁を足でけるので、母が「ゆう、足でコンコンけってはいけません」と言うと、ゆうが「チュコチだけ、チュコチだけならいいの？」と聞き返す。そして、けりかたを弱くして「チュコチだけ」と言う。

ミルクやジュースや水の量をうるさく注文する。少ないと「チュコチだけ、いや。チュコチだけ、いや、たくさんちょうだい」。

864（2：04：05） 午後に姉と姉の友達と一緒に公園に行った。姉の友達のゆう子ちゃんが手をつないで、公園に連れて行ってくれた。家に帰ってから何度も「ユー、ゆう子ちゃん好き」と繰り返し言う。母が「ゆうくん、チーも好きでしょ?」と聞くと、ゆうが「うん」と言う。もう一度「ゆう、お姉ちゃん好きでしょ?」と聞くと、ゆうが「うん、…だけど、チュコチ、イジワルチュル」と答えたので、母と姉とで大笑いする。

■「アンブッコ（半分こ）」

「半分こ」は、ゆうが姉とケンカするとき、母がよく使っていたことばである。ゆうは、自分が欲しいとき、このことばを使って巧みに交渉するようになった。

865（2:00:02）ゆうがコップを2つ両手に持っているので、姉が「ゆうくん、コップ1つ貸して」と言っても貸さない。「ユーノ ユーノ コップ アンブッコ（半分こ）ナイナイ ユーノ コップ」と言う（ゆうが姉のものなどを欲しいときは「アンブッコ アンブッコ（半分こ、ちょうだい）」と言って要求する。自分が先に取ったときは「アンブッコ ナイナイ（半分こ、いや）」と言って拒否する）。

866（2:00:04）長い豆が木からぶら下がっていた。姉が豆を取って持っていると、ゆうも欲しがるので持たせた。すると「マメ マメ アンブッコ アンブッコ（半分こ）」と言う（豆の皮を割って、中の豆を取り出して欲しい。豆を割ることも「半分こ」と言った）。

867（2:00:10）ダウンタウンでアイスクリームを食べる。ゆうは自分が先に食べてしまうと、まだ食べている姉に「モアー モアー（もっと）アンブッコ アンブッコ（半分こ）」と言ってねだる。

868（2：01：29）　お菓子などを半分に分けようとすると、「ハンブッコ　イヤ、ハンブッコ　イヤ、みんなユーの」と言う。しかし姉には「チー　ハンブッコ、チー　ハンブッコ、チテ」と要求する。また、「チー　小さいの、ユー　大きいの　いいの」と言う。

ことばが使えるようになると、自分がしたいことやしたくないことをことばで表現して相手に伝えることができる。しかし、ことばの働きは、それだけではない。ことばは、本質的に生成的な機能をもつ。つまり、習ったことばを、習った通りに使うだけではなく、変換して生成的に新しい使用法をつくりだすことができる。興味深いことに、子どもはおとなが使っていることばを自分で工夫して、「一を習えば、十にする」かのように、さまざまな文脈で応用をきかせて使うようになる。

たとえば、「カライ」は、おとなが「カライからダメ」というように欲しがるものを禁止するために使ったことばであるが、自分が食べたくないものは「カライ」と言って拒否するなど、ちゃっかり対人交渉術に変換して使った。「半分コ」なども、おとながしつけのために使ったことばだが、自分が欲しいものを要求するために使うようになった。「見るだけ」「モチモチ（持っている）だけ」「チュコチ（少し）だけ」などのことばも、おとなから譲歩をひきだすための効果的なことばとして使われた。また、「＊＊ダカラ」というように、理由を言って、自分の要求や行為を正当化する交渉術も巧みになった。「小さい、大きい」など、本来は要求・拒否行動の文脈と異なるところでおぼえた物理的形態を表すことばも、すぐに自分に有利な交渉をするために用いられた。

5　ことばとことばの併用 ── バイリンガル

ゆうは1歳8か月から2歳2か月まで、父の仕事の都合でカナダの中央平原のなかにあるサスカツーン市に移住したので、片言のことばから二語発話がではじめたころに、外国で暮らすという特異な経験をした。また、1歳10か月からは、カナダの保育園に入園した。家庭では日本語を使用したので、ゆうの言語生活そのものは日本語であった。英語圏で暮らすうちに、家族も日常生活のなかに英語の単語などを使うようになったので、ゆうも自然に片言の英語を交えるようになった。ゆうにとっては、日本語も英語も覚えたばかりのことばであったから、どちらも区別がなかったといってもよいかもしれない。

ゆうは、同じ意味をもつ日本語と英語の2つのことばを併用した使い方を自然に行なうようになった。1つの意味に2つの音声があることに違和感をもたず、2つのことばのあいだを行き来することに不便を感じないように見えた。また、日本語と英語をチャンポンに混合した二語発話も話すようになった。

■日本語と英語の併用 ── 応答やあいさつのことば

「サンキュー（ありがとう）」「オーケイ（いいよ）」「ハイ（こんにちは）」「バイバイ（さよなら）」など、応答やあいさつのことばは、状況的文脈にあわせて発せられるので、その文脈さえ理解できていれば、外国語でも簡単に習得できる。ゆうも、カナダに行ってすぐに文脈にあわせて使うようになった。

興味深かったのは、「サンキュウー」「オッケー」など肯定的な応答のことばの使い方であった。日本では、特に家族間では、肯定的な応答のことばは、「ウン」など簡単な返事をすることが多く、ことばで明確に表現しないことが多い。しかし、英語では、「サンキュー」は、何かしてもらうたびに発する重要なコミュニケーションの道具となることばである。ゆうは、教えていないのに、日本語の家族間のやりとりのなかでも使いはじめた。やがて、「サンキュー」「ウエルカム（どういたしまして）」をセットで使うようになった。また、要求するときには「モア　プリーズ（もっとおねがい）」と言うようになった。

869（1：11：07）お昼に母がゆうに「ビスケット食べる?」と聞くと、「ン」と言うので、ビスケットを箱から出してゆうの手に持たせると「タンキュー（サンキュー）」と言う。

（「ありがとう」と「サンキュー」、どちらのことばも使えて、併用ができる。しかし、単に両方のことばが言えるだけではなく、的確な文脈で使える。このように何か食べ物をもらったとき、日本語では家族間でいちいち「ありがとう」と言わないが、英語では「サンキュウー」と言うのがふつうである。教えていないのに英語的な使い方をする。）

870（1：11：23）最近、ミルクをもらったときや、何か欲しいものをもらったとき、「タンキュー」と右肩あがりのアクセントで大きな景気のよい声を出す。相手は大人でも姉でも同じように「タンキュー」と言う。日本語では、家族のあいだで何かしてもらったり、物をもらっても、いちいち「ありがとう」と言わないほうがふつうである。「タンキュー」は発音しやすいこともあるが、英語ではたとえ家族間でも「サンキュー（Thank you）」と言うので、ゆうも使うようになったのだろう。

871（2：01：04）最近、砂でごっこ遊びすることを好む。容器に砂をよそって、母のところへ持ってきて「マ

マ　ケーキ　ケーキ」と言う。母が食べるまねをして、「サンキュー」と言うと、ゆうが「ウエルカム（どういたしまして）」と言う。そして、ゆうが「モアー？（More もっと？）」と聞く。ごっこ遊びは、ほとんど英語でのやりとりになった。ゆうは、「タンキュー」「ウエルカム」を頻繁に言う。自分で「タンキュー　ウエルカム」をつづけて言うこともある。

872（2：01：01）ゆうが、おかわりするときなどに、母に「モア　プリーズ」と言うようになった（デイケアセンターで覚えたらしい）。ジュースを飲んで「モア　プリーズ」、牛乳を飲んで「モア　プリーズ」と言う。ビスケットを1つ渡すと、もう1つの手を出して「モア　プリーズ」と言う。

873（2：00：00）大きな声で「オーケィー」と言うようになった。母「ゆうくん、びんを置いてきて」ゆう「オーケィー」母「ゆうくん、タータ脱ぎなさい」ゆう「オーケィー」。

874（1：11：28）さようならのあいさつは、以前のように手を振ることは少なくなり、「バァイ　バイ」と大きな声で言う。「バイバイ」と言った後で手を振ることもある。特にデイケアセンターに母が迎えに行って帰るとき、先生や友達みんなに向かって何度もうれしそうに「バイバイ」と言う。

875（2：00：08）隣のラクサが遊びにきて帰るとき「バァイ　バイ」と大きな声で言う。自分がエレベータに乗ったとき、廊下にいるほかの子どもに「バァイ　バイ」と大きな声で言って手を振ることもある。

876（2：01：03）宿舎のエレベータで人に会うと、知らない人でもゆうのほうから「アイ（ハイ Hi）」と言い、エレベータから出るときは「バァイ（By）」と元気にあいさつをする。そのくせ、相手から先にあいさつされて声をかけられると、返事をしない。

877（2：01：18）「モア・プリーズ（もっとちょうだい）」「マイ・ピロウ（私の枕）」などと言う。

878（2：01：18）朝、デイケアセンターで、ほかの子どもたちに「アァイ（Hi）」と大声であいさつする。宿舎のエレベータで会う人にも、相手が知らない人でも「アァイ（Hi）」「バァイ（By）」と大声であいさつする（宿舎のエレベータでは、知り合いでなくてもお互いにあいさつするのがふつうである）。

879（2：01：18）夕方、ベラール先生宅に夕食に招かれているので、準備をはじめる。ゆう「どこ？　行くの？」母「ベラール先生とこ、行くのよ」ゆう「トットは？」母「お父さんが学校から帰ってきたら、行くのよ」ゆう「ベラール　チェンチェイ？」母「そうよ」ゆう「ベラール・チェンチェイ、ユウ、アァイ（Hi）言うもん」。

■日本語と英語の混合と併用

ゆうのことばの使い方で、もっとも興味深かったのは、日本語と英語の混合と併用であった。ひとつの方法は、「モア（more）いい」など、日本語と英語を混ぜて合成してチャンポンに使うやり方であった。もうひとつのやり方は、母を呼ぶときに、ふだんは「ママ」と言い、カナダの子どもたちがいるときは「マミー」と言うなど、文脈や状況に応じて切り替えて併用する使い方であった。後者の例としては、「ユーノ」と「マイン」、「ナイ」と「ノー」、「ワンワ」と「ドッグ」など、多くのことばが併用された。

異言語間の意思疎通のために自然につくられた接触言語は、ピジン言語と呼ばれる。その特徴は、「ベースとなる言語の語形変化が単純化される」「語彙はベースとなる言語に比して極端に少ない」「1つの単語が多義的に用いられる」「ベースとなる言語の語彙以外に、他の言語の語彙が混入する」「複数の言語の発想が合成され使われる」などである。

実際に明治に横浜で使われた英語系日本語（杉本）には、次のような例があげられている。Oh char parra parra（おちゃぱらぱら「お茶（を）パラパラ（してください）」＝ Mix me some tea）、Coots pom pom otoko（くつぽんぽんおとこ「靴ポンポン男」＝ bootmaker「靴屋」）、Okee abooneye pon pon（おおきいあぶないぽんぽん「大きい危ないポンポン」＝ earthquake「地震」）など。

少ないことばで多義的で豊かな表現がなされており、擬音語や繰り返しが効果的に使用されている。これらは、子どもの初期のことばの使い方と共通している。もともと子どもの初期のことばは、ピジン言語的な特徴をもっているといえる。ゆうの例をみると、その応用力はきわめて実践的で、特殊なことばというよりも、ことばというものが本来的にもつコミュニケーション力を発揮しているのである。

880（1：10：25）　母が学校に関する質問をいろいろな形式でしてみると、ゆうは的確に日本語の文法にそった返事をする。

母「ゆう、学校行くの?」ゆう「ユー　ガッコウ　ナイナイ」
母「ゆう、学校行きたくないの?」ゆう「ウン」
母「ゆう、学校行くんでしょう?」ゆう「ナイナイ」
母「ゆう、学校ナイナイなの?」ゆう「ウン」

881（1：11：22） ロッキー山脈のジャスパーで湖を見た後、みんなでジュースを飲んだ。ゆうは母に、プラスチックのコップを差しだしながら「モア　いい　モア　いい」と言う。母は「もう　いい」と言っているのかと思って、コップをカバンにしまった。すると何度でも同じことを言って、母に訴えつづける。よく考えたら、「もう　いい」ではなく、「モア（More）いい」つまり、「もっと欲しい」と言っていたのだった。

もっと欲しいというとき、よく姉が「モア　アップル（More apple）」「モア　ジュース」などと言って要求していた。それで、ゆうも、「もっと」という意味の英語「モア」と、「いい（欲しい）」という日本語「イイ」をむすびつけて、英語と日本語を混ぜた二語文をつくったのだろう。

882（2：00：10） 姉は幼稚園に行ってから急速に英語を交えて話すようになったので、母が姉と話すときは、ふつうに使われている単語など自然に英語が混じることがある。母は、ゆうに向かっては「消防車」「パトカー」など日本語で話しかける。母が、姉に向かって「外にポリスカーがとまっているね」と言うと、ゆうが「ドコ？ドコ？」と身を乗り出す（「パトカー」でも「ポリスカー」でも、どちらのことばでも理解できるらしい）。

883（2：00：11） どこで覚えたのか、ゆうが母に「アイ　ドント　ノウ」と繰り返し言っては微笑する。母が「ゆうくん、I don't know なの？」と聞くと、「ウン」と言って、また「アイ　ドント　ノウ」と繰り返し言って、うれしそうに笑う。

884（2：00：12） デイケアセンターで、先生からアップルジュースをもらうと、ゆうが大声で「アップル・デー、アップル・デー」と何回も叫んだ。先生たちは感動して「ゆうが、はじめて English を話すようになった」と母に報告した（家では、かなり早くからデイケアで覚えた英語の片言を得意げに話しているが、実際に英語が交わされているデイケアではあまり使っていなかったのだろう）。

885（2：00：12）自宅で、ゆうが友達のラクサやミレナと遊んでいるとき、彼女らがゆうのおもちゃをさわると、自分のおもちゃを抱え込んで「マイン　マイン」と言う。姉には「ユーノ」と言うので、日本語と英語を使い分けている（カナダの子どもたちには、「マイン」と言わないと通じないことをすぐに学んだらしい）。ゆうが折り紙の飛行機を投げて「ブーン」と言うと、ラクサやミレナも「ブーン」と言う。お互いにことばを模倣しあっている（ラクサとミレナは、2人とも同じ大学宿舎に住む2歳の女の子で、ラクサはゆうより9か月、ミレナは5か月年上である。ラクサは同じ階の隣、ミレナは上の階に住んでいる）。

886（2：00：14）風呂で頭を洗おうとすると、「ノー　ノー」と大きい声で言う（拒否のときに、「ナイナイ」や「イヤ」ではなく、はじめて「ノー」と言う）。

887（2：00：18）夕方、ラクサとミレナがやってくる。年長のラクサは姉と2人で、化粧品ごっこや椅子を使ったバスごっこなどをして遊ぶ。ゆうは、ミレナの顔を見ると、すぐに相手の顔をさわったり、たたこうとする。ゆうとミレナは、姉たちとは違うペアになって、2人でまねっこしながら、30分以上も仲良く遊ぶ。ひとりが寝ころぶと、もうひとりも寝ころび、ひとりが自動車を持つと、もうひとりも自動車を持つなど互いに同じことを繰り返しまねしあってほほえむ。ゆうは、ミレナを呼ぶのに、日本式に語尾が下がる発音ではなく、ミレナの母が呼ぶときのように「ミレーナ」と、レを強調し語尾を高く上げる発音で呼ぶ。ゆうはふだん母を「ママ」と言っている。カナダの子と遊んでいるときは、母を呼ぶのに「ママ」と言うときもあるが、他の子と同じように「マミー」と言うことのほうが多い。

888（2：00：20）姉は、このごろおもちゃなどを取り合って自分のものと言うとき「ノー」「マイン　マイン」をよく使う。ゆうも「マイン　マイン」「ノー　ノー　マイン」と言うようになった。

889（2：00：24）朝に母と姉とゆうがダウンタウンに出かけようと、宿舎のエレベータ・ホールでエレベータを待っていると、その音を聞きつけて隣のラクサが好奇心満々で自分の家から出てくる。ラクサがエレベータ前まで来ると、ゆうに向かって"Where are you going?（どこへ行くの？）"と聞く。すぐさま間髪をいれず、ゆうが「ダンタン（Down Town）行くの」と大声で返事している。

（ゆうとラクサ2人のあいだでは、このように英語と日本語のチャンポンの会話が不思議でもなくスムーズに成り立ち、互いに何を言いたいのか、およその意味がわかって通じているようである。ことばは、状況や文脈のなかで使用されるので、わからない単語などがあっても通じるのであろう。姉は、英語の単語を多く使い、カナダの子どもコミュニケーションするようになったが、日本語と英語の切り替えに自覚的なので、かえってゆうほどスムーズな応答はできない。姉も幼稚園などで学んできた英語を、母やゆうに向かって使う。安心できる家族との会話で、新しいことばをリハーサルするのだろう。）

890（2：00：30）メドウ・レイクでキャンプをしてからインドフ・ミュージアムに寄って帰る。ミュージアムの庭で啼いている大きい犬を指して、「ママ　ドッグ、ママ、ドッグ、こわい」と言う（いつのまに犬を「ドッグ」と言うようになったかわからない。ふだん絵本で見る犬は日本語の幼児語「ワンワ」と言っている）。

891（2：01：03）デボラ・レイクの家に招かれて食事に行く。ゆうは卵を見ると「エッグ　エッグ」と言う。

テーブルに似た椅子があった。ゆうは、椅子に乗って「テーブル　ウエ　テーブル　ウエ」と言って、いたずらっぽく笑う（家ではテーブルの上にのることを禁止されているので、テーブルにのっているつもり）。「テーブル　ウエ　ノッテル、テーブルウエ、ノッテル」と言う。

大皿にのっているニワトリを見ると指さして「ピッピ（鳥）ユー　ピッピ　いいの」「ピッピ　チョウダイ」と言ってニワトリの肉を要求する。食事が終わって眠くなってくると「ママ　ダッコ　ダッコ、ママがアンヨ、おうち帰る（ママがゆうを抱いて、ママが歩いて、家に帰りたい）」と言う。

892（2：01：03）ゆうは姉に向かって「チー、ユーの　だからダメ（チーちゃん、これはユーのだからダメよ）」と言う。「チーのチガウ、ユーの　だから」。同じ状況で「ノーノー　マイン　マイン」と言うことも多い。

893（2：02：00）ゆうは母との会話では日本語を使うが、ラクサとは英語で話し、相手によって瞬時に使い分けている。ラクサが“Where is Chi?（チイはどこ）”と聞くと、ゆうが間髪をいれず“I don't know（しらない）”などと答えている。隣へ1人で出かけて行って、ドアをたたき「ハァイ　ラクチャ」と言ってラクサの家の中へ入れてもらって遊び、ラクサと一緒に自宅へ帰ってくる。姉の友達のマロナ、ジェミー、ミレナなどともよく遊ぶ。ほかの子どもと遊ぶときには、“It's mine”“Mine”“My ブーブ”などを頻発して、自分のおもちゃであることを主張する。

894（2：02：00）デイケアセンターで、ほかの子が“Would you like milk?”と言いながら、ゆうのものではないミルク瓶を持ってくると、ゆうが“No”と言う。おかわりしたいときに、“Would you like more cake?”と聞かれると、ゆうが“Ya”と言うなど、イエス、ノーは的確に答えている。

ゆうが要求するときは、"More milk please" "More apple please" "More water please" などと言って要求する。家では、ミルクのかわりに、"More ジャージャ please" と言うこともある。

■日本語どうしの混合と併用

ことばというものの本質を考えると、日本語と英語の混合や併用だけではなく、日本語どうしでも混合や併用はあたりまえではないかと思われる。子どものことばでは、理解語と発話語が違っていることはふつうである。たとえば、母が「犬がいるね」と言うと、子どもは犬を指さして「ワンワ」と言うなど、理解していることばと、自分が話すことばは異なっている。第2巻で述べたように、ことばの発達は、「イヌ」という音声を繰り返し教えると、「イヌ」がわかるようになるというわけではない。子どもなりに「犬なるもの」という「意味内容」がわかり、それに、「意味記号」としての音声がつくのである。その音声は、「イヌ」でも「ワンワ」でも「ドッグ」でも併用可能である。

同じ対象に複数の名前があることも、ことばの本質としてふつうのことである。ことばは、モノと一対一対応的に覚えるものではない。したがって、母語が定着する以前の子どもでは、「リンゴ」を「アップル」、「たまご」を「エッグ」と呼んでも、子どもは「なに、それ?」と悩むことはなく、自然にすぐに受け入れることができる。

日本語と英語の併用ができるだけではなく、第2巻で、「ジャージャ」と「ミルク」の例を示したように、日本語どうしの併用もふつうに行なわれる。ゆうは、家族の呼び名もいろいろあることを早くから理解していた。ゆうも母を「ママ」「マミー」「カータン」「オ・カァチャン」「ヨーコ」など、いろいろな呼び方で呼ぶようになった。

895（2：00：01）姉がふざけて「ちづみちゃん　どの子?」と自分の正式名を言ってゆうに聞くと、姉を指さす。「ゆうきち君は?」と聞くと自分を指す。「ようこさんは?」「しんきちさんは?」と聞くと、母と父をそれぞれ指して笑う。ゆうがその後で自分で「トゥータン　カータン　チー　ユー（父さん　お母さん、チー、ユー）」とそれぞれのふだんの呼び名を言う。

896（2：00：24）父に呼びかけるとき、「トット」ではなく、ときどき「オ・トウチャーン」と呼ぶようになった。

897（2：01：02）父のことを「トット」とも「オ・トウチャン」とも言う。母のことを「ママ」とも「マミー」とも「オ・カアチャン」とも言う。あるときは父の言い方のまねをして「ヨウコ」と呼ぶときもある。

898（2：01：15）「オ・トウチャン、チンキチ（父の名）とダンダ　アイル」「オ・カアチャンと、ジャージャ飲んでネンネ」「かわいいオ・カアチャン」

899（2：02：00）母を呼ぶのに「ママ」「マミー」「お母ちゃん」「ようこ」と4通りの呼び方を併用する。どの呼び名でも同じ母をさしていて、相手や状況によって自在に切り替えられ、混同している様子はない。
父の呼び名は、「トット」「お父ちゃん」を併用する。まれに「チンキチ（しんきち）はどこ?」「チンキチ、何してる?」など名前を言って母に聞くこともある。自分からは「ダディ」とは言わないが、「ダディは?」と人に聞かれると父を呼びに行く。
（父は母を「ようこ」、母は父を「しんきちさん」と呼んでいる。家族はゆうが発音しやすいように母を「ママ」

と呼ぶこともあり、ゆうは「ママ」と言うことが多い。姉は、父母に向かっては「お父さん」「お母さん」と呼び、ゆうに向かうと「トット」「ママ」というように使い分けている。カナダの子どもたちは父母を「ダディ」「マミー」と呼んでいるので、姉はその呼び方もよく使うようになった。）

900（2：02：00）ゆうがにっこり笑って甘えた声で「ママー」と言うので、母が顔を見てにっこりして「ゆうー」と言うと、ゆうがまた「ママー」と言い、母がまた「ゆうー」と言う。顔を見合って互いの名前を呼びあっていると、本当にうれしそうにほおをすり寄せてきて、何度も繰り返す。

901（2：02：28）「ママ」「マミー」と言って、母のところへうれしそうに走り寄ってきては抱っこしてもらうことを好む。「マミー　おひざイイ、チー　ダメ。ユーノ。マイ・ママ」

902（2：03：29）カゼ気味で鼻水が出る。鼻水が少しでも出るといやがって、「ハナが出た、マミー、マミー」と言って母を呼ぶ（日本に帰っても、ふだんは「ママ」だが、甘えるときは、「マミー」とも言う）。

903（2：04：01）朝、起きたときに、ゆうが母の顔を見て「ママ、ママ」と言うので、母が「ゆう、ゆう」と言ってやると、ゆうがニコッと笑う。今度はゆうが逆に「ゆう、ゆう」と自分の呼び名を言うので、母も「ママ、ママ」と言ってやると、またニコッと笑う。ゆうが「ママ、ママ、マミー、マミー」と母の呼び方を変えるので、母も「ゆう、ゆう、ゆうくん、ゆうくん」と呼び方を変えて言う。今度はゆうが「おカアチャン」と言うので、母も「ゆうちゃん」と言う。母がゆうを抱っこして、2人で顔を見合って、こういう遊びをしていると、至福のひとときになる。

第４部

ことばで経験をつくる

ゆうくん
（ゆう　４歳５か月）

うまれてからこのかた
ひもにはあたまもしっぽもなく
ふたつのはじっこがあるだけだった・・・
ひきだしのおくでひもは
へびになるのをゆめみはじめる
ちゃんとあたまとしっぽがあるへびに

（谷川俊太郎　「ひも」　『すき』理論社より）

6章　経験を語り、経験を変えるナラティヴ

1　過去のできごとの語り――経験の組織化

　ことばのもっとも重要な機能のひとつは、ことばが〔ここ〕という現前の世界を超えて、ここにないもの、過去や未来を表わすことができることである。

〔ここ（現在）〕にいて〔あそこ（過去）〕のできごとを語る、つまり、ものがたりによって経験を組織するには、広義のことばなくしては難しい。現前の世界〔ここ〕で起こったできごとを「経験」としてまとめ、語るときには、すでにできごとはどんどん過去になっていく。語りは、できごとが起こると同時に刻々と現在進行形で行なえるわけではない。ことばにできるのは、ここで見たり聞いたりしている断片的な生の体験をことばで組織できたときである。したがって、「できごと」として語れるときには、その当のできごとは過去になっている。

　たとえば、もし目の前で暴走した車が電柱にぶつかったのを見たとしよう。その場では、「あっ！」「あぶ

ない！」というような声しか出ないだろう。「ものすごい勢いで車が歩道に突然飛び込んできて、電柱にぶつかったのを見た」と言えるのは、そのできごとの後になる。

ラジオの野球中継でアナウンサーが「あっ、バッターが打ちました。ぐんぐん球がのびています。ホームランです」と語るときには、現在進行形で今起きているできごとを即時にことばにしているように見える。しかし、わずかな時差であっても、ことばは起こったできごとを少しずつ後追いせざるをえない。しかも、短い時差で「ホームラン」と言えるのは、「ホームランになるかもしれない」という未来予測のストーリーを描きながら飛んでいくボールを見ているからである。ものがたりは、図6－1のように、現在において、過去と未来をむすびつけて組織化する作業だといってもよいだろう。

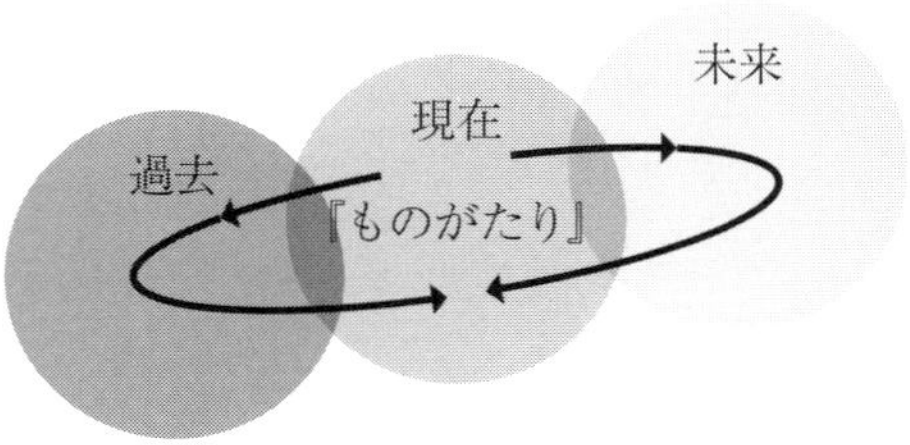

図6－1　ものがたりは、現在から過去と未来をむすびつけて組織化する

■ここにないものを行為で表わす

過去のできごとをことばで表わしたり、ことばで語ることができるようになる前には、ここにないもの〈不在物〉を行為によって表示したり再現する行為が見られる。指さしや「アッアッ」という発声などで、過去の興味深いできごと〈ここにないもの〉を表わすのである。次のような〈消防車〉や〈誕生日のろうそく〉などの例である。

延滞模倣の例で見たように、行為によって過去のできごとを再現することはできる。その場合には、過去のできごとを共有しており、なおかつ再現した行為を理解できる人がいないと伝わらない。〈私〉と〈あなた」が〔ここ〕という親密な場所を共有している場合に、その行為の意味が、はじめてわかりあえる。それに対してことばは、誰にでも通じる共通の形式をもっているから、いったんことばにしたとたん、そのことばを理解する人であれば、誰でもここにないものを伝えることができる。さらに、いったん「ことば」にできると、そのことばを媒介にして過去のできごとを思い出すという逆転が生じる。ことばにならない過去のできごとは記憶から消えていくが、ことばにすると、そのことばを手がかりにして過去を思い出し、人とも通じあうことができる。ことばは、できごとの断片であっても、過去と現在をむすびつけてものがたり化する上で、強力な働きをするのである。

【消防車】

904（1：3：03）夜、消防車が7、8台サイレンを鳴らしながらやってきたので、父母と姉とゆうと外へ見に行った。家の裏のアパートでぼやがあった。ゆうは興味深げに眺め、消防車を指さして「ン」「ン」としきりに言っていた。翌日、目覚めると、すぐに玄関を指さして両手を母に差しだして「アッ」「アッ」とうるさく言って、抱かれて外へ行きたがる。食べ物やおもちゃで気をまぎらせようとしてもダメで、声をあげて窓からしきりに外を指さす。母が抱いて、昨晩に消防車がいたあたりを一周してくると、ようやく納得しておとなしくなった（昨日見た消防車が来たできごとが印象的で、もう一度見たかった）。

【誕生日のろうそく】

905（1：5：00）姉の誕生日にケーキにろうそくを立てて火をつけ、姉が吹き消した。ゆうは、ろうそくをじっとのぞき込んでおり、自分も吹いていた。ろうそくが非常に興味深かったらしく、13日後に偶然に積み木を見ていて、そこにろうそくの絵がついているのを見ると、「アッアッ」と言いながら持ってきて、母に見せる。そして、絵のろうそくに「フー」と吹くまねをする。

1歳3か月すぎには、ことばを媒介にして過去の興味深いできごとをことばで呼び起こしたり、ことばでできごとをむすびつける様子が見られた。「ワンワ」「いたるくん」などのことばによって、過去のできごとを思い出し、そのことばを媒介にして新しい行為や発話が生まれるような文脈がつくられた。

906（1：3：11）夕方居間で、祖母が母に「今日、買い物に行くとき、ゆうが犬にほえられたけど、ゆうは喜んでいた」という話を母にする。祖母が「ゆうくん、ワンワがいたね。ワンワン言ったね」とゆうに話しかけると、ゆうは「ン」と言って、振り返って居間から窓の外を指さす。

【いとこからもらった自動車】

907（1：4：14）　3日前に実家に行った後、いとこからもらった自動車ばかりをいじっている。「ブーブー」と言いながら、突起の部分を押したり、ドアを開いたり閉じたりする。母が以前から家にある自動車を出してみると、それは「ナイナイ」と言って押しやって、新しい自動車に熱中している。ゆうは真剣な顔で自動車に部品のミサイルを何度も差し込もうとするが、うまくいかない。母が近くにいても、母のところに来ないで、遠くにいる祖父にミサイルと自動車を持って行って差しだしてやってもらおうとする（自動車は祖父のほうが詳しい）。母がもらった自動車を話題にして「ブーブー、いたるくんにもらったね」と話をすると、入口の方を指してバイバイの手振りをする（「バイバイ」してきた。あるいは不在のものを表わしている）。

【アヒル】

908（1：4：14） 3日前に実家に行ったときに公園に行って鳥を見たので、「岐阜の公園にガァガァいたね」と言うと、「ン」「ン」と言いながら入口の方を指す。自分でも「ガアガアガア」と言いながら、何度も母の顔を見て入口をしきりに指さす（過去に見たものの話をするとわかる）。

【ネコ】

909（1：4：14） 夕方、ゆうとクリーニング屋へ行ったとき、小さいネコがそばへ寄ってきてじゃれついた。ゆうは、そのときは「ナイナイ　ナイナイ」と言ってこわがった。家へ帰ってから、母が「ニャーニャーがいたね」と言うと、ゆうが「ニャーニャー」に似た独特の甲高い声をあげて微笑する。そして入口の方を指して「ン」「ン」と言う。それから、おもちゃ箱からネコのおもちゃを取り出してきて、それを見てひとしきり「ニャーニャー」と言いながら微笑する。

【クリスマスツリー】

910（1：5：00） 二階で、小さいクリスマスツリーを箱から出して、はじめて飾った。ゆうは興味しんしんでじっと眺めている。そして「マンマ　マンマ」と言って玉を取ろうとする。母が玉ではなく雪の綿を渡すと、首を振って「ナイナイ」と言い、木に飾ってあった玉をちぎってしまう。母が何回も「さわってはダメ、大事！」と言うと、自分の手を出さないで、母の手を取りにきて（クレーンのように）玉を取らせようとする。

911（1：5：01） ツリーを飾った翌日、二階にあがるとすぐに、ゆうがいじらないように棚の上にあげてあったクリスマスツリーを指さして、「アッアッ」と言って取って欲しがる。母がツリーを取ってやると、玉などをさわり、木がひっくり返ると「アァ～ア～（やっちゃった）」と言う。母が元どおりに直すと、ゆうが何回でも倒して、「アァ～ア～」と言う。ツリーの電飾に電気を入れないままでいたら、電気のコンセントを持ち上げて、ここへ差し込めというようなしぐさをする。

912（1：5：17）ゆうがクリスマスツリーを指さして「アッアッ」と言うので、母が取ってやると、次に電気のコードをひっぱって「アッアッ」と言い、電飾をつけろと要求する。電飾が点滅すると、光がつくたびに、ニコッと笑う。光が消えると「ニャイニャイ（ないない）」と言う。これを繰り返す。しばらくツリーを見た後、「バァーン」と言ってわざと床に倒して笑う。

913（1：6：29）ゆうは絵本でクリスマスツリーを見つけると、「ン」「ン」と絵本の絵を指して、「ン」と言って棚の上を指す。そして棚の上を指しながら「ニャイニャイ（ない）」と言う。
（以前は棚の上にツリーが置いてあったが、1か月以上前に片付けてしまったので、今は箱も何もない。）

914（1：6：30）さらに翌日、ゆうがまた絵本でクリスマスツリーを見つけると、すぐに「ニャイニャイ（ない）」と言って微笑する。もう棚の上を見ることもなく、指さすこともなく、ただ「ニャイニャイ」とだけ言う。

■ことばで過去のできごとを再編する

1歳8か月ころからは、「ことば」を媒介にして過去のできごとを再編する行為が見られるようになった。単にここにないもの（不在のもの）をことばで表現するだけではなく、「ことば」を媒介にすることによって、ここにないものがより鮮明なかたちで「経験」を生成的に形づくっていくのである。

私たちは、たえず多くの生の体験を刻々としている。しかし、それらの多くは記憶に残らないで消えていく。ある体験を「ことば」にすると、「経験」としてまとめられて形になりやすい。楽しかったできごとを「写真」にすると、後で振り返ったときには、その写真に関するできごとをよく記憶している。やがては、その写真の光景を中心にして過去のできごとが再編集されていく。ことばも同じような働きをするのではないだろうか。

【メエ　メエー】

915（1：8：25）父が母と子どもたちを大学のファーム（農場）へ連れて行き、豚やヤギなどを一緒に見た。ゆうは、動物を指さしては喜んだ。父と豚を見ていたら豚が尿をした。ゆうは、母のところへ走って来て、豚を指して「チッコ　チッコ」と知らせる。

ゆうは、いろいろな動物をどれも喜んで見ていた。家へ帰ってからも突然、「メエ　メエ　メエ」と言い出す。母が「ヤギさん、いたねえ」と言うとにっこり笑う。「メエ　メエー」と言いながら、父の体に抱きつきに行き、父の顔を観ながら何度も「メエ　メエー」と言う（父に抱いてヤギを見せてもらったことを覚えている）。

そのときは、ゆうはヤギだけに特別に興味をもったわけではなかった。しかし、自分が音声ことばで再現できるものは、後になって特に印象に残っていくのかもしれない。

■語りの宛先とできごとの叙述

語りには、宛先がある。できごとを語るとき、何を語るかという内容だけではなく、それを誰に語るかという伝達相手が重要になる。語りの宛先によって、語りの内容は異なってくる。同じできごとを一緒に体験した人に語る内容と、そのできごとを知らない人に語るのでは、ものがたり方は異なってくる。2章2で述べたように、「これ」を「この人」にという伝達相手の分化は、ことばの発生の前から見られた。「これ」（媒介項）を「この人」にという三項関係は、伝達相手によって媒介項を自由に組み合わせる働きをすることによって、伝達に役立つものとなる。

経験談は、いつ、どこでも、誰にでも通じる一般論ではなく、「この人」に伝えるという宛先との組み合わせで、効果的な話となる。ものがたりにおいても、この話を誰にするかによって宛先は選択される。また、誰に伝えるかによって同じ経験談でも、ものがたりの内容は自在に変えねばならない。ものがたりの発生のときから、そのような宛先と関連させた語りが見られた。

916（1：11：24）ロッキー山脈への旅行中、車に乗っているとき、何か見えるたびに、ゆうが大きな声で「プール　プール（穀物倉庫）」「バッポ　バッポ（電車）」などと指さしながら言う。そのときに、母がそばにいて母と一緒にプールを見ているときは、母には話しかけないで、運転をしている父の方に身を乗り出して「トットト　トット　プーリュ（ル）　プール」と大声を上げて指さす。父がそちらを見るか「ゆうくん、プールが見えるね」など答えるまで、うるさく何度も叫びつづける。ゆうが姉とワゴン車の荷台部分にいるときは、「ママ　ママバッポ　バッポ」と母に呼びかける。その場で同じものを共に見ていない人、状況を共有していない人に向かって呼びかける。

917（1：11：25）ハエなどが手にとまると、自分で追い払わないで「ママ　ママ　ン　ン」と言って、父や母にハエを見せて泣き顔になる。歩くのがいやになると「ママ　バッコ　バッコ（抱っこ）」と母に向かって言う（姉には言わない）。

918（2：00：00）ゆうの2歳の誕生日、家族でお誕生日祝いをする。「ゆう、ふたあつ」と母が言うと、ゆうが1本指をたてる。2本指をたてるのは難しいらしく、母のやるのを見て、しきりにまねをする。自分のお祝いということがわかるらしく、うれしそうにはしゃいでいる。母が準備のためにケーキの粉をこねていると、母についてき歩いて、ニコニコして「ケーキ　ヤイヤイ（ケーキ　焼く）」と言う。ケーキの上にのせるアメリカンチェリーには特別関心があって、指さしては「チェリー　チェリー」と言ってうるさい。まきずし、ちらしずし、サラダ、ステーキ、チェリーケーキ、マンゴー、バナナ、アプリコットなど、食卓に出ているもの、すべてを指さしてニコニコして名前を言わせる。

919（2：00：02）窓から外を見て「ママ　ママ　ジェミー　ブーブ（ママ　ジェミーの自動車があるよ）」と母に伝えに来る（ジェミーは隣の友達ラクサの兄、ジェミーの家の車の意味）。

920（2：00：05）二階から窓の外を見て黄色い自動車を見ると「ママ　ジェミー　ブーブ　ママ　ジェミーブーブ（ママ　ジェミーの自動車があるよ）」と言う。スーパーに行って黄色い小型の自動車を見ると指さして、「ママ　ジェミー　ブーブ　ジェミー　ブーブ」と言う。

921（2：00：05）姉とケンカしたとき、姉に「ゆうのバカ」とひとこと言われると、ゆうは「チーバッカ　チーバッカ　チーバッカ」と何度も何度も何倍にもして言い返す。しつこく言うので姉が悔しがって泣くと、「チー　エーン　エーン（チーが泣いた）」と言って母に報告に来る（以前にも、デイケアセンターに行っているとき、母が迎えに行って母の顔を見るなり、「ユー　エーンエーン（ゆうは泣いていたよ）」と報告したことがあった)。

922（2：00：13） 母が「今日はパットたちが来るからね。ジェミーも来るし」と言うと、「キョウ　パット　パット　クル」と言う。そして、そこにいなかった姉に「チー、キョウ　パット　クル」と言いに行く（大事な情報を姉に伝えに行った。パットが誰かは覚えていないが、パットという名の客が来ることはわかり、これから我が家のイベントが起こると認識している）。その後も、「キョウ　パットたち　クル　キョウ　パットたち　クル、ジェミーも」と、母の口調と同じように何度も繰り返して言いながらはしゃいでいる。

923（2：00：15） 家族でモントリオール湖に行き昼食をした後、レンジ湖へ行ってキャンプをした。カナダの夏は夜遅くまで明るいので夜の9時半すぎまではしゃいで走り回っている。湖のほとりで「イチ　イチ」と言いながら石を拾って、両手に持ちきれないほど石を持ってくる。エア・フロート（湖に着陸する飛行機）をはじめて見て驚き、「ママ　ママ　ブーン　アンヨ（ママ　飛行機が歩いてる）」と大急ぎで母に言いに来る。

924（2：00：25） 母「ゆうくん、今日はデイケアセンターで何やったの？」ゆう「ケーキ」母「ゆうくん、ケーキ食べたの？」ゆう「ウン、ケーキ食べたねえ」

925（2：00：21） ウェスタン・デベロップメンタル・ミュージアムへ、パイオニア・デイのお祭りを、母と姉とゆうの3人で見に行った。馬車に乗ったり、蒸気で動く昔の車を見たり、遊園地へ行ったりした。夕方に大学から帰宅した父が「ゆうくん、今日どこへ行ったの？」と聞くと、「エントク（遠足）、エントク　ブーブ　ママ　チー　ユー　エントク」と言う（ママとチーと遠足に行ってブーブー見た）。父が「遠足に行ったの？　よかったね」と言うと、「ウマ　ウマ」と言う（馬に乗った）。

926（2：00：22）ディーヘンベイカー・ダムへ行く。水に足をつけたり、石を拾ったりして遊ぶ。水に入っておしりが濡れたことを、母に次のように語った。「ユー　オチリ　ベチャベチャ、ブンブ　ボーン　チャッタ（ゆうは　おしりベチャベチャになった。水にボーンと入っちゃった）。」

927（2：00：23）大学の農場に家族で散歩に行く。馬や牛やヤギを見てから、サスカチュワン川のほとりでサスカツーンという名前の野生のベリーをたくさん摘む（州の名前サスカチュワンは、速く流れる川の意味の先住民クリーのことば。サスカツーンも先住民のことばで、野生ベリーの名前）。

散歩の途中で、はじめて川の淵の茂みでビーバーがつくった木くずの家を見た（ビーバーそのものは見なかった）。そのとき、「ビーバーの家だ」とみんなで言い合って騒いだ。翌日から、車に乗っていても川を見るたびに、ゆうが「ママ　ビーバー見たねえ」「ビーバー　いたねえ」としきりに言い出して、ビーバーの話をはじめるので、しばらくビーバーの話題で持ちきりになる。

928（2：01：05）恒例の休日ピザパイづくりをした後、サーカスを見に行く。ゆうは「ライオン　こわい？」「ゾウちゃーん」など、知っている動物の名前を言って、興味しんしんに見ている。外にバスが停まっていると「ママ　バチュ　のりたい」と言った後、バスを指さして「バチュ　ユー　のるの？」と聞く。家に帰ってから家族でオートバイの曲芸の話をしていると、ゆうが「マンキー（モンキー）　オートバイ　のった」と言う。

■ことばを組織して過去と現在と未来をむすぶ

ことばによって語るには、少なくとも二語発話以上のことばが組み合わされる必要がある。2歳ころからは、ことばができごとを記述するだけではなく、それをきっかけに過去の似たできごとを呼び起こし、未来のできごと（これからしたいこと）へとむすびついていくというように、ことばが使われるようになった。ここまでくると、本当の意味で「ものがたり」の発生といえるだろう。

929（2：01：02）母と姉とゆうで大学の生物ミュージアムへ行く。「ママ　ミチェテ　ミチェテ　ダッコ　チテ」と言って、何でも見たがる。サルを見て「マンキー　ブーブー（ブドウ）タベテルネエ」と言いながら、感心したように見ている。

農場でヤギを見た帰りに教育学部の近くに来たので、母が姉に「このあいだ、ここへ来たでしょう？ベリーを摘んだでしょう」と話していると、ゆうが「ユー　ドボン」と言う（ゆうはそのとき水に落ちた。10日以上前のできごとでもよく覚えている）。

ゆうは「ママ　トットとこ　行こう、トットとこ、行こう」と父の研究室に行きたがる。「お父さんはお仕事だから、今日はお父さんのところへは行かないのよ」と母が言うと、「ママ　またトットとこ　行こうねえ」と言う。夕方、父が帰宅してから「ゆうくん、何を見たの？」と聞くと「ブーブー　ブーブー（ブドウ）」と答える（サルがブドウを食べていたことが印象に残ったらしい）。

930（2：00：30）郊外に出かけて車の中から汽車が見えると、「ママ　ママ、ポッポ、ポッポ」と言う。そして「ママ、ポッポ、トゥレイン、トゥレイン」とも言う（「ポッポ」という日本語の幼児語とトレインという英語を併用して使う）。「ユー　ポッポ　ノジタイナー（ゆう汽車乗りたいなあ）」と言う。

その後で、ゆうが「ユー　メジーゴーラン　ノジタイナー」と言い出す。「メジーゴーラン」が何のことか母にも父にもわからなかったが、何度も聞いているうちに、「メリーゴーランド」のことだと気づいた。郊外で実物の汽車を見たことから、以前に遊園地で汽車に乗ったことを思い出し、それからメリーゴーランドに乗ったことを思い出したのだろう。「ゆうはメリーゴーランドに乗りたい」と言っているのだった。

それからは、車に乗っているあいだ、次のように「ゆうはメリーゴーランドに乗りたい」ということを、さまざまな言い方で言いつづけた。「ママ、ユー　メジーゴーラン　メジーゴーラン　ノジタイナー」「トットが……ママと　メジーゴーラン　ノジタイナー（トットが車で連れて行って、ゆうはママとメリーゴーランド乗りたいな）」「メジーゴーラン　もうできた？（乗ることができないときの言い訳に、工事中だからダメと言うことが多いので、もうできたかと聞いている）」「ユー　メジーゴーラン　ノジタイナー　ノジタイナー」「トット、トット、ユー　メジーゴーラン　ノジタイナー」。これだけしつこく言われつづけると、さすがの父親も無視できなくて、遊園地に連れて行くことを約束せざるをえなくなった。

2　印象的なできごとのものがたり

ゆうが比較的長い月日にわたって経験してことばで語った、ゆうにとって重要なできごとを3つとりあげ「アァ～アァ～（こまっちゃったね）ストーリー」、「トイレ・ストーリー」、「ガッコウ・ストーリー」と名づけてみた。これらを印象的なものがたりの事例として、語りの状況や文脈、語り発生プロセス、語り方の変化も含めて記述してみたい。

■「アァ〜アァ〜（こまっちゃったね）」ストーリー

ゆうは、1歳3か月29日ころから、「こまっちゃったね」「しまったね」「やっちゃったね」というような意味で「アァ〜アァ〜」ということばを使いはじめた（第2巻参照）。これは、してはいけないことをしてしまったとき、良くないことをしたとき、失敗したときなどのことばで、2歳を越えても使いつづけられた重要語であった。

931（1：5：09）二階で母が洗濯物を取り込んだら、ゆうがそのカゴを持って階段を指して「アッアッ」と言う（一階のタンスに持って行こう。子どもタンスは一階の縁側にある）。ゆうが自分でカゴを持って歩くが、階段の途中でカゴをひっくり返してしまった。すると「アァ〜ア〜」と言う。

「アァ〜ア〜」遊び（イヤイヤゲームの変形）は、母や姉に対してやることが多い。

932（1：5：13）ゆうがこたつ板の上に乗って紙を放るので、母が「アァ〜ア〜」と言うと、ゆうが声を出してケタケタ笑う。母が紙を取って渡すと、ゆうがまた紙を放って「アァ〜ア〜」と言う。ゆうが紙をもらおうと手を差しだしたとき、母が紙をいったん出してからひっこめて「いやだよ」と言うと、それを見て笑う。同じようなことを何度も繰り返して笑う。

933（1・5・18）姉がままごとをしていると、ゆうも一緒になって遊ぶ。姉が土をカップに入れて型ぬきしプリンをつくって並べていくと、ゆうが「バァーン」と言いながら片っぱしから手で壊していってしまう。そして笑いながら「アァ〜ア〜　アァ〜ア〜」と言う。

934（1：6：08）ゆうは遊んでいるとき、クレヨンをわざとあたり一面にまき散らし、「アァ〜ア〜」と言う。パズルもまき散らして「アァ〜ア〜」と母の口調そっくりに言う。母が大声で「ダメ」と言うと、こわそうな顔をして急いで逃げる。そして振り返って母の顔を見る。母の反応を見て本当に怒られそうなときは、逃げて行ってしまう。母がそれほど怒っていないときは、振り返って微笑する。さらに母が怒らないとわかると、戻ってきてまた逃げる。しかられると、よけいに同じことを繰り返して喜ぶ。

935（2：00：16）「ママ　オン（本）ヨンデ　オン　ヨンデ」と言ってしきりに本を読んでもらいたがる。めばえの本を母と一緒に見ながら、ゆうが絵を指しながら自分でおしゃべりをする。水の中に浸かっている動物を見て「ブンブ　ナカ」と言う。氷の上にいるペンギンを見て「コオリ　コオリ」と言う。ゆう「ミタ　ミタ」母「ゆうくん、ペンギン見たの？　動物園で見たの？」ゆう「ウン」。パンダくんが泥足で汚してしまった絵を見て、「アァ〜ア〜」と言う。母「アァ〜ア〜　する子は？」ゆう「ダメ」。

936（2：00：20）夕方、スーパーマーケットに家族で買い物に行った。宿舎に帰ってエレベータから降りたところの廊下で、父が買い物で買ったビール瓶を4本割ってしまった。ゆうはそれを見て母に「トットは？　トットは？　ビージュ　アァ〜アァ〜しちゃったの？（お父さんは？　お父さんは何したの？　ビール、アァ〜アァ

〜しちゃったの?.)」と言う。

■トイレ・ストーリー

ゆうと母は、1歳4か月ころから、トイレットトレーニングにかかわって、コミュニケーションを行なうことが増えた。紙おしめが普及しておむつをはずすのを急がない今の子どもよりも、当時は一般的にトイレのしつけは早くからはじめられた。姉は1歳半のときにパンツに替えたら、数日ですんなりおむつをはずすことができた。ゆうは、同じころはじめたが比較的長くかかったので、トイレットトレーニングは、トイレでさせたい母としたくない子どもとの交渉やかけひきの場となった。そこで、トイレ・ストーリーと名づけて、トイレにかかわるやりとりをまとめた。

937(1:4:01) ゆうが股のところを押さえて母に「ン」「ン」と言うので見ると、ウンコをしたところであった。

938(1:6:15) おむつをやめて、パンツに替えて、トイレのしつけをはじめた。パンツに替えた最初の1回だけは、する前に股のところを押さえて「ン」「ン」と言って母に教えた。オマルのガァガァー(アヒル)にのせると、そこではしない。再びパンツをはかせると、オシッコをしてしまった。2回目以降は、もう教えなくなってしまった。

939(1:6:16) 翌日は、オシッコをがまんしていて、なかなかしなかった。しかし、ガァガァーもトイレもいやがる。「ゆうくん、チー（オシッコ）は？」と聞くと、「ニャイニャイ」と言って首を振る。あるいは「ン」「ン」と言って股を押さえる。理解はしているが、実際にはやろうとしない。

940（1：6：17）さらに翌日、もうがまんすることなく、パンツでも平気でオシッコをしてしまって、全然教えなくなった。ガァガァーやトイレもいやがる。「チー（シッコ）は？」と聞くと、「ニャイニャイ」と言う（姉は1歳半のとき、パンツに替えるとすぐに1回目からオマルでするようになった。しかし、ゆうはなかなかうまくいかないので、トイレのトレーニングを中断した）。

941（1：8：29）カナダへ移住して18日目、トイレットトレーニングを再開した。おしめをパンツに替える。「ゆうくん、チーはどこでするの？」と聞くと、「ン」「ン」と言ってトイレの方を指す。「ウンウンはどこでするの？」と聞くと、やはり「ン」「ン」と言ってトイレを指す。よくわかっているが、する前に教えないで、した後で「チ」とか「アッ」と言って教える。トイレで抱いてさせようとすると、身体をそらせていやがる。

942（1：9：13）昼寝の後と、その後、2回つづけてトイレでシッコをする。ゆうは、トイレでした後、自分でも良いことをしたと思ったのか、ニコニコ笑って母に抱きつく。

943（1：9：15）見計らってトイレに行くと、ほぼできるようになった。おもらしをすると、自分で「チッコタッタッタッター（しちゃった）」と言う。

944（1：9：16）おもらししたとき、母が「チッコ　どこでしたの？」と聞くと、ゆうは自分がした場所へ母を連れて行き、そこを指して「アァ〜ア〜（やっちゃった）」と言う。母が「チッコは　どこでするの?」と聞くと、トイレを指して「アッ　アッ」と言う。

945（2：00：02）チッコをした後で「チッコ　タッタ　タッタ（しちゃった）」と母に言いに来る。

946（2：00：17）母がトイレに行くとゆうが見に来て、ゆうが「ママは?　ママは?」と聞くので、母が逆に「ママは?」と聞き返してやると、ゆうが「ママは　ウンコ」と言う。

947（2：01：10）朝、母がトイレに入っていると、ゆうが「ママは?ママは?」と言いながら、トイレにやってくる。ゆうが「ママは　チッコ?　ウンコ?」と聞く。そして母の返事も聞かず、ゆうが「ペーパー　いる?」と聞いて、トイレットペーパーをちぎって母に渡す。母が「サンキュー」とも何も言わないうちから、「ウエルカム」とゆうが言う。

948（2：01：15）母「ゆう、チッコどこでするの?」ゆう「トイレ」母「ゆう、チッコしてこようか?」ゆう「いや、パンパーチュ（紙おしめ）いいの」

949（2：02：29）ゆうが「ママ　ウンコ　チテイイ?」「ママ　ウンコ　パンツでしていい?」と何度も母に聞く。ウンコをトイレではうまくできないが、パンツでするのも抵抗があって、なかなか出ない。とうとうパンツでした。ゆうは「もっと　していい?」と聞く。母が「ウンコしたの?　パンツ替えようね」と言うと、「もっとたくさんする。もっとたくさんするから」と言って、なかなかパンツを替えさせようとしない。

950（2：03：01）トイレは、ほぼもらさずにできるようになった。自分からはなかなか言わないが、母が「ゆう、チッコは？」と聞くと、「チッコ」とか「ナイ」とか答える。

951（2：04：26）ゆう「おチッコ、ちたい、おばあちゃんと」「ママ、だめ。おばあちゃん、オチッコさして。ママ見ててよ。ママ、ユーのオチッコするとこ、見ててよ」

952（2：05：04）４日ほど前から、トイレでウンチができるようになった。それまでシッコは教えるのでトイレでしていたが、ウンチはどうしてもトイレで出せず、パンツでしていた。母に抱かれてトイレでして、母が「た〜んと出たね」と言うと、ゆうがうれしそうに「ママ、ユーのウンチくちゃいね」と言う。そして「こんだけ出たね」と言いながら指を４本出す（以前は指３本が「たくさん」の意味だったが、人差し指だけを曲げた４本が「たくさん」の意味に変わった）。母「トイレでウンチすると、ふくのが簡単でしょう？」ゆう「うん、かんたん、かんたんね」。ただし、この後も１か月ほどは、トイレでのウンチはほかの人にさせてもらうのではだめで、母と一緒でないとできなかった。

953（2：11：25）トイレで体を支えてウンチをさせるときは、特によく話をする。かなり論理的に話を展開する。

ゆう「おかあちゃん、ウンチ、クチャイ？」母「うん、ウンチはくさいねえ」ゆう「どうちて、ウンチ、クチャイの？」母「おなかの中からでてくるからねえ」ゆう「オチッコもクチャイ？」母「そう、おしっこもね」ゆう「ゲボ（吐瀉）もクチャイ？」母「うん、ゲボもくさいね」ゆう「そいじゃ、鼻血もクチャイ？」母「う〜

ん、鼻血ね～」

（「ウンチ　クサイ」という話から、「おなか（身体）から出る」「くさいもの」をいろいろ思い出して話を展開する。このように同じことばの様式のなかに、次ぎつぎと異なる単語を入れるというように応用がきき、イメージをむすびつけて自分で語りを生成できることが、ものがたりの力である。）

■ガッコウ・ストーリー

「ガッコウ」は、名古屋にいたときから父母が仕事で大学に出かけ、姉も保育園に出かけるときの行き先を表わすことばであった。ゆうは、祖母と家でお留守番になり、父母も姉もガッコウに出かけるのを見送るので、ガッコウは自分も行きたい場所であった。

カナダに来てからは、姉もガッコウ（小学校に併設されたキンダーガーデン）に通うようになった。ゆうも母と一緒に姉を迎えに行って姉の友達と遊んだりするのでガッコウになじみになった。このように長いあいだ、ゆうにとってガッコウはあこがれの場所で、「ガッコウ」と聞くだけで行きたくてたまらない場所であった。

しかし、カナダに行って2か月ほどしてから、ゆうもはじめて保育園（デイケアセンター）に通うことになった。この経験で、ゆうにとって「ガッコウ」の意味が激変した。そして「ガッコウ　イクイク」から「ガッコウ　ナイナイ」へ、行きたくない場所に変わった。

954（1：8：15）母と姉とゆうと一緒に、近くの公立小学校の幼稚園（キンダーガーデン）クラスに行く。カナダでは就学前の5歳から、小学校に併設されている幼稚園クラスに通うのがふつうなので相談に行った（姉は、

5歳4か月)。校長先生は「この学校には、アメリカ、フランス、ドイツ、インド、アフリカなどいろいろな国から来た子どもたちがいます。すぐに慣れて英語を話すようになりますよ」としごく簡単に言って、即日入学をすすめられた。それで姉に「このまま学校に入ったらと先生がおっしゃっているけど」と言うと、本人もいやと言わないで、けっこううれしそうにしている。姉はそのまま体育館でおゆうぎをしているクラスの中に入ったので、母とゆうは2人で帰宅して、後で迎えに行った。

955 (1:8:17) 姉はそれから毎日、学校へ通うようになった。4月初めなのに外はマイナス20度近くあり、凍えるほど寒いので10分も歩けない。コートを着て長靴をはいて行くが、本人は喜んでいる。朝は父が姉を学校へ送り、帰りは母がゆうと迎えに行く。学校では、ベスやジャネッツなどクラスの友人が「チー(Chi)、チー)」と言って寄ってきてくれる。ゆうも姉の友達のあいだで人気になり、抱かれたり「ユー、ユー」と呼ばれて話しかけられたりするので、大学宿舎で母と2人でいる単調な暮らしよりも楽しいらしく、学校へ行くのを楽しみにしている。1歳9か月ころには「ガッコウ」と言うようになった。

956 (1:9:16) 天気が良い日は、最高気温が5度程度(日本の冬くらい)になり、外を歩けるようになった。ゆうに「お姉ちゃんのガッコウ行こうか?」と言うと、非常に喜び、「ガッコウ、ガッコウ」と何度も言って、微笑する。

957 (1:9:17) 「ガッコウ (イ) クッ、(イ) クッ (ガッコウ イクイク)」「パンポ (散歩)、(イ) クッ、(イ) クッ」と二語文で言うようになり、しきりに姉の学校へ行きたがる。

958（1：10：07）母がカナダで大学の講座を受講するとき、ゆうをデイケアセンター（保育園）に預けることになった。保育園に通うようになった初日は、ゆうは自分もガッコウへ行くと言うので、喜んでいた。「ガッコウイクイク」と言い、「ユウ　ガッコウ　イクイク（ゆうはガッコウ行く）」「ブーブー　ガッコウ（車に乗ってガッコウ行く）」と言っていた。また、家族の名前を順にあげて、「チー　ガッコウ（姉のチーはガッコウ行く）」「ユウガッコウ（ゆうもガッコウ行く）」「トット　ガッコウ（お父さんもガッコウ行く）」「ママ　ガッコウ（ママもガッコウ行く）」としきりに言って微笑していた。

最初の日は保育園におもちゃなどがたくさんあったので喜んでいた。途中から母がいなくなった。母が11時45分ころ迎えに行くと、椅子に座ってほかの子どもたちとテレビを見ており、母が部屋へ行っても気づかないほどであった。

959（1：10：08）朝になると「ガッコウ イクイク」と言い、一緒に保育園に行った。しかし母と別れるときには泣いた。午後、迎えに行くと昼寝していたので、改めて午後3時ころ迎えに行った。保育士さんの話では、午前、午後とよく泣き、ミルクの入った哺乳びんを手放さなかったとのことであった。

960（1：10：9）3日目の朝から、ゆうは「ガッコウ イクイク」と言わなくなった。保育園では泣く。夜も不安定になり、父がいったん帰ってから外出すると、「トット　ナイナイ（お父さんがいない）」と言って泣いた。父がいなくて泣くことは非常に珍しいので、父に電話して帰宅してもらった。父が家に帰るまで「トット　トット」と言って泣いていた。

961（1：10：22）はじめて保育園に行ってから、休みがちではあったが2週間ほどたった。朝、車に乗せて保育園に連れて行こうとすると、家を出る前から泣きだす。「ガッコウ　ナイナイ（ガッコウ　いや）」「ガッコウ　ナイナイ　ママ（ガッコウ　イヤ　ママといる）」と言って泣く。しかし、車に乗ってから保育園に行くまでに、半分ほどの距離にきたところで、自分から泣きやみ、「チーモ　ガッコウ」「エーンエーン　ナイナイ」と言う（姉もガッコウ行く、泣くのはやめ）」。そして「トットモ　ガッコウ」「チーモ　ガッコウ」「ユーモ」と言う（「ユーモ」以外に他者に「モ」をつけるのははじめて現われた用法で、ゆうとしては新しい用法で精一杯の気持を表現して自分に言い聞かせたと考えられる。父も母も学校（大学）に行く、姉のチーも学校に行く、だから自分も泣かないで学校に行くのだと語っている。新しい用法で、ゆうとしては精一杯の表現をした。しかも自分のことばで自分を納得させて感情を抑制して、自分で泣きを自己制御しコントロールした）。

【その後の「ガッコウ」に関する会話】

962（1：10：25）今日は、母がゆうと家にいて、父と姉は学校に出かけた。

ゆう「チー　チー」母「チーは、学校へ行ったのよ」ゆう「チー　ガッコウ　トットガッコウ（チーは学校、お父さんも学校）」「ユー　ガッコウ　ナイナイ　ママ　ガッコウ　ナイナイ（ゆうは学校行かない。ママも学校行かない）」。

ゆう「チー　ブーブー　チャッタ（チーは車で行った）」母「ブーブーじゃないよ。チーはアンヨで（歩いて）学校行ったのよ」ゆう「チー　ブーブー　ナイナイ　アンヨ　アンヨ（チーは車じゃない、アンヨで行った）」。

ゆう「ユー　イクイク　タータ　ア（ワ）ンワ　ベベ（ゆうも行く。靴はいて、ワンワ（犬のアップリケのついた）の服を着て）」「ア（ワ）ンワ　ベベ　イイ（ワンワの服がいい）」「チー　ガッコウ　ダンディオン　ダンディ　ダンディ（チーの学校は、ダンディライオンがある）」。

ゆうは、父と姉は学校に行ったが、自分と母は学校（デイケアセンター）へは行かないのがいいと言っている。そして、自分も姉のように、靴をはいて犬の柄がついた服を着て、姉の学校に行きたいと言う。ゆうの犬の柄がついた服は姉と色ちがいのおそろいで、外出着である。春になったので姉の学校の校庭には、ダンディライオン（たんぽぽ）がいっぱい咲いていて、姉の友達が「ダンディライオン」と呼ぶので、ゆうはすぐにその花の英語名を覚えて言うようになった。ゆうはその校庭で遊ぶのが大好きである。

963（1：11：02）保育園でよく遊び、みんなと散歩にも行って楽しかったらしい。はじめて「ユー　ガッコウイクイク」と言い出した。今までは「トット　ガッコウ」「チー　ガッコウ　ナイナイ」「ママガッコウ　ナイナイ」というのがいつもの言い方だった。

964（1：11：05）一昨日の土曜日は、家族がみんな休みだったのでお弁当を持って近郊の国立公園の湖に出かけて遊んだ。昨日の日曜日には、家族で家の近くの川辺を散歩していると、ゆうが「メエーメエー　メエーメエー」とあまりにうるさく言うので、父が大学の農場にヤギを見せに行った。夕方は、大学の研究者の家に招待されて、みんなで庭でバーベキューをした。すると、月曜日の朝に、ゆうが次のように言う。

「ユー　ガッコウ　ナイナイ」「ママ　ガッコウ　ナイナイ」「トット　ガッコウ　ナイナイ」「チー　ガッコウ　ナイナイ」「ベントウ　イク　ベントウ　イイ」（ゆうもママも父も姉も、みんなガッコウへ行かないで、お弁当持って行きたい）。

その他の「ガッコウ」の用法としては、父母や姉の大事なものをゆうがさわろうとすると「それは学校のだから、大事」という使い方をしていた。その用例も同時期にあるが、両方の「ガッコウ」の意味が混同されることはなかった。

965（1：10：25）机の上で、ゆうが母の鉛筆を手に持って「ユーノ　ユーノ」と言う。母が「それユーのじゃないよ、ママの学校の、大事、大事」と言うと、ゆうは「ママ　ガッコウ　ナイナイ　ユーノ　ユーノ」と言う（自分が使いたいときも「ユーノ」と言う。ママのガッコウのじゃない、ゆうのモノという意味で使っている）。

966（1：11：28）旅行やカゼで2週間保育園を休んだ後再開する。姉の学校も休みになったので、姉と一緒に保育園へ行く。1日目は泣いたが、姉と一緒だと2日目からは大丈夫になった。母が車で迎えに行くと、みんなでおやつを食べていた。母の顔を見ても、いつものように「ママ」と抱きつきにくるのではなく、椅子に座っていられる。母が車のカギを失ったので、探すために再びいなくなったが、泣かないで姉とおもちゃで遊んでいた。保育園を出るときに、先生やほかの子どもたちにニコニコして手を振って「バイバイ」と言う。

967（1：11：29）夕方に父が帰宅して「ゆうくん、今日はどこ行ったの？」と聞くと、ゆうが「ブーブー　パンポ　パンポ（散歩）」と答える。今日は、保育園から母と姉も一緒に車に乗って公園へ遠足に行ったので、その話を父にしている。父が「自動車で散歩に行ったの？　よかったね」と言うと、ゆうが「ブーブ　パンポ　イッタ」と答える。

968（2：00：03）デイケアセンターのことを話題にすると「ユー　ガッコウ　ナイナイ」と言う。母が「ゆうは、ガッコウ嫌いなの？」と聞くと、ゆうが「ウン」と言う。「ゆう、ガッコウ行くでしょう？」と聞くと「ナン」と言う。ゆうは「ガッコウ　チタイ（キライ）ガッコウ　チタイ」と何度も繰り返して母に言いにくる。そのくせ、実際にデイケアセンターに行くときには、それほど泣かなくなった。

969（2：00：05）母が大学へ行く支度をすると「ママ　ガッコウ　ナイナイ」と泣き声を出す。「ママ　ガッコウ　ナイナイ、トットガ　ガッコウ（ママは学校へ行かないで、お父さんが学校へ行く）」。

970（2：00：10）姉のキンダーガーデンが夏休みになった。夏休みのあいだ、母が大学に出かけるときは姉もゆうと一緒にデイケアセンターに行くことになった。姉に向かって「今日からデイケアセンターに行くよ」と母が話していると、ゆうはそれをそばで聞いていて、「ガッコウ　ナイナイ、チーは？　ママは？」と何度も聞く。

971（2：00：11）朝、ゆうが「ママ　ドコ？　ドコ？」と聞くので、母が「デイケアセンター行くのよ」と言うと、ゆうは「ガッコウ　ナイナイ」と言ってから、「トット　マチマチ　イイノ」「ユー（ウ）チ　マチマチ」と言い出す（先週に、母と家にいて、昼に父が学校から帰ってきて母と交替したことがあった。自分は父が帰ってくるまで待っているので、そのやり方がいいと言っている）。

自分で「トットは？　トットは？」と聞いてから、自分で「トット　ガッコウ　トットガッコウ」と答え、そして「ママは？」と聞く。ゆうが「ママは？」「ママは？」と聞くので「ママは学校行くからね」と言うと、「トットクル　ユー　マチマチ」と言う（お父さんに来て欲しい。ユーは待っているから）。

972（2：00：17）母が「今日はデイケアセンターへ行くよ」と言うと、「ガッコウ　イヤ　ガッコウ　イヤ」と言う（イヤという表現ははじめて）。「ママ　イイノ　ママイイノ　ユー　ガッコウ　イヤ」

973（2：00：24）母が「ゆうくん、デイケアセンターへ行こうか」と言うと、ゆうが「ガッコウ　いや、ガッコウ　いや」と言う。「ナイナイ」ではなく、「いや」とはっきり言うようになった。

974（2：00：23）公園に散歩に行く。近くに姉が通うキンダーガーデンがあるので、そこを指さして「チーガッコウ（チーの学校）」と言う。そして、「ユーモ　ガッコウ　ある。チェンチェイ　いる」と言う（あれは、チーの学校で、あそこにチーの先生がいるが、ゆうにも別のところに学校（デイケアセンター）があって、ゆうにも先生がいるという意味の話を語っている。「ある」と「いる」の使い分けもできている）。

975（2：01：14）隣のラクサの家へ食事によばれてタコスをごちそうになる。ラクサのことを「ラクチャ　ラクチャ」と言って、一緒にお話の仲間入りをする。姉が「チーは、ジェミー（ラクサの兄）と一緒に9月から学校へ行くんだよ」と言うと、ゆうが「ユーは、ラクチャと行く」と言う（姉の小学校入学は、日本より半年早い。姉は今まで通っていたキンダーガーデンと同じ場所に併設されている小学校に入学する）。

976（2：01：29）夏休みが終わった。昨日は、姉の小学校の入学式だったのでゆうも一緒について行った。それから、またガッコウの話題で持ちきりになる。

「ユー　ガッコウ　行きたい　ユー　アンヨで行きたい（小学校は徒歩で、デイケアセンターは車で行く）」「ユー　チェンチェィ（先生）　いる？」「ユー　チェンチェィ（先生）　ハァイ言う」

ゆうも今日は、久しぶりにデイケアセンターに行ったが、全然泣かないで、自分から先生に向かって「ハァイ」と言い、母に「バァイ」と言う。

977（2：02：00）母「ゆうくん、今日ガッコウで何やったの？」
ゆう「チェンチェイと　オチャンポ（お散歩）した。アップルジュース　飲んだ。」
母「何してあそんだの？」ゆう「……」
母「お砂あそびしたの？」ゆう「ユー　オチュナ　あそびした」

ゆう「ユー　ガッコウで　チンチンマンちて、トイレでチッコちた」
母「そう、チッコ　ちゃんとできたの？」
ゆう「ン。トイレでチッコちた」
母「おりこうね」

978（2：02：25）名古屋に帰ってから、母が大学に仕事に行くようになった。昼間「ママのとこ行きたい」と言った程度で、機嫌よくしている。帰宅すると「ママ、どこ行ってたの？」と聞く。母が「ガッコウよ」と答えると「ユーもガッコウ行きたい」と言う。母「大きくなってからね」ゆう「大きくなってから、ユー、ガッコウ行く」

979（2：02：29）名古屋に帰った後、母が「ゆう、カナダでガッコウ行ってたね。デイケアセンター行ってたね。覚えてる？」と話しかけると、「ン、ユー、ガッコウ、ユー　ガッコウ」と言って、思い出しているような顔をする。そして「ユー　ガッコウ、チェンチェイは？（ゆうのガッコウの先生はどうしてるの？）」と言う。母が「ゆう、ガッコウで何した？　お散歩した？」と聞くと、「オチャンポした。ネンネした」と言う（デイケアセンターのお昼寝の時間は、子どもたちがそろっていっせいに横になるので、印象的であったらしい）。

980（2：03：00） 母が大学から帰宅すると、「ママ　おかえりなさい」と言って両手をあげてピョンピョン飛び上がって喜んだ後、「ママ、さむかった？」と聞く（今まで暑かったが、今日は急に気温が下がった）。

981（2：04：06） 朝起きるとすぐに、ゆうが「ママ、今日ガッコウお休み？」と聞く。「ママ、学校行くよ」と答えると、ゆう「いやだ、ユー、ママがいい」と言って泣く。

982（2：04：09） 姉は母と小学校に入学の検診に行く。姉は「小学校の検診、ゲームみたいでおもしろかった。6年生のお姉さんって、お母さんよりやさしいね」と小学校の印象を熱心に語る。そばでゆうが聞いていて、うらやましくてたまらず、「ユーも、ガッコウ行きたい、ユーもガッコウ行きたい」としきりに言いつづける。

983（2：04：11） 朝起きると、ゆうが「ママ、ガッコウおやすみ？　ママ、ガッコウ行けせん？」と聞く。「ママ、いい。ママとネンネちたい」と泣く。母が「ママは今日は学校だけど、明日はお休みだから、ゆうと遊んであげるからね」と言う。

昼間、祖母に「ゆう、今日ガッコウお休みなの。おばあちゃんもお休み？」と聞いたとのこと。

夜、眠るとき、ゆうが「ママ、きょうガッコウおやすみ？　ママ、もうガッコウ行けせん？　ママ、ユーといっちょ（一緒）にネンネする？」と聞く。

984（2：04：22） 祖母と自宅近くのバス停まで母を迎えにくる。ゆう「ママ、どこ行ってたの？」母「学校よ」ゆう「どこの学校？」母「星ヶ丘の学校」ゆう「キチャ（汽車）乗ってくの？」母「バスと地下鉄乗っていくのよ」ゆう「バチュと地下鉄？　ユーも行きたかったなあ、ユーもユーも　行きたかったなあ、こんどまた乗ろうねえ、バチュと地下鉄」

7章　ここにない世界をつくる

1　ここにない世界をつくる

ことばによって構築されるものがたりは、ここにない世界を表わすことができる。過去に経験したできごとを、ことばで再編して、今ここで表現することができる。過去を語ることは、ものがたりの重要な機能である。それは、単に過去の記憶を思いおこし、過去のできごとを再現するだけではなく、ことばによって過去を組織化する編集作業をすることである。さらに重要なものがたりの機能は、ものがたりが未来をつくっていくことであろう。ものがたりは、ことばでイメージすることによって、〔ここにない世界〕を構築することができる。いわば、虚構をつくることができるのである。そして、その虚構が、今ここにある現実を変え、未来を変えていく働きをするのである。

■仮想のものがたりで現実が変わる ―― おだてにのる

「おだて」は、周囲の人間がことばで構築した世界に、当人をのせて引き込み、その気にさせる行為である。2章で述べたように、子どもは周囲からの賞賛に早くから敏感であり、おだてにのりやすい。1歳5か月すぎからは、ことばで構築した世界「ほめことば」が有効になった。新しい服などをいやがっても、「かわいい」などとほめると、それが気に入るようになった。

985（1：5：19） いつものセーターではなく、白いセーターに新しいチョッキを着せると、それを手でひっぱって、いつもの服を差しだして「ン」「ン」と言う（こちらを着せて欲しい）。祖母と母が「あら、ゆうくん、このお洋服かわいいね」と言ってしきりにほめると、ニコニコしはじめる（最近、新しい服は嫌いでひっぱって脱ごうとするが、ほめられると着ることが多い）。

2歳すぎからは、家族など目の前にいる人や現実の誰かにほめられるからするのではなく、ことばで構築された仮想のものがたりによる「おだて」がきくようになった。

986（2：06：14） 何でも2つ持ちたがる。隣のおじさんからもらったお菓子やイチゴなど。ゆう「ママ、ユーふたあつちょうだい。チーなし、ユーだけふたあつ」母「チーにもやらなきゃだめ」ゆう「チーひとつね。ユーふたあつ。」

また、何でも「大きいの」「たくさん」欲しがる。うっかり「少しだけね」と言うと「ユー、チュコチだけイヤ」

と言って泣く。しかし、本当は小さいものでも「ゆう、大きいの、あげるね」と言うと、うれしがって取る。

■うそをつく

「おだて」も一種の「うそ（虚構）」である。子どもはおだてのものがたりにのせられるだけではなく、子どもは自らうそをついて、自分にとって都合がよいように、現実を歪曲する。第2巻で述べたような「イヤイヤゲーム」や「うそ泣き」など、子どもは早くからある種の「うそ」を交渉やコミュニケーションの道具に使う。しかし、まだその段階では、「虚構」としてのうそが現実を変えるところまではいかない。明らかに虚構である「うそ」をつくり、それを自分でも「うそ」として自覚しながら駆使できるのは、2歳すぎころからであろう。この段階のうそは、どろぼうのはじまりどころか、ものがたりのはじまりである。子どものうそは、ことばでつくる虚構の世界が現実を変えられることを意味するから、ことばやものがたりの発達と切り離すことができない。うそは、子どもがことばの世界で他者と交渉したり、他者を自分の意のままに動かすために使う、したたかな武器になる。

【イタイ・ストーリー】

カナダで姉はダウンタウンの歯医者に通った。姉にとっては行きたくないところだが、ゆうは、自分が医者にかかって痛い思いをするわけではないし、母と姉と一緒にダウンタウンに行って、帰りに買い物などもするので、歯医者へ行くのが好きである。ゆうは、一緒に医者に行くために、「ユーモ（自分も）」と言うだけではなく、「イタイ」と訴えるようになった。

989（1：10：28）午後、姉が歯医者へ行くのについて行く。歯医者の診察室のドアのすきまからのぞき込んで、「チー　アー（歯）チー　アー」としきりに言っては、ゆうが自分の口を姉と同じように大きく開けてまねしている（チーが歯をアーしている）。そして「ユーモ　ユーモ」と言う（ユーモ　やりたい）。

990（2：10：10）母が「今日はチーのお医者さん行くからね」と言うと、ゆうが「チー　ア（歯）」「ダァンタン（ダウンタウン）イイノ　ダァンタン　イイノ」と言う。

991（2：01：02）母が「今日はお姉ちゃんの歯医者さんに行くからね」と言うと、ゆうはとたんに自分の頭を押さえて、「ユー　アタマ　イタイ、ユーモ　アイチャチャン（歯医者さん）イク」と言う（お医者さんは、どこか悪いときや痛いときに行くことがわかっていて、姉と一緒に自分も行きたいので「頭いたい」と訴えた）。

992（2：01：09）母と姉とダウンタウンの姉の歯医者さんへ行く。帰りにゆうが「キャンディ　キャンディチョウダイ」と言うので、母が「キャンディじゃないの、お薬」と言う。ゆう「オクチュリ？　オクチュリユーチョウダイ」母「ダメ」ゆう「モチモチだけ　ユーオクチュリ　モチモチ　イイノ（食べないで持っているだけなので、薬をゆうに持たせて欲しい）」。

993（2：00：23）夕方、宿舎の近くのカラスの公園（大きな木が茂っていて夕方になるとカラスの群がやってくるので、そう呼んでいる）に散歩に行く。自分で歩くのがいやになると、「ユー　タァタ　ナイナイ（ゆうの靴がなくなった）」「アンヨ　イタイ（足が痛い）　アンヨ　イタイ」などと訴えて、母に抱かれたがる。公園に着くと、とたんに鉄棒にぶら下がったり、ボールを追いかけたり、砂をすくったりして元気に走り回って遊ぶ（足が痛いなどと言ったのがうそだということがわかる)。

【チーがやった】

それほど痛くないのに、わざと大声で泣いて訴えるなど、悪いことを「人のせいにする」ストーリーは、特に姉との関係において、きょうだいの力関係や形勢不利を逆転するために、小さいときからゆうが得意としてきた戦略であった。2歳すぎからは、「チーがやった」など、明らかにうそとわかることを言って、姉のせいにするものがたりを語るようになった。

994(2:01:06) 昼からキンズメン公園へ行く。ゴンドラと汽車とメリーゴーランドに乗って、動物たちを見て、喜ぶ。夕食は公園でバーベキューをする。父がゆうを遊ばせていて、はずみで頭をこつんとたたいた。するとゆうが「エーン、エーン、イタイ。トットがやった。トットがやった。血がでる。トットがやった。頭がへこんだ」と大声でしつこく何回も言う。

995(2:03:23) 姉が「ゆうくん、オチビさんって誰のこと?」と聞くと、しばらく沈黙してから、ニコッと笑って「チー」と大声で言う。自分がやったことでも悪いことは姉のせいにする。母「ここへゴミ、ポイした子は誰?」ゆう「チーがやった」。

996(2:04:08) 昨日、姉とケンカをして顔をひっかかれた。ゆうは翌朝起きるとすぐに、「チー、泣かせてやりたい」と言う。そしてほおを指さして「チーがやった」と訴える。

997（2：06：02）夜中に半分目覚めて「チー、持ってちゃダメ、ユーのだから、チーだめ、ユーのだから」と突然叫ぶ。姉とケンカした夢を見たらしい。

■仮想の友だち――パンダちゃん、ペンちゃん

ゆうの場合に興味深かったのは、「パンダちゃんが見ていてくれる」「パンダちゃんがいやがる」など、ぬいぐるみや仮想の生きものを介在させたものがたりである。

987（2：03：25）お風呂で、母が「パンダちゃん、頭くさい子、いやだいやだ言うからね、頭洗おうね」と言うと、ゆうは「パンダちゃん、頭クチャい子、いやだいやだ言うの？」と聞き返す。そして、嫌いな髪洗いをする。

988（2：03：29）最近、大きいパンダを非常に好み、眠るときには自分のそばに寝かせ、「パンダちゃん、ねんねちた？」と聞く。トイレのときいやがっていても、母が「パンダちゃん、おもらしする子はいやだ、いやだ言うよ」と言うと、トイレに行く気になる。パンダが見えないと「ユーのパンダちゃん、どうちたの？ユーのパンダちゃん、どこ行ったの？」と聞く。

ゆうの「パンダちゃん」は長年好んで一緒に遊んできたぬいぐるみで、実際に人間と同じように生きていると信じているわけではない。しかし、自動車のおもちゃなど事物としてのモノとも扱いが違っている。ゆうの「イメージの世界」ではパンダちゃんは実在している、親しい「友だち」であり、ゆうの気持ちをわか

ちあう「分身」であり、ゆうが世話しなければならない「愛しい子」でもある。

なぜ、母や姉や祖母などが言うと反発することでも、「パンダちゃん」という仮想のものがたりが介入すると、素直にきけるのだろうか。この問いは、ものがたりの機能を考えるときに、とても大切な本質的なことを示しているように思われる。もちろん、まだこの時期の子どもにとって、「パンダちゃん」という存在が、実在しているか仮想かの境界は定かではない。しかし、ここで重要なのは実在か仮想かを区別する問いではなく、仮想のものがたりが現実生活にどのような働きをするか、その機能に焦点をあてることである。

私たちは大人でも、親しい人が亡くなった後、「死者があの世から見守っていてくれる」「死者が星になって天から見ているので、恥ずかしいことはできない」というようなものがたりをつくる。現代の科学の知識では、死者が本当に宇宙に行って星になるとは考えられない。しかし、ものがたりの世界では、自然である。このようなものがたりは、ある種の倫理的機能をもつのではないだろうか。

現実にいる誰かから直接に「こんなことをしたらダメ」と言われたら、不愉快になり、反発したくなる。しかし、「亡き母が天で悲しんでいるだろう」とイメージすると、「恥ずかしいことはできない」という気持ちになる。仮想の誰かを介在させると、自分ができないこと、積極的にはやりたくないことでも、自分からすすんでやれる。「自分から良いことをする」ことは、他者から言われてするよりも自尊心が傷つかず心地よい。生きていたときには反発していた父母の教えを、両親が亡くなった後で思い出して従うようになるのは、このようなメカニズムによるのではないだろうか。死者や先祖でなくとも、神や仏や龍や山姥など超越的な存在を介在させる神話や昔話などのものがたりは、倫理的な機能を果たすと考えられる。

ゆうの「パンダちゃん」の場合にも、実際にはパンダちゃんは命令も賞賛もしない存在だからこそ意味がある。仮想のイメージによるものがたりを介在させると、「他者に言われて従う自分」ではなく、「主体的にやる自分」へと主客が転換できるのかもしれない。また、母や祖母や姉など目上の人に言われるよりも、友

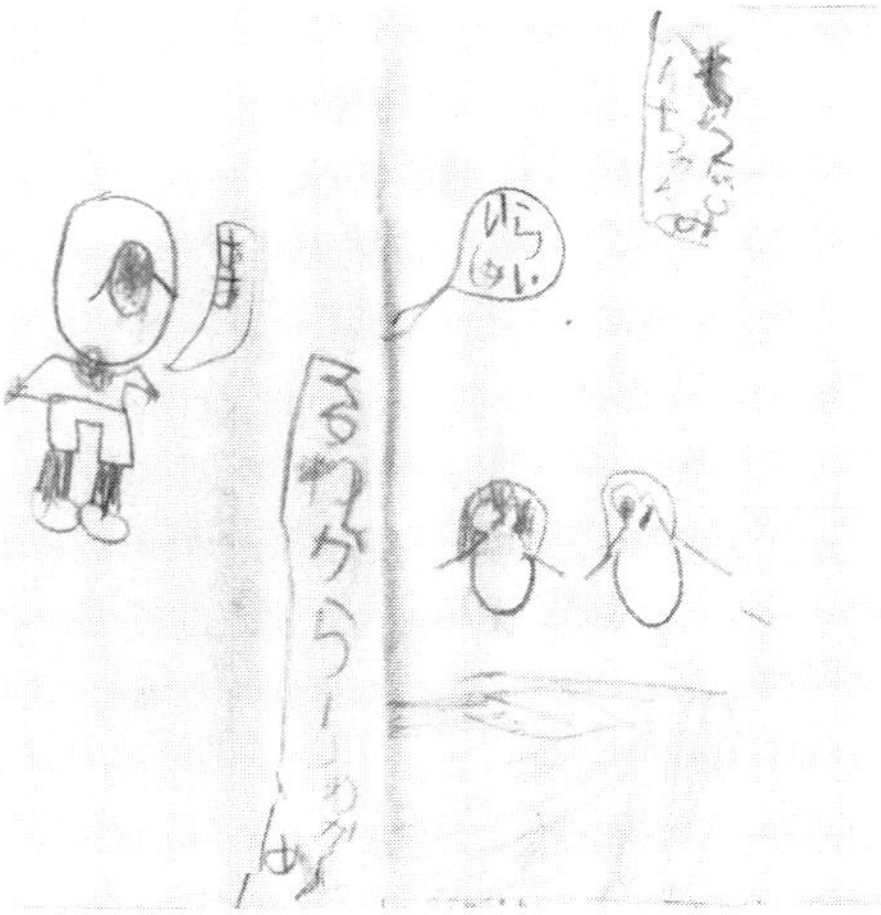

「ペンちゃん・マンガ」の一部（ゆう 6歳）

「ペンちゃん大冒険」（ゆう 6歳２か月）

達のパンダちゃんに言われるほうが素直にきけるということもあるだろう。

ゆうはパンダちゃんのほかに、長いあいだペンギンのぬいぐるみのペンちゃんを友だちにしていた。青と白のぬいぐるみのペンちゃんは、もとはいとこのものであったが、母の実家にいったときに気に入って、いとこからもらったものであった（4章「クマちゃんとパンダちゃん――ぬいぐるみのごっこ」参照）。

ペンちゃんを家に持って帰った後は、「ゆうのペンちゃん」「ぺんちゃんスキ」といって、家の中でも外へ行くにもどこへ行くにも持ち歩き、手放さなくなった。パンダちゃんは大きいので、ゆうの力では持ち運びはできないが、ペンちゃんは小さいので、持ち運びが容易であり、いつも抱いていた。

ゆうはペンちゃんに入れ込んで、それに関連した絵本やペンギンの形をした時計などをほしがった。やがて家族もペンちゃんが好きになり、一時、我が家はペンギン・グッズであふれるほどになった。

その後もゆうは、ペンちゃんを長く仮想の友だちにした。ペンちゃんに話しかけ「ごっこ」あそびの仲間にするのはもちろん、「ぺんちゃん大冒険」の絵本や「ぺんちゃん・マンガ」など主人公をペンちゃんにした創作ものがたりを多数つくって楽しんだ。

仮面ライダーや怪獣や恐竜やアニメの主人公など、子どもによって何を仮想の友だちにするかは異なるが、このあとの3歳～6歳の時期は、これらイメージの友だちと共に紡ぎ出す仮想のものがたりが花ざかりになる楽しい時期である。

この時期の子どもがサンタクロースの存在を実在だと信じるように、「仮想」と「現実」との境界はまだあいまいである。しかし、だからといって、子どもはぬいぐるみの「ペンちゃん」が動物園にいる本物のペンギンのように、実際に生きていると思っているわけではない。

子どもの「仮想」は、大人の「仮想」とは異なるが、ペンちゃんは子どもにとっても生きた実物そのものではなく、イメージの世界の住人である。ただ想像の世界、イメージの世界が、ときとして現実と混ざり、現実を逆転し、現実よりも存在感がある生き生きした世界として現れてくるのである。

■未来をイメージして予想する

2歳ころから、未来の世界をイメージして、これから起こることを思い描いて語ったり、これから起こることを楽しみにしたり、その準備をする行為が増えた。未来のできごとを予測して「待つ」こともできるようになった。子どもの世界は、今起こっている〔ここ〕だけの世界で成立するのではなく、〔ここにない〕過去のできごとが影響し、さらに未来に起こるはずのできごとも含めて構成されるようになったといえよう。

998（2：00：08）今日は土曜で休みなので昨日から北方のラ・レンジ湖へ行こうと、みんなで楽しみにしていた。天気予報をやきもきしながら見ていたが、あいにく雲が厚く風が強くて天気が悪いので中止することになった。それでやむなくダウンタウンへ買い物に行くことにした。気分転換に「ダウンタウンに行こう、タラララタンタン、ダウンタウン」という即席の歌をつくって、母と姉が歌って踊った。ゆうも同じように「ダンタンダンタン」と言いながら飛び回ってはしゃぐ。「ダァンタン　ダァンタン　ユーモ　ユーモ」と言いながら喜んで部屋を回る。車に乗ってからも姉と歌をうたいつづける。しかし、ダウンタウンに着いてストローラーに乗せたとたん、待ちくたびれて眠ってしまい、結局ダウンタウンにいるあいだ中、眠ってしまった。

999（2：00：21）デイケアセンターの遠足で、母と姉とアランのバケーション農場へバスに乗っていく。ゆうは、行く前から遠足に行くことを話題にして「バチュ　ノッテ？　ガッコウ　カラ　バチュ　ノッテ？」と母に話しかけている。「ブタ　イル？　ウマ　イル？　ウチ（牛）イル？　メエーメエー　イル？」と、自分が知っている動物の名前を次ぎつぎに聞いて、農場のイメージをふくらませている。

農場で姉は1人で馬に乗ったが、ゆうは乗馬は無理だった。「ユー　ウマ　ノル　ユー　ウマノル、ユーモ　ユーモ」と言いながら、ひとしきり泣いた。

1000（2：01：08）大学のミュージアムへ。リスを見るのを喜び、次ぎつぎに質問をする。「リチュちゃん　ネンネ？」「リチュちゃん　マンマ食べる？」「あの　黒いの　なあに？」以前好きだったサルは、「コワイ　コワイ」と言う。飼育室の屋根の上に大きい象の頭蓋骨があるのに気づき、「あれナニ？　あれナニ？」と指さしながら聞く。母がそれに気づかないで「リスさんでしょう」などと適当に答えていると、ゆうが「ウエ、ウエ」と言って、母に頭蓋骨の位置を知らせようとする。見るもの、興味あるものを、次ぎつぎに発見して、ことばで質問ぜめにする。

1001（2：01：10）夕方、デボラとカール・レイク夫妻が来る。昼間に「今日は、お母さんのお友達がお食事に来るからね」と母が言うと、まだ何の食事の準備もしないうちから、ゆうがしきりに「エビ　エビ」と言い出す。海老はゆうの好物だが、海産物は高価なのでめったに食卓に上らず、お客さんが来るときに海老の天ぷらをすることが多いからだろう。

ゆうは「ユー　アーイ（Hi）」とあいさつすると言って、「アーイ」「アーイ」と言いながら自発的に1人で練習している。しかし、いざお客さんがやって来ると何も言わない。帰るころになって、ようやくカールに向かって「アーイ」と言いはじめる。

【トロントへの旅行】

1002（2：01：21）午後の飛行機でカナダ東海岸へ旅行に行く予定である。ゆう「どこ行くの？」母「トロントへ行くのよ」ゆう「トロントで地下鉄のりたい」母「トロントへ行ったら乗ろうね」ゆう「ユー　トロントで地下鉄のるもん」。ゆう「何、乗っていくの？」母「飛行機よ」ゆう「ブーン　乗りたい。早くブーン乗りたい。早く行こうて」。

1003（2：01：21）夜、トロントのモーテルに泊まる。旅行を楽しみにしていたのに、あまり機嫌がよくない。ゆう「おうち帰ろうて。ユーのおうち帰ろうて」「ユーのめばえ（日本から持ってきた愛用本の名前）は？　忘れちゃったの？　ユーのめばえ、忘れちゃったの？」

母と姉とゆうで「めだかのがっこう」の替え歌つくりをして遊ぶと元気になる。ゆうが「次は……」と言いながら自分で考えて、「カエル　ガッコウは？」「リチュ（リス）　ガッコウは？」「ブーン（飛行機）ガッコウは？」「オイチュ（椅子）ガッコウは？」など、次ぎつぎに要求するので、それらの替え歌をつくって遊ぶ。

1004（2：01：22）トロントでレンタカーを借りてウオータールー、ウインザーへ行き、小橋川先生宅に泊めていただく。ゆうは先生のお宅では、おもちゃなどで遊んで上機嫌で始終うれしそうにしている。階段を上るのに母が手をつなごうとすると、「ユーが、ユーがやる、自分でやる」と言って1人で上る。

最近、服を着るときなども、「ユーがやりたい、ユーがやりたい」と言って、自分で服の袖に手を通そうとする。

1005（2：01：26）飛行場で、エアカナダの飛行機はマークを見てわかるようになった。ゆうはカナダの飛行機を見るたびに、「ママ、エアーカナダ、エアーカナダ」と言って、うれしそうに指さす。

1006（2：01：27）トロントからサスカツーンへ飛行機で帰る。ゆうは帰路に「おうち、ジェミーいる？　ラクチャいる？」「ハァイ　ラクチャ　ハァイ　ラクチャ（おうち帰ってラクサに会ったら、ハイ（ただいま）とあいさつするよ）」と言う。

■半年前の記憶

カナダに半年滞在した後、日本に帰宅したとき、自宅に着くと、何ごともなかったように、半年前の記憶がよみがえり、以前に日本で暮らしていた日常生活にすぐに戻ることができた。また、カナダの生活も覚えており、その話を祖母などに語る様子も見られた。２歳児でも、かなり長期の記憶をもつことができるようである。

1007（2：02：18）母の仕事の都合で、母と姉とゆうの3人は父より一足早く、カナダのバンクーバから成田経由で名古屋空港に帰る。空港には父方、母方両方の祖父母が迎えに来てくれていた。空港では、祖父母の顔を見ると泣いて母にしがみついていた。しかし、名古屋の家へ戻ると、半年間の留守が何もなかったかのように、一気にもとの記憶がよみがえった。知らない場所や知らない人への行動とはまったく異なり、すぐに「おじいちゃん」「おばあちゃん」と言って、祖父母のところへ行く。祖父にお風呂に入れてもらい、ふだんはいやがる髪洗いも祖父にしてもらう。「ユー、おじいちゃんとオプロ入ったよ」と母に言う。

1008（2：02：18）帰国した翌日から、祖母に向かって「ユー　ブーン乗ったことある」「ユー　地下鉄乗ったことある」「ユー　行ったことある」としきりに（カナダで）やったことがあるという経験を話す。母や姉には言わないので、ゆうは自分が行ってきたカナダの旅の話を、行かなかった祖母にしているのだろう。

1009（2：02：18）名古屋空港で母方の祖父母にもらった飛行機のおもちゃを大事そうに、どこへ行くにも持って歩き、いじりながら何度も質問する。「ギプのおばあちゃんにもらったの？」「これ、誰にもらったの？」「これもらったの？ギプのおばあちゃん？」（岐阜の母のこともよく記憶している）

1010（2：02：20）姉もゆうもジェット・ラグで、夕方は6時ころに眠くなり、朝は4時ころに起きてしまう。ゆうは起きると一階で眠っている祖父母のところへ行きたくてたまらないので、うるさく質問しつづける。ゆう「おばあちゃん、おじいちゃんは？」「ユー　おじいちゃんのとこ　行きたい」「行っていい？」母「おじいちゃんは、まだネンネしているからダメ」ゆう「おじいちゃん、まだネンネ？」「おじいちゃん　起きた？」「おじいちゃん起きたら、ユー行きたい」「おじいちゃん、もう起きた？」「もう起きたの？」

1011（2：02：21）母が仕事なので大学に出かけるが、追いかけて泣くこともなく、祖母と留守番でも機嫌よくしている。「おばあちゃん、金魚見に見にいこうてェ」などと言って、祖母に行きたいところを要求している。カナダにいるときはトイレに行きたがらないこともあったが、名古屋に帰ってきたら、すぐに素直にトイレでするようになった。

1012（2：02：27）母方の祖母に電話をする。ゆうに受話器をかわると、「ギプのおばあちゃん、ありがとう」と飛行機のおもちゃのお礼を自分から言う。「なおちゃん、なおちゃん」といとこの名をしきりに言って、電話をかわってもらい「ユー　なおちゃん好き、なおちゃんとアソビタイナー」と言う（いとこのことも覚えていた）。

1013（2：03：02）カナダにいる父から写真入りの手紙がきた。父の写真を指さして「トット、トット、ユートット　ダッコしてもらったことある」と言う。母「そうね、お父さんに抱っこしてもらったね」ゆう「ユー、トットのとこ行きたい」母「ゆう、トットのとこ、行きたいの？　でもトットは遠いとこにいるからね」ゆう「あとで行こうねえ、また行こうねえ」。

1014（2：03：28）母の実家で「ゆうくん、お風呂入ろうか」と言うと、今までしたことがないのに、ぱっと母方祖母のところへ抱かれに行って「ユー。おばあちゃんとオプロ入りたいなあ」と言う。

1015（2：04：01）クレヨンで紙になぐり描きをする。まる、まるをいくつも描けるようになった。ゆうは「カレンダー」と名づけた。そして「ベラール先生とこ持って行くの」と言う（自分でもうまく描けたと思ったので、家族だけに見せるのではなく、ベラール先生（カナダにいる父の先生）に見てもらおうと思ったらしい）。ときおり、カナダにいたときのことを思い出すらしく、昼間には祖母にベラール先生のところのネコの話をしたという。

1016（2：06：09）洋服ダンスを開けたときに、母がカナダで着ていた夏服を見つけた。ゆうが「ママ、これユーのガッコウ行くとき、着る服ね」と言う。半年前にデイケアセンターに行くときに着た服で、半年たっているのによく覚えている。

■ものがたりの生成 —— イメージ連関のプロセス

1017（2：03：24）母が夜に鉛筆を取り出して、字を書いているのを見て、ゆうが質問を連発する。

ゆう「ジージ　書いてるの?どうしてジージ書いてるの？　どっからもらったの？　おばあちゃんの鉛筆？これ」

母「ママのよ」ゆう「ママ、これどこでもらったの?」母「牛乳やさん」　ゆう「どこの牛乳やさん?」母「スーパーのよ」ゆう「ユーもついてった?ママといっちょに?」

ゆう「ママ、ガッコウお休み？　ジージ書いてるだけ？　ガッコウ行けせん?」(字を書くことは、学校とむすびつくらしい。夜で母が家にいて学校に行かないことを確認している)。

ゆう「もう、いいよ。オチマイ」母「もう少しだけね」ゆう「チュコチだけ?」

母が書き終えて鉛筆立てに鉛筆をしまう。ゆう「もう、チマったの（しまったの）？　どうちて、チマったの？もういいの？　アチタ、ガッコウ行くとき、持ってくの?」

1018（2：03：24）民話の大きいカブラのお話を以前に絵本で見てしてもらった。おじいさんとおばあさんがカブラをひっぱろうとして、次ぎつぎと動物を呼ぶ話の絵だけを見て、ゆうが話をする。

ゆう「ネコちゃん、イヤだ、言ってるよ」

ゆう「ネコちゃん、何チテルの？　これ」

母「何してるのかなぁ?」

ゆう「チッポつかまえてるの？　これ?」

ゆう「ミーちゃん、小屋でネンネちたい、言ってるよ」

（ネズミにしっぽをつかまえられているネコの絵を見て、家で飼っているネコのミーちゃんのお話になった。ゆうは日頃ネコのしっぽをつかもうと追いかけたりして、ネコにいやがられ、ネコは寝場所にしている小屋に逃げ込むことが多い。絵本のストーリーから実体験をふまえた自分のストーリーに展開した。）

1019 （2：03：25） シャベルカーが雪だるまをつくっている絵本の絵を見つけて、とても不思議そうに聞く。「これ、シャベルカー？」「どうちて？　どうちて？　雪だるまつくるの？」（ゆうは車について詳しいので、シャベルカーが道路を工事するものだと知っている。雪だるまも、よく知っている。しかし、シャベルカーが雪だるまをつくるというストーリーは、ゆうの経験のなかにない。この組み合わせを、とても不思議に思ったらしい。２つのものをむすびつける新しい意味づけが必要だったのだろう）。

1020 （2：03：26） 母とゆうと祖父がテレビを見ていた。蜘蛛がほかの虫をつかまえるところを見て「あっ、つかまえた」など言いながら、熱心に見ていた。白アリの巣（家）にアリが入っていったら「小さいアリ、どこ行ったの？」など聞く。

その後で「おじいちゃん、おじいちゃんのおうちにアリ、ネンネちてる？」と聞く。意味がわからないので、母が「おじいちゃんのおうち？　おにわのこと？」と聞くと、ゆうは「ちがう、おじいちゃんのおうち」と言う。祖父が「おじいちゃんのおうちにアリいるよ」と言うと、ゆうは「どうちて、おじいちゃんのおうちにアリいるの？」と聞く。このような問答を繰り返した。

しばらくして、ゆうはプラスチックのジャンボ・ブロックを四角に囲み、その中へ消防車を入れる。そして「マミー　チョボーシャ（消防車）のおうちつくった」と言う。次ぎに消防車を取り出して、ブロックでブルドーザーを囲み、「マミー　ブルドーザーのおうちつくったよ、見て」と言う。

（次の行為のつながりは不明だが、ゆうにとっては「おうち」ストーリーというべき連関があるのだろう。「テレビでアリが家の中に入っていったのを見た」→「おじいちゃんの家にもアリがいるか？」聞く→「ブロックで消防車の家をつくる」→「消防車の家をブルドーザーの家に替える」）

■語りの相手——語りの共同生成

1021（2：01：06）ゆうが頭からチョッキやタオルをかぶり、「オバケ　オバケ」と言いながら母の方へやってくる。ゆうが「オバケ　こわい？　オバケ　こわい？」と聞く。母が「オバケ　こわい」と言うまで、何度も「こわい？こわい？」と聞く。

1022（2：04：05）姉が友達と外へ遊びに行く。ゆうは「ユーも行きたい。ユーも公園行きたい」と激しく泣く。ゆう「ママ、近くの公園行こうよ」ゆうは母と近くの公園へ遊びに行った。

家に帰ってから、ゆう「ママ、近くの公園、何あったの？」母「ブランコやスベリ台ね」ゆう「あぶないスベリ台あったたね」

（木造で手すりがあるふつうのスベリ台と違って、ふちがないコンクリート製のスベリ台で、ふだんはあぶないからとすべらせていなかった。はじめて、そのスベリ台ですべったことを語りたかった。その話がしたかったのだが、いきなり「スベリ台」ということばが出てこないので、まず「何あったの？」と母に聞き、母のことばを引き出し、そのことばに助けられて、自分が言いたいことを伝えている（共同生成。大人でも一緒に行った人に「ほら、ほら、あれ何だったっけ」と聞いて、自分の体験を話すことがある）。

1023（2：04：10）言いたいことばの単語が出てこないと、「なんだった？　ママ、なんだった？」と母に聞く。食事をしていて、「おはし」という単語が出てこないと、ゆう「ママ、スプーンちょうだい、ちがう、ちがうスプーンちがう、ふたあつ、たくさん…　ママ　みたいの」母「おはしのこと？」ゆう「うん、おはち　ちょうだい」

【相手に合わせた会話】

1024（2：03：27）母方の祖母から電話がかかってきた。母と姉が話した後でゆうに受話器を渡した。ゆうは「なおちゃんにかわって」と言う。なおちゃんが出ると「なおちゃん、また遊んでね」と言う。次ぎに「おおきいばあちゃん、おおきいばあちゃん」と言って電話口に呼び出し、「おおきいばあちゃん、またオトープ（豆腐）買いにつれてってね」と言う。それがすむと「ちいばあちゃん、ちいばあちゃん」と言う。そして「ちいばあちゃん、また公園つれてってね」と言う（何も教えないのに、ゆうが3人と以前に体験したできごとを三者三様に語って、それぞれの宛先に合う頼み事をしたので、みんなびっくりした）。

1025（2：03：27）二階に寝に行くとき、祖父に「おじいちゃん、またアチタあそんでね。お休みなさい」とあいさつする。

1026（2：03：27）母が大学から帰宅すると玄関に飛んで出てきて、「ママ　おかえりなさい。もうダイタンチュリー（テレビ番組）おわったよ」と言う。ゆう「ママ、ダイタンチュリー見たかったの？」母「うん、ママ見たかったなあ」ゆう「ダイタンチュリー、またアチタ見ようねえ」

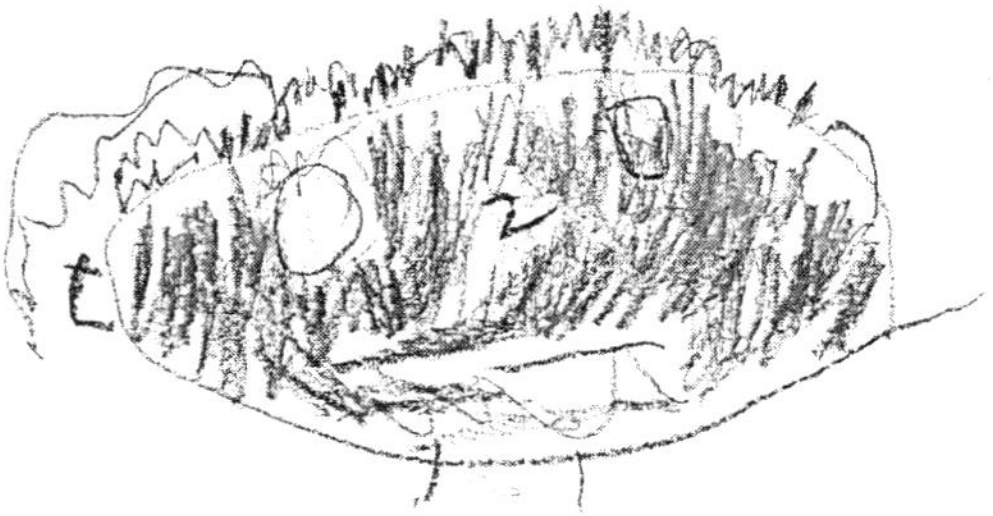

おじいちゃん（ゆう 4歳2か月）

1027 （2：03：28） 母と姉と一緒に母が車を運転して母の実家に行く。服を着替えるとき、ゆうがなかなか来ないので、母が「ゆう、お洋服着替えないと、もう岐阜のおうち連れていかないよ。お洋服替えるのだから、早くいらっしゃい。ゆう、岐阜のおうち行かなくていいの？」と言った。すると、ゆうは「ユー、岐阜のおうち行くよ」と言う。さらに姉に向かって母のような口調で「チーは、おばあちゃんとおうちでお留守番ちてらっちゃい」と言う。

車に乗っていて、母が後ろ座席の姉に「ちいちゃん、座っていらっしゃい」と言うと、同じく後部座席に座っているゆうが「ちいちゃん、あぶないから、立っちゃだめ、すわってらっちゃい、立っちゃだめよ」と母が言う以上のことを母のような口調で姉に言う。

1028 （2：04：05） 二階へ寝に行くとき、祖父におやすみのあいさつをして「おじいちゃん、またあそんでね」と言う（これは、いつもよく言う定型のことばである）。その後で、しばらく沈黙してから、考え、考え「おじいちゃん、また：：また：：おコウコ切って、お茶漬けに入れて：：また食べようね」と言う（今日の夕食のとき、祖父にタクアンを小さく刻んでお茶漬けに入れて食べさせてもらった）。

1029 （2：04：07） 母が実家に電話する。ゆうが「ユーにかわって。ユーなおちゃんとお話ちたい」と言うので、ゆうにかわって、ひとしきりなおちゃんと話をする。その後で母にかわると、直ちゃんが「ちいちゃんにかわって」と言うので、姉にかわる。すると、ゆうが「チー、なおちゃんとお話ちてだめ、ユーがなおちゃん。チーだめ」と言って、姉を水鉄砲でたたきに行く（いとこのあいだで、姉はいたる君、ゆうは直ちゃんと年齢が近いどうしペアになって遊ぶことが多いので、姉がゆうの友達と話してはだめだと言っている）。

1030（2：04：10）絵本が大好きで「バーバパパ」「ぐるんぱの幼稚園」「ちいさなさかな」など、次ぎつぎに持ってきては読んでもらいたがる。読んでやるとおとなしくお話を聞いている。そしてところどころで口をはさむ。「バーバパパ」は、細かい絵までよく見ていて、少しの違いも気がつく。別のページでは泣いていないと、「もう泣いていないねえ、お菓子食べてるねえ」と言う。「ぐるんぱの幼稚園」では、後のページで泣いていた子が、12人の子どものところで、1人ずつ指さして「ママ、チー、ユー、よその子」と言う。「ユーも、ぐるんぱの幼稚園行きたいなあ、ママ、ユーもビスケット食べたいなあ」。「ちいさなさかな」は、「ちがう、大きい」と言う。

1031（2：04：19）法事のために家に知らない親戚の人が大勢来たが、ゆうはお客さんが多くてもみんなのところへ行ったりして、母にべったりではなかった。ゆうは姉にくっついており、姉が外へ出れば外へと姉のあとをつけていた。

1032（2：04：19）ゆうが昼寝から起きたら、法事が終わってみんな帰ってしまっていた。ゆう「おじいちゃんはどこ行ったの？　ぎぷのおばあちゃんは？」母「おうち帰ったのよ。おじいちゃんが車で送っていったの」ゆう「ユーもぎぷのおばあちゃんとこ、行きたかったなあ、ユーもおじいちゃんと行きたかったなあ」と言って泣く。

1033（2：05：00）1月に1回家にお経を読みにやってくるお坊さんが来る日なので、「今日、なんまいのおじちゃん来るよ」と言うと、「ぎぷのおばあちゃんは？」と聞く（先回に法事のとき母方の祖母がきたので）。そして「ぎぷのおばあちゃんに来てほちかったなあ」と言う。

お坊さんに対して姉は2歳のころには「なんまいのおじちゃん」と呼んで親しみ、お茶やお菓子を出す手伝いをして、よくほめられていた。そのころ、帰りに冗談で姉に「おじちゃんといっしょに行く？」と言ってみたら、「本当に連れて行ってほしがったので困ったよ」とお坊さんは笑っておられた。しかし、ゆうは未だにお坊さんがこわいらしく、黒い服を見ると祖母に抱きついて泣きだしたとのこと（祖母の報告）。

1034 （2：05：01） ゆうが1人で家にいたとき、電話のベルがなった。すぐに庭にいる祖父に「おじいちゃん、電話」と言って知らせたとのこと（祖父の報告）。

1035 （2：05：03） 庭で同年齢の友達と遊ぶ。お菓子などを他の子に「ハイ」と言って、差しだしに行く。おもちゃを取られても、姉に取られたときのように泣き叫ぶことはなく、ニコニコして別のおもちゃを自分でおもちゃ箱から取りに行く。

■お絵かきとものがたり

1036 （2：04：10） 母に飛行機の絵を描かせて「こういうの　かいて」と言って、飛行機の絵についているマークを描かせる。

1037 （2：05：05） 最近、お絵かきが好きになった。クレヨンでマルをいくつか描いて、描いた後で命名する。

自分から言うこともあるし、母が「何かいたの？」と聞くと命名することもある。ゆう「オバケかいたのよ、ここがお口でね、ここがメメ、これはハーハ（歯）」など、それらしいことを言う。描くときは、あるイメージにそって目的的に描いたとは思われないが、できあがったものにはイメージを与えている。細長いものには、「オチャカナ（お魚）かいた」と言うし、横長のマルには「クジラ」と言う。

（なぐり描きでは、命名によって、同じ描線が違うものに変わっていく様子が見られる。はじめから何かを目的に描いたり、母に「カイテ」など描いて欲しいものを頼むこともある。しかし、自分でクレヨンを持って、マルなどをいくつも描けるようになると、描くことそのものがおもしろくてやっている。描くという行為は、手を動かす手作業の技術に助けられて成り立つ。紙の上にマルがいくつも描かれていく。その描かれたものを見るとイメージがわいてくる。そこで描いた後で名前をつけたり、それらのマルを関連づけて「ものがたり」にしていくのである。

なお、なぐり描きの発達にも、個人差が大きい。姉はクレヨンがつかめるとすぐに形にならないなぐり描きをよく描いていた。ゆうは姉と違ってめちゃくちゃのなぐり描きはあまりしなかった。自分でやっても形にならないので、自分では描かないで「ママ、飛行機かいて」など要求して母に描かせることが多かった。しかし、マルが描けるようになると、自分で描いて命名できることがうれしいらしく、喜んで何枚も描くようになった。絵を描いては「お父さんところへ送ってね」と言う（カナダの父のところに子どもたちの絵を手紙で送っているので）。

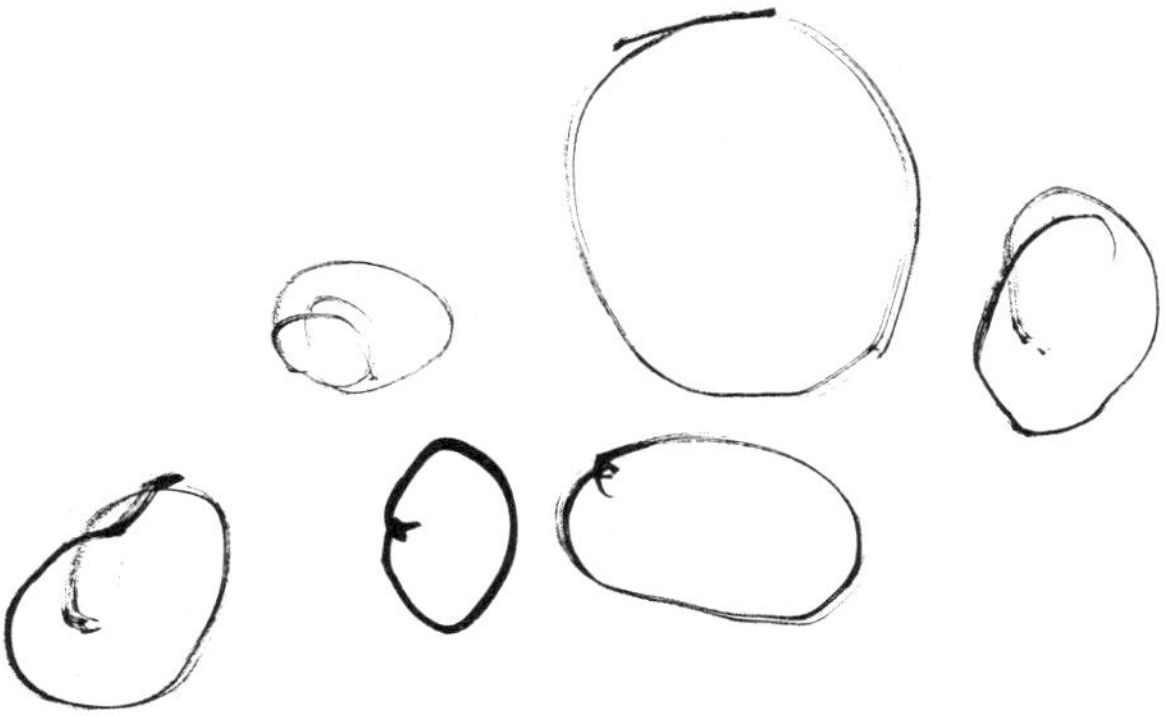

ゆうの絵　マル（ゆう 2歳5か月）

1038（2：05：05）　絵本を読むときも、姉とゆうは大きく異なる。姉はことばが早くから達者に話せたこともあり、母が本を読んでいるときも黙って聞いているのではなく、いろいろ問いかけたり、自分でお話をはじめるので、対話形式でかけあいで絵本を読んでやっていた。ゆうは、物語を読んでやるとはじめから終わりまで黙って聞いている。それで「ぐるんぱの幼稚園」など、意味がわからないところでも物語をそのままそらんじて覚え、ストーリーもよく理解している。ゆうのことばの発達は、姉に比べるとずいぶん遅いが、最初からかなり的確に状況にあうように使うことができる。

1039（2：05：05）　母が姉に本を見せて、お金を「これいくら？」と聞くやりとりをしていたら、ゆうがすぐにまねをする。本の絵を指さして「ママ、『これ何？』ってきいて」と母に要求する（「いくら？」という質問は意味がわからないので、「何？」という質問遊びに変えた）。母が「ノート」を指さして「これ何？」と聞くと、ゆうが「おべんきょうちゅるときのおん（本）」と答える（本の一種だが、絵本や読む本とは違うので、このように答えた）。鉛筆を「これ何？」と聞くと、「ジージ書くやつ」と言う。2回目からは「えんぴつ」と答える（教えたわけではないが、えんぴつという名前を自分で思い出したらしい）。のりは「わからん」と言うので、母が「のり」と教えた。2回目からは、質問すると確実に「のり」と言う。

2　虚構が現実を変える

■「ゆう好き」ものがたり

1040 （2：03：26）ゆうと母が二階にいるとき、外出していた祖母が帰ってきた音が階下でするのを聞いて。ゆう「誰がきたの?」母「おばあちゃん」ゆう「おばあちゃん、どこからきたの?」母「おうちに帰ってきたのよ」ゆう「ユー、見に行きたいなあ」

母と一階へ行って、帰宅した祖母に会った。ゆう「ただいま、おばあちゃん」（「お帰り」と言うべきところ「ただいま」と言う）。祖母「ゆうくん、ただいま」ゆう「おばあちゃん、たくさんおうちにいる?もう行けせん?もう、どこへも行けせん?」祖母「うん、もうどっこも行かないよ」ゆう「おばあちゃん、ユー好きだから、もうどっこも行けせんの?」

（おばあちゃんの帰宅→お帰りのあいさつ→もう出て行かないか?→ゆうが好きだから行かないの?）

1041 （2：03：26）眠る前にふとんの上で絵本の蒸気機関車の絵本を母とゆうと一緒に見る。ゆう「どこから来たの?」母「どこから来たのかなぁ、駅からかなぁ」ゆう「どこ行くの?」母「どこ行くのかなぁ」ゆう「キチャ、行っちゃうの?」母「うん、行っちゃうね」ゆう「ユー、キチャ乗りたかったなあ」母「こんど、乗ろうね」ゆう「こんど、いやだ。ユーキチャ、乗りたかったなあ」母「また、こんどね」ゆう「こんど、いやだ」……しばらく沈黙したのち、ゆう「キチャ　ユー好きだから、駅でマチマチしててくれる?」

母「そうね、待っっててくれるよ、きっと」ゆう「キチャユー好きだからマチマチしててくれるの？」母「そう、ユー好きだから、待ち待ちしててくれるよ」ゆう「キチャ、ここで、駅で・・駅でネンネしてマチマチするの？」母「そうよ、ネンネしてね」

（汽車がゆうを乗せないで駅から出て行ってしまうのではなく、汽車がゆうを好きなので駅で眠りながら待っていてくれるというお話をつくった。それで安心したのか、絵本をそばにおいて、ふとんに横になって眠りについた。「汽車が駅を出て行く」というものがたりを、汽車も「自分と同じように駅で眠って、自分を待っていてくれる」という仮想のものがたりへと変換した。）

おばあちゃんがおかいものをしているところ
（ゆう 4歳6か月）

1042（2：04：05）「欲ばりな犬」のお話を絵本を見ながらひととおり聞いた後で。ゆう「ワンコ、よかった、よかった言ってるね」（ホネをくわえているところを指して）母「そうね。骨ひろってね」ゆう「ホネ、どこでひろったの？」母「落ちてたの」ゆう「ワンコ、ホネ手でつかむの？」（犬が骨に向かって手を出している絵を見て不思議そうに）母「手ではつかめないので、それでお口にくわえるの」ゆう「ここに映ってるね」（水に映っている絵を見て）母「うん」ゆう「ワンコ、ないてるねえ」（最後に犬が骨を水に落として寂しそうにしている絵を見て、ゆうも本当に悲しそうな顔をする）。

1043 （2：04：23） 最近は水鉄砲のかわりに棒（卓上ピアノの脚）を護身用に持ち歩く。人がくると、棒をかまえて「エイヤー」と言う。ほかの子に棒を投げつけたので、母が「メッー」と言ってゆうのほおを軽くつねると泣く。

2時間ほどたってから、二階で「ユー、おばあちゃん、イイ」母「どうして？」ゆう「きのう（過去のことを昨日という）、ママ、ユー　メッちた。どうちてメッちたの？」母「ゆうが棒投げたからよ」ゆう「ごめんなさい。ママ、もうメッちない？」母「もう、しないよ」ゆう「ママ、ユー好き？」母「好きよ」ゆう「ユーも、ママ好き」

1044 （2：04：23） ゆうは、一度しかると非常によくきく。相手の顔を見て不安そうにする。また、自分が悪いことをしたと思うと、相手の顔色を見て「ごめんなさい」と素直にあやまる。母「ゆう、お茶こぼれるよ。あっ、こぼしちゃった」ゆう「ごめんなさい」母「気をつけなさいよ」ゆう「ハイ」

母の頭とゆうの頭がぶつかって、母「あっ、痛い」ゆう「ごめんなさい。ママいたかった？　ユー、ママのあたま、なぜなぜしてあげる」

1045 （2：05：05） ゆうは1日に数回は「ママ、ユー、チユキ（好き）？」と聞いてくる。母が「ゆう、好きだよ」と答えると、「ママ、ユー、チユキなの？　どうしてだろ？」とうれしそうに言う。このような愛情確認のやりとりが多い。

■イナイ（不在）・ストーリー

私たちは、ものが「ある」ときよりも、「あったものが、なくなった」ときに、関心をもつ認識のしくみをもっている。ずっと変わらずにあるものには、あまり注意を向けないが、それが消えると関心をもつ。子どもも、早くから「なくなる」ことに敏感である。ものが、目の前から見えなくなっても、ある（存在している）ことがわかる「ものの永続性（object permanence）」の認識は0歳代からできる（第2巻参照）。イナイイナイ・バァー（ない・ある）遊びは、世界中の赤ん坊が喜ぶゲームである。日本語の不在を表わす「ナイ」ということばも、一語発話の時期から使われる。英語には、日本語の「ナイ」のように不在を表わす語がないが、"gone（行っちゃった）" が同様の意味で使われる。

「いない」「ある」ストーリーは、イナイイナイバァーにはじまり、かくれんぼ遊び、恋人との別れと再会、ふるさとからの出立と帰還、死者が盆に戻るものがたりなど、人の一生を通じて重要なものがたりの基盤となりつづける。

ここにあったものが見えなくなっても再現される、行ってしまっても戻ってくる、出かけても帰ってくるという認識ができると、世界は安定した構造をもつ。今日、日が沈んで暗くなっても、太陽がなくなったわけではなく、明日また日が昇れば明るくなる。私たちは、そのような循環サイクルを信じているから、安心して暮らすことができる。世界が一回性のもので、日が沈んだ後また日が昇るかどうか、明日どうなるかわからなかったら、心配で夜も眠れないだろう。

〔ここ〕という現前の世界から、ものが離れた場所〔あそこ〕に行っても、それが消失してしまうわけではなく、また「もどる」、再現されるという「ものがたり」は、人間が生きていく上で、もっとも重要なもののひとつだろう。人の死は、一回性であり、いのちが消失して戻ってこない例外的な事態であり、大きな恐怖を引き起こす。だからこそ、人が死んで、この世からなくなっても「たましい」は生きつづけ、いつか「生まれ変わる」「復活する」という神話が世界中につくられて人びとを守ってきた。

子どもも同じである。愛着をもつ母親がいなくなったとき、不安になって泣いていた乳児も、母親がいなくなってもまた戻ってくることがわかれば、待っていることができる。ゆうは特に母が大学に出かけて「いなくなる」経験をしているので、「いない」ことは大きな関心事であり、さまざまな「いない（不在）」ストーリーが語られた。絵本などの架空のものがたりに、自分の体験が重ねられて、共感しながら感情表現するものがたりが語られるようになった。単に絵本のものがたりを聞いてわかるだけではなく、絵本を媒介にして、自分のものがたりを共同生成できるようになったことを示している。

1046（2：03：23）母が帰宅すると「ママ　ただいま」（「お帰り」を「ただいま」と言う）。「ママ、もうどっこも行けせん？　ママ、ユーとこいる？ママと一緒にごはんたべたいなあ」と言う。

昼間、祖母と遊びながら「今日、ユーはガッコウお休みよ」と言ったと祖母が報告する（名古屋に帰ってからはずっと自宅で昼間は祖母といるのだが、カナダで保育園に行っていたときのことを思い出したのだろうか）。

1047（2：03：24）「ルルちゃんのくつした」の絵本を見ながら、母がゆうに、片方のくつしたを無くして探しても見つからないという筋書きの絵本のストーリーを話してやった。裏表紙には、くつしたの絵が描いてある。ゆうは、裏の絵を見ながら、「あっ、あったねえ、くつしたはいてるねえ」と言って笑う。

（なくなったくつしたを探す話を理解していて、裏表紙にくつしたが描いてあったので、「見つかってよかった」という話にして笑顔になる。）

母と絵本をみながらお話をつくる

その後で、ゆうが「おかあちゃん　いない、いないって、捜してるねえ。おかあちゃん、どこ行ったの？」という話をしはじめる。次にルルちゃんが泣いている絵のページをめくって、「泣いてるねえ、ママ、いないいないいって、泣いてるねえ」と言う。

（「なくなったくつした」を探す話から、ゆうが実感としてふだん感じている「いなくなったママ」を捜すストーリーに変換し、ゆうのものがたりに変換して語り直した。）

1048（2：04：02）赤頭巾ちゃんのお話の絵本を見ながら会話。

ゆう「赤頭巾ちゃん、どこ行ったの？」母「おばあちゃんとこよ」ゆう「おばあちゃん、どこにいるの？」母「おばあちゃんのおうち」ゆう「おばあちゃんの、どこのおうち？」母「ここのおうちよ。ここへね、オオカミさんがきて、おばあちゃんを食べちゃったのよ」ゆう「おばあちゃん、どこ行ったの？」母「オオカミさんのお腹のなかよ」ゆう「どうちて、オオカミさんのお腹のなか？」母「お腹すいてたから、食べちゃったの。赤頭巾ちゃんも食べちゃったのよ。だけど、漁師さんがバーンって、鉄砲撃ってオオカミさんやっつけたから、もう大丈夫。おばあちゃんも赤頭巾ちゃんもね」ゆう「おばあちゃん、どこいっちゃったの？」母「おばあちゃん、お腹からでてきたのよ」

1049（2：04：05）ゆうは絵本を見ながら「母を訪ねて三千里」の話を聞いた後、何度も感心したようにじっと絵本を見ている。ゆう「マルコのおかあちゃん、どこ行ったの?」母「遠くへ行っちゃったのよ」ゆう「すぐ帰ってくる?」母「すぐ帰ってこないの。なかなか帰ってこないの」ゆう「また、あした、帰ってくるの?」母「そうね…」ゆう「おぷね乗って、おかあちゃんお迎えに行くの?」母「そうよ、お船乗ってね」ゆう「ユーおぷね乗って、オカアチャーン言って、迎えに行ってやるわ」そして、「オカアチャーン」と言いながら、母に抱きついてくる。

(いなくなった母を捜すマルコの話から、自分自身が体験した「おかあちゃんいない」話と連関させて、新しいものがたりにする。ほかの話を聞いても、「母さがし」物語に変えて語り直す。「オオカミ少年」の話を聞いても、村人の絵のなかに母らしき人を見つけ、「少年が母を捜して母のところへ行く」話に変えてしまった。)

■「ゆうがいない(自分が不在)」ものがたり

不在のものがたりのなかで、特に興味深いのは、母や他者がいなくなるストーリーだけではなく、下記の例のように「ゆうがいない」「自分が不在」ストーリーもつくられるようになったことである。これは、現在自分がいる〔ここ〕から、ここにないものを表現するだけではなく、〔あそこ〕にいる他者の視点から〔ここ〕の自分を眺めるメタ認知がないと成立しないので、大変興味深いものがたりである。

1050 (2:03:28) 母の実家で、いとこのいたるくんとなおちゃんはお父さんの会社の運動会に出かけて行ったので、遊び友達がいなくなった。ゆうは母と祖母と姉と、近くの公園へ行ってハトと遊んだ。公園から家に帰るとき、母が「ゆうくん、もう、いたるくんやなおちゃんも、おうちに帰っているかな?」と言った。すると、ゆうは「いたるくんとなおちゃん、ケンカちてるかもちれん。ゆうくん、いないないって」と言う。

ゆうがいない（不在）ものがたり

（「いとこたちが先にうちに帰っても、自分がいないので、いたるくんとなおちゃんが、ケンカしているかもしれない」というものがたり。自分が不在の「おうち」をイメージし、いとこたちが自分の不在を話題にしてケンカしているという仮想のものがたりをつくる。）

1051（2：04：01）ゆうは母に向かって、ときどきことばにつまりながら、考え考えながら、3日前に母の実家へ行った自分の経験をもとにした長いお話をする。

ゆう「マミー、マミー、こんど、また、ぎぷのおうち行こうねえ、ママのブーブー乗って。ママとユーとチーと行こうねえ。ギプのおばあちゃんと、ハトポッポ、行こうねえ。お菓子持って……もういたるくんとなおちゃん、帰ってきたの？　いたるくんとなおちゃん、どこ行ってたの？」

母「いたるくんのお父さんの会社の運動会よ」

ゆう「どこの運動会？」

母「いたるくんのお父さんの会社の運動会」

ゆう「どうちて、運動会？」（「運動会」ということばの意味がよくわからなかったらしい）。

母「いたるくんの父さんとこ、お祭りだったの。ユーも、ママとママの学校のお祭り行ったでしょう?」

ゆう「ユーも、ママのガッコウ、お祭り行ったね。ママ、また行こうねえ、ママのブー乗って」

（いとこの不在は印象に残るできごとだった。「どこへ出かけたのか?」がゆうにとっては疑問だった。ゆうが体験した母の学校の「お祭り」とむすびつけると理解できた。そのときも実家に帰るときと同じように母が車を運転して一緒に行ったので、「祭り」と「車」をむすびつけて思い出したらしい。）

1052（2：04：02）カルタの絵に女の子が1人だけついているのを見て、ゆう「ママ、どこ行ったの?」母「ママ、いないねえ。これは誰だろう。チーかな?ゆうもいないねえ。どこ行ったのかなあ?」ゆう「ユー、いないねえ。ママとユーと、ママのガッコウ行ったよ」

1053（2：04：26）ゆうは自分でふとんの中に入り込んで「ユーが見つけてやるわ（ユーがいないので、ユーが見つけてあげる）」と言う。自分でふとんからはい出してきて「見つけてやった」と言う。そして、ゆうが「ママ、ユーが見つけてやった。こわいおおかみちゃん、お腹から出てきたの」と言う。

（ふとんの中から出てきたイメージが、ずっと以前に絵本を見て話をしてやった赤頭巾ちゃんのイメージにむすびついたらしい。ユーは、見つける役とお腹から出てくる役の一人二役を演じている。）

■「赤ちゃんじゃない」――ものがたりによる自己制御

ものがたりの機能のひとつは、ものがたりが自分をつくり、ものがたりによってつくられた自分が現実をつくっていくことである。ゆうは、「もう、赤ちゃんじゃない」「チー（姉）とおなじ」というものがたりによって、哺乳びんの使用を自分からやめることができた。ものがたりによって、自己制御ができるようになったといえよう。

1054（2：05：02） 母と姉の保育園へおゆうぎ会を見に行く。近所に住む姉の友達のKちゃんやUちゃんとも一緒に見る。ゆうがまだ哺乳びんでミルクを飲んでいるのを見て、2人が「ゆうくん、赤ちゃんだねえ、まだ哺乳びんで飲んでるの?」と言ってはやしたてた。そのときは、「ユー、赤ちゃんとちがう」と言っただけだった。

その夜、ゆうが「ユー、おちめするのいや」と言うので、母が「おしめしないのだったら、ジャージャもなしよ」と言うと、ゆうが「ユー、ジャージャ飲まずにネンネする」と自分から言った。そして、本当に哺乳びんなしで母の手をつかんで寝た。

（今までも「おしめいや」と言うことも多くあったし、自分から「ビンビで牛乳飲まないよ」と言い出したこともあったが、いつも実際に眠る間際になると、どうしても哺乳びんでミルクを飲まないと眠れなかった。偶然に寝てしまったときを除いて、自覚的に哺乳びんなしで寝たのは、このときがはじめてである。親や家族ではなく、同年配の友達（子ども仲間）から「赤ちゃん」と言われたことが、プライドを傷つけ、よほど応えたのであろう。）

1055（2：05：03） 翌日の朝、ゆうは「ユー、もう赤ちゃんじゃないよ」と言った。しかし、昼寝のときになると、母が何度も「もう、ジャージャ、ビンで飲まないね、ゆう君大きくなったからね」とほめても、哺乳びんを恋しがって泣いた。また夜も寝る間際になったら、「ジャージャびんで飲みたい」と言い出して、泣きながら寝た。

1056（2：05：04） 哺乳びんをやめて、3日目。もう夜眠るときも泣くことはなく、ゆうが自分で「ジャージャ飲まずにネンネする」「チーとおんなじね」と言う。夜もおむつなしで寝ることができるようになった。おもらしすることもない。

1057 （2：06：01） ゆう「ママ、おん（本）読んで」ゆう「エーン、エーン泣いてるね」母「そうね、この子泣いてるね。ゆうは強いから泣かないもんね」ゆう「うん、ユー泣かない。ママ、ガッコウ行くときだけ、泣くけどね」

人は、ものがたりで、自分をつくり、自分の行為をことばで制御することができるようになる。かつて泣くという行為で不快情動を表出することしかできなかった子どもが、「エーン、エーン」と泣き声で語ることができるようになっている。それは、自分の不快情動から分離した表現として「泣き」について語れるようになったことを示している。しかも「泣かない」とことばで決心するだけではなく、「ママ、ガッコウ行くときだけ、泣く」と現実をふまえて表現していることは興味深い。自分の行為を外側から眺める視点をもっていることがわかる。

人は「自分は強い子だ」「自分は弱虫だ」「自分は＊＊ができる」「自分は＊＊がにがてだ」「自分は成功する」「自分は失敗するかもしれない」など、自分で自分に言い聞かせている自己ものがたりをもっている。はじめは他者から言われたことばや一回の経験だったかもしれないが、内言となり、自己のなかで繰り返し語り直されて、自分の個性をつくっていく。そのような自己ものがたりが、現実の自分を支え、未来の自分を形づくっていくのである。

■未来を変えるものがたり

ものがたりの機能は、ことばによって、ここにないものを生成的につくりだすことができることである。「小さい」と「大きい」、「少し」と「たくさん」など、ひとつのことばは、ほかのことばと対比的にむすびついている。そのようなむすびつきを利用することで、今ここにないものとの関係を現前させることができる。

1058 (2：03：23) 姉の持っているクマのついた寝間着が気に入っている。それを「チーの寝間着が小さくなったら」「ゆうが大きくなったら」ゆうにあげると話してあった。ゆうは繰り返し、聞いてくる。
ゆう「クマチャン　ネマキ　チーチャ（小さく）なった？」「ユー　欲しいなあ」
母「ゆうくん、大きくなったらあげるからね」
ゆう「ユー、大きなったよ」「ユー、こんだけ、なった」
（人差し指、中指、小指を3本出す。以前は「ユー　ふたあつ」と言って2本出していたが、3本はもっとたくさんの意味。）
「大きいばあちゃん、ユー、大きなった言ったもん」
（1か月以上前に母方の大祖母が「ゆう君大きくなったね」と言ったので、もう大きくなったと主張している。）

1059 (2：05：24) 岐阜の公園ですべり台に乗っていたら北風が吹いてきた。ゆう「ママ、チュコチ　寒いねえ」母「ほんと、寒いねえ」ゆう「たくさんは、あったかいけどね」（「たくさん、あったかい」という言い方を大

おねえちゃんとゆうくん（ゆう　４歳９か月）

人はしないので、ゆうは、「少し寒い」と対比させて「たくさんあったかい」と言ったのだろう）。

ものがたりの生成的機能のなかで特に重要なものは、「過去」「現在」「未来」という時間軸がつくられることである。特に、図６－１のように今ここにない未来をどのようなものとイメージするかによって、現在の行為や行為の意味づけが変わっていく。

1060（２：05：23）正月休みで母の実家に帰る前に。ゆう「ママ、ギプのおばあちゃんとこ行くとき、名鉄でんちゃ、乗ってく？」母「名鉄電車は乗ってかないよ。ママの車で行くのよ」ゆう「またアチタ、またこんど、乗って行こうね」

1061（２：06：03）お正月休みが終わって、母が大学に行くようになった。毎朝ゆうが「ママ、ガッコウ行ってだめ」と言って泣く。それまでなかったのに、３日つづけておねしょをした。

夜寝るときに、ゆう「ママ、もうガッコウ行けせん?」母「うん、もう行かないよ」ゆう「ママ、今日はガッコウ行かない?昨日は行ったけどね」母「うん、もう学校から帰ってきたからね」ゆう「アチタ（明日）もガッコウ行けせん?」母「明日は行くけどね」ゆう「ママ、アチタ、ガッコウ行ってイヤ」
（今日＝現在、昨日＝過去、明日＝未来のような使い方をよくする。）

1062（2：06：03）ゆう「ママ、アチタ（明日）、またギプのおばあちゃんとこ行く?」母「明日は行かないよ。またこんどね」ゆう「またこんどいや。ユー、アチタ　ギプのおばあちゃんとこ行きたい」

1063（2：06：16）10日以上前に1人でウンチできたことが自慢で、何回も言う。過去のことはみな「キノウ」になる。ゆう「ユー、おおきなったよ。キノウひとりで立ってウンチしたもん」

ゆうが生まれたときからつけていた日記は、3歳の誕生日で終わっている。現実には、2歳半すぎに、父がカナダから帰国してすぐに、母が病気になって数か月にわたって入院してしまったので、日記を書くことができなかった。したがって、2歳6か月以降の記述はほとんどない。ゆうの3歳の記録は、次のような記述で終わっている。

1064（3：00：00）ゆうの3歳の誕生日。母「ゆう、今いくつ?」ゆう「こんだけ」（指を2本出す）。母「ゆう、今日でいくつになるの?」ゆう「こんだけ」（指を3本出す）母「おりこうね」ゆう「ユー、もうすぐこんだけなるの?」（指を4本出す）母「来年になったらね」

1065（3：00：01）ゆう「ユーね、あのクッチタ（靴下）ね、ほら、飛行機のついてないやつ。もう大きなったで、あのクッチタはけるようになった？」

（誕生日がきて大きくなったので、以前にはいてみて大きすぎた靴下が、もうはけるようになったかと聞いている。）

ものがたりは、「過去」「現在」「未来」をつくりだす。3歳になる前から子どもは、〈いまここ〉という現在に、〔キノウ（昨日）〕過去の経験を組み込み、そしてすべてを〔アチタ（明日）〕未来に向かってむすびつけて語るようになる。子どもは、過去よりも現在よりも、未来を見ている。今よりも大きくなりたい、今よりも成長したい、今よりも良くなりたいという、ここにはないものがたりが、子どもの未来をつくっていくのである。

■ことばと想像力

子どもは、たったひとりでこの世に生まれて、白紙の世界から出発するのではない。子どもは、人びとが住まう共同体のなかに生まれて、人びとのなかで育まれる。ことばは、〔ここ〕という共同世界、〔私たち〕のなかで生まれる。

ことばは、社会的ネットワークのなかで生まれる。ことばは、人と人をむすぶコミュニケーションの道具であり、共同の（コモン）ものをつくりだす営みである。共同のものは、常識（コモンセンス）をつくりだす。〔ここ〕という世界で共同生成されるのは、「こうすればこうなる」という「手順」であり、「やり方」であり、「しきたり」である。それは、社会や文化や共同体のなかでつくられた決まり切った型、紋切り型、ルーチンである。

ことばは、社会や文化や歴史のなかで長年かかって蓄えられてきた共同体の財産である。自分ひとりで勝手にことばを創っても、それが誰にも理解されず、誰にも通じなければ、ことばとはいえない。ことばを話すということは、社会や文化や歴史によってつくられてきた共同体の財産を受け継ぎ、その伝承者になるということである。

私たちは、毎日の生活のなかで日々、冒険家のように命をかけて辺境へ探検に出かけて行くわけではない。科学者のように新しい発見をするために命を削って夜も眠らずに実験に明け暮れるわけではない。詩人のようにひとつひとつのことばを疑いながら、命をさらして綱渡りのように暮らしているわけではない。

私たちが日常生活を安心して暮らすには、「昨日はこうだった、明日もこうなるだろう」と予測できるようなルール、慣習やありきたりのものがたりが必要である。私たちは、慣習やものがたりによって、刻々と変化しつづけ、何が起こるかわからないありのままの現実、流動しつづける世界を安定した世界に変えているのである。

子どもが意味あることばを話すということは、社会や文化や歴史によってつくりだされてきた慣習とものがたりの世界の住人になるということである。ことばは、紋切り型の常識をつくりだす。

天井からぶらさがったバナナを取るのに、チンパンジーは、それが食卓であろうと椅子であろうと、何でも使えるものを「ふみ台」に使うことができる。しかし、子どもは「バナナを取りたいけれど、ふみ台がないから取れないよ」と言って、目の前にある机や椅子を使えないことがある。それは、子どもの知恵が足りないからではなく、子どもが「つくえ」「イス」「ふみ台」ということばの意味に縛られて、ことばから自由になれないからである。

ことばは、常識やルーチンをつくりだし、世界を紋切り型に眺める役割を果たす。しかし、また、ことばは、ことばによって型を超えていくことができる。新しいイメージをつくりだし、型から出ていくことができるのもまた、ことばやものがたりの力である。ことばによって想像力をかきたて、世界を新しく再構成していくことができる。

たとえば、今、ここで私の目の前にあるものは、「机」「バナナ」「本」「ごみ箱」などと呼ばれている。なぜ、そのような名前になっているのかわからないが、名前は記号である。それならば、名を変えることもできる。

名前をひとつずつずらしてみたら、どうなるだろうか。「机」は「バナナ」に、「バナナ」は「本」に、「本」は「ごみ箱」に、「ごみ箱」は「机」にしてみたら、どうだろうか。「机の上の本をとって」は「バナナの上のごみ箱をとって」に、「バナナの皮はごみ箱に捨ててね」は「本の皮は机に捨ててね」に、「バナナは美味しいね」は「本は美味しいね」に変換される。

たった4つのものの名前が変わっただけで、意味世界の様相が変わって、シュール・リアリズムの世界が現れてくる。身のまわりにあった常識的で当たり前で安定していた意味世界は、ことばによって壊れていき、新しいイメージが生まれてくるのが感じられるだろう。

「イマジン、イメージしてごらん、みんなが平和に生きているって。君は僕のことを夢想家だと言うかもしれないね。でも、僕はひとりじゃないはずだ」と歌ったのは、ジョン・レノンであった。世界の変容は、血を流す革命からだけではなく、ことばによるものがたりの変換でも行うことができる。未来を変える新しいものがたりを創ること、それもまた新しいことばの組み合わせを人びとと共同生成することで行なわれていくのである。

いままでも人々は想像力とはイメージを形成する能力だとしている。ところが想像力とはむしろ知覚によって提供されたイメージを歪形する能力であり、それはわけても基本的イメージからわれわれを解放し、イメージを変える能力なのだ。イメージの変化、イメージの思いがけない結合がなければ、想像力はなく、想像するという行動はない。

（バシュラール『空と夢』より）

おわりに

もっと昔、僕がまだ若く、その記憶がずっと鮮明だったころ、僕は直子について書いてみようと試みたことが何度かある。でもそのときは一行たりと書くことができなかった。……全てがあまりにくっきりとしすぎていて、どこから手をつければいいのかがわからなかったのだ。あまりにも克明な地図が克明にすぎて時として役に立たないのと同じことだ。でも今はわかる。結局のところ――と僕は思う――文章という不完全な容器に盛ることができるのは不完全な想いでしかないのだ。そして直子に関する記憶が僕の中で薄らいでいけばいくほど、僕はより深く彼女を理解することができるようになったと思う。

（村上春樹『ノルウェイの森』講談社より）

十年近くにわたって、この幽霊は往きては戻り、亡霊（＝帰り来るもの revenant）は思いがけず訪ねてきた。このものはただ自分だけで語っていた。わたしの方がそれに対して釈明せねばならず、それに答え――ないしはそれを引き受けねばならなかったのだ。

（ジャック・デリダ『火ここになき灰』松籟社より）

自分で書いたものとはいえ、40年前の日記を読み返して、それを再構成するという作業は、何だったのだろうか。新しいものに挑戦するときは未知の世界に旅立つようでわくわくするが、自分で自分の過去に向き合って語り直す作業は、あまり楽しいものではなかった。過去の自分の未熟さに向き合う作業である以上に、現在の自分の成長のなさ、ふがいなさに出会わなければならなかった。年を重ねたゆえに、よりよく理解できるとか、より考察が深まるというわけにはいかなかった。

過去はもはや自分のものではなく、他人のような見知らぬものになり、「亡霊」となって、忘れたころに繰り返しやってきた。とうとう、私はそれを引き受け、それに応答する責任（responsibility）を自覚しなくてはならなくなった。それでも著作集を編むことは、骨の折れる作業であり、何度も挫折し、何度も中断した。

全3巻を通したこのシリーズ全体の「ことばとは何か」という大きなテーマは、乳児のことばの発生においても、ものがたり（ナラティヴ）研究においても、深いところで通底していると考えられる。ひとりの子どもが生きている文脈《コンテクスト》を大事にすること、文脈のなかで子どもの行動を生き生きと描くこと、当事者にしかわからない経験を生かすこと、ものがたりは完成形ではなくたえざる語り直しのプロセスであることなど、この本から意味ある何かをくみ取っていただけたら仕合わせに思う。

この本のもとになる観察をしていたときは、まだナラティヴ・アプローチを知らなかった。あとでこの本を書くときには、「ことばのはじまり」と、「ナラティヴ論」を何とかむすびつけられたらと想った。この本を含めた3巻をつらぬく「ことばが生まれるすじみち」というテーマを、ナラティヴ論から新たに読み替えることができたらよいと想ってもみた。しかし、力不足は否めない。まだ、まだ、道は遠い。

この日誌観察をしていた１９７９年ころ、約40年前には、ものがたりというテーマで考察しようとは、まったく考えていなかった。その点で、ほぼ草稿を書き上げていた第2巻とは異なっている。この第3巻の「私のめばえ」については、いくつか発表した論文はあったが、「ものがたりの発生」は、新たに日誌を読み直して書いたものである。この本で扱った「ものがたりの発生」は、「はじめに」で述べた「私のめばえ」に劣らず難しすぎるテーマであることを再認識した。今となっては足りないところだらけの観察であり、必要な文献の引用もできず、考察も不十分である。

この本で息たえだえになりながら、ようやくまとめたのは、まさに切れ切れの断片（ことの端）を集めた、つぎはぎだらけの拙い日曜大工仕事《ブリコラージュ》にすぎない。それでも賢明な読者に出会って、この本が何かの役に立てることを祈っている。

ここで私が試みたのは、昔に観察して記述した子どもの日誌の断片、バラバラのテクストを組み替えて、現在の関心事から、いくらかの粗い筋書き《プロット》を、プロの仕事としてではなく、日曜大工仕事《ブリコラージュ》のように描いてみる仕事であった。できるだけ「データをして語らしめる」という質的研究の神髄は大切にしたいと思った。

まだパソコンはなく、ビデオ機器も大型で持ち運びができなかった時代、何が大事かもわからないまま、ノートに書きつけられた記録は、もとより不十分な断片でしかない。しかし、当時のフィールドに戻ってワークをもう一度行なうことはできない。したがって、テクストをメタ化する作業、テクストのフィールドワークを行なって、テクストのテクストを書いたことになる。

この本を含めた全3巻をつらぬく「ことばが生まれるすじみち」というテーマ、道のない原野にすじみちをつける作業は、起源から到達点までをつらぬくただ一本の正しい道をつくる作業とは、まったく異なっていることが今では、はっきりわかるようになった。ナラティヴ論から見れば、正しいものがたりは1つではなく、いくつもある。道のつくり方は、いろいろ多様であってよい。けもの道も「みち」であり、多くの人が通る大きな広い道だけが正しいというわけではない。

この本でいう「すじみち」とは、多様な可能性をもつ錯綜した網を織る「ものがたり」のなかの、ひとつのものの見方にすぎない。このワークによって、私なりの「ものの見方」を、ささやかながら自分にできる範囲で描いてみたいと夢想したのである。

私が提供できるのは、ひとつのものの見方にすぎない（エリック・エリクソン）

この本ができるまでには、多くの方々にお世話になった。恩師や友人たちなど、たくさんの方々に恵まれ支えられてきた。とりわけ新曜社の塩浦暲さんには、長年にわたってしんぼう強く待っていただいた。長年、一緒に仕事をしながら共に老いてきた同志ともいうべき塩浦さんとの出会いがなかったら、今の私はなかっただろう。どれだけ感謝しても足りない想いである。

この本も、夫や子どもたち、父母や義父母との日常の暮らしから生まれた。子どもたちをかわいがってくれた父も母も義父もすでにこの世を去って、義母は95歳になった。子育てと仕事、当時は両立が不可能ともいわれた時代であった。日誌を読み返していて、母親としては胸が痛むところも多い。しかし、幸い子どもたちは、たくましく育ってくれた。今では子どもたちの子どもたちの時代へと、世代のサイクルはまわっている。

本当に多くの方々の愛情と支援をたっぷりいただいたおかげで本書はようやく成った。感謝のことばではとても言い表すことができない「ありがたい（有り難い）」「しあわせ（仕合わせ）」をかみしめ、かみしめながら頭を垂れる日々である。

索　引

さ　行

た　行

な　行

は　行

初出一覧と関連資料

本書は、書き下ろし（一部草稿 1990年）である。
本書の基になった関連資料は下記のものである。

山田洋子 1982「0 ～ 2歳における要求－拒否と自己の発達」『教育心理学研究』30, 128 - 138.
山田洋子 1983「人の識別から人との関係へ」『サイコロジー』36, 18 - 25. サイエンス社.
山田洋子 1986「モデル構成をめざす現場《フィールド》心理学の方法論」『愛知淑徳短期大学研究紀要』25, 29 - 48.
やまだようこ 1988『私をつつむ母なるもの ── イメージ画にみる日本文化の心理』有斐閣.
山田洋子 1988「幼児の仲間関係 ── そこで育つもの」古沢頼雄（編）『幼児心理学の展開』103 - 123. 北樹出版.
山田洋子 1988「親と子」安藤延男（編）『人間関係入門 ── いきいきした人生のために』128 - 136. ナカニシヤ出版.
山田洋子 1989a「一歳児が見た〈きょうだいと母〉」小嶋秀夫（編）『乳幼児の社会的世界』20 - 37. 有斐閣.
山田洋子 1989b「［私］へのめざめ ── 一歳児の心理」小嶋秀夫（編）『乳幼児の社会的世界』210 - 231. 有斐閣.
山田洋子 1990「まなざしと自分の形成」岩井純一（編）『発達論の現在』181 - 187. ミネルヴァ書房.
山田洋子 1993「きょうだいの個性を伸ばす育て方」山田洋子・畑田国男『きょうだいの性格と育て方』7 - 112. 主婦の友社.
やまだようこ（編）1997『現場《フィールド》心理学の発想』新曜社.
やまだようこ（編）2000『人生を物語る』ミネルヴァ書房.
やまだようこ 2006「質的心理学とナラティヴ研究の基礎概念 ── ナラティヴ・ターンと物語的自己」『心理学評論』49(3), 436 - 463.
やまだようこ（編）2007『質的心理学の方法 ── 語りをきく』新曜社.
やまだようこ（編）2008『人生と病いの語り』東京大学出版会.
やまだようこ 2018「ビジュアル・ナラティヴとは何か」『ナラティヴとケア』9号, 2 - 10.

著者紹介

やまだようこ（山田洋子）

1948年、岐阜市で生まれ、山と川のある風景を見て育つ。

愛知淑徳大学教授、京都大学教授、立命館大学特別招聘教授など歴任。京都大学名誉教授。ものがたり心理学研究所長。教育学博士。日本質的心理学会の設立に関わる。専門は、生涯発達心理学、ものがたり（ナラティヴ）心理学、文化心理学。

主要著書は、『ことばの前のことば』（新曜社）、『私をつつむ母なるもの』（有斐閣）、『現場《フィールド》心理学の発想』（編著　新曜社）、『この世とあの世のイメージ』（編著　新曜社）、『質的心理学ハンドブック』（共編著　新曜社）など多数。

新曜社

やまだようこ著作集第３巻

ものがたりの発生

私のめばえ

初版第１刷発行　2019年３月25日

著　者　やまだようこ

発行者　塩浦　暲

発行所　株式会社　新曜社

〒101-0051　東京都千代田区神田神保町３－９
電話（03）3264-4973（代）・FAX（03）3239-2958
e-mail : info@shin-yo-sha.co.jp
URL : https://www.shin-yo-sha.co.jp

組版所　Katzen House

印　刷　新日本印刷

製　本　積信堂

ISBN978-4-7885-1627-4 C1011

やまだようこ　著作集　全10巻

A5判上製・各巻250～500頁

＊第1巻　ことばの前のことば――うたうコミュニケーション
＊第2巻　ことばのはじまり――意味と表象
＊第3巻　ものがたりの発生――私のめばえ
第4巻　質的モデル生成法――質的研究の方法
第5巻　人生をものがたる――ナラティヴ研究の方法
第6巻　私をつつむ母なるもの――日本文化のイメージ
第7巻　人生のイメージ――生涯発達心理学のモデル
＊第8巻　喪失の語り――生成のライフストーリー
第9巻　ビジュアル・ナラティヴ――描画と映像
＊第10巻　世代をむすぶ――生成と継承

＊は既刊